원문으로 보는

친일파 명문장 67선

원문으로 보는 친일파 명문장 67선

초판 1쇄 발행 2019년 3월 10일
초판 2쇄 발행 2020년 1월 30일

엮은이 김흥식
펴낸이 김연희
주 간 박세경

펴 낸 곳 그림씨
출판등록 2016년 10월 25일(제2016-000336호)
주 소 서울시 마포구 월드컵북로 400 문화콘텐츠센터 5층 23호
전 화 (02) 3153-1344
팩 스 (02) 3153-2903
이 메 일 grimmsi@hanmail.net

ISBN 979-11-89231-15-6 03900

이 도서의 국립중앙도서관 출판예정도서목록(CIP)은 서지정보유통지원시스템
홈페이지(http://seoji.nl.go.kr)와 국가자료공동목록시스템(http://www.nl.go.kr/kolisnet)에서
이용하실 수 있습니다.(CIP 제어번호: CIP2019004545)

원문으로 보는

친일파 명문장 67선

김흥식 엮음

그림씨

책을 엮으며

역사책 가운데 가장 재미있고 생동감 넘치는 글은 역설적이게도 옛날 그 시대에 쓴 글들이다.

훈민정음 가운데 우리가 기억하는 부분은 “나랏·말 ᄊᆞ미 中듕國귁·에·달아 文문字ᄍᆞᆼ·와·로 ·서르 ᄉᆞᄆᆞᆺ디 ·아니·ᄒᆞᆯ씨……” 하는 세종께서 쓰신 서문이다.

그 무렵, 그 상황, 그 사람들이 쓴 글이야말로 그 시대를 온몸으로 이해하는 데 필수요, 시계를 되돌려 그 시대를 고스란히 우리에게 전해 주기 때문일 것이다.

그래서 일반 독자들은 『조선 후기 실학사상가들의 삶과 역할』이라는 책보다 박제가의 『북학의』나 박지원의 『열하일기』를 더 즐겁게 읽는다. 『임진왜란의 발발 원인과 과정, 그리고 결과』라는 21세기 연구자들의 책보다 『난중일기』나 『징비록』처럼 500여 년 전 이순신이나 류성룡이 쓴 책을 읽으며 임진왜란을 체험하는 듯한 느낌에 빠지는 독자가 많은 것도 그 때문일 것이다.

그런데 한 가지 예외가 있으니 우리 겨레의 부끄러운 역사다.
나라를 팔아먹은 이완용과 송병준의 글, 친일파로 단죄하며 그의 동상을 철거해야 하느냐 마느냐로 시끄러운 김활란의 글은 읽지 않는다.
부정적인 것들은 우리에게 이득과 즐거움 대신 손해와 불쾌함을 전해 준다고 여기기 때문일지 모른다.
그러나 이완용의 행적이나 송병준, 김활란의 글을 단 한 번도 읽어 보지 않고 그들을 단죄하는 것은 바람직하지 않다. 내가 확인하지 않고 그를 비난하는 행동은, 내 판단이 아니라 그 누군가의 판단에 따른 것이기 때문이다. 그리고 그러한 경우, 혹시 그를 옹호하는 사람의 그럴 듯한 주장을 듣고 나면 내 행동이 180도 변모할 수도 있다. 어차피 그에 대한 비난은 내 판단이 아니었으니, 그를 다시 옹호한다고 해도 하등 이상할 것이 없다.

3·1운동 100주년을 맞은 이 시점에 『원문으로 보는 친일파 명문장 67선』을 출간하는 까닭이다.
건국 100주년이냐 아니냐를 두고 왈가왈부하는 대한민국의 2019년이 안타까운 만큼 역사적 과거를 우리 스스로 직시하고, 스스로 판단하는 것은 더더욱 의미가 있다.
덧붙여 그 글이 살아 숨 쉴 뿐 아니라, 글쓴이의 영혼까지 담고 있다면 한 번쯤 읽어 볼 가치가 있지 않겠는가 말이다.

엮은이는 역사적 사실이나 배경을 판단할 능력을 갖지 못했다. 따라서 글의 선정은 온전히 엮은이의 자의에 따랐다. 그러나 내적 기준까지 없는 것은 아니니, 일제강점기를 마늘과 쑥이 등장하는 단군신화만큼이나 과거로 기억하는 젊은이로부터, 그 참혹한 시대를 어제처럼 기억하는 어른까지, 모든 대한민국인이 읽을 만큼 생동감 있고, 가슴으로 스며들 만한 글을 선정했다.
한 가지 덧붙일 말은 역사 서술의 한 방법인 기사본말체(紀事本末體)를 따랐다는 것이다. 이긍익이 『연려실기술』을 편찬하던 것처럼 엮은이는 다만 기록된 글을 선정·수록했을 뿐, 단 한 마디의 사적 판단을 개입하지 않았다. 따라서 글을 읽고 글쓴이의 친일이 강압에 의한 것인지, 자의에 의한 것인지, 역사적 판단에 의한 것인지, 눈앞의 이익을 위한 것인지 판단하는 것은 오로지 독자의 몫이다.

즐겁지 않은가? 일제강점기로 돌아가서 한 번 살아보고, 내가 그때 그 자리에 있었다면 어떻게 살았을지 심각하게 돌아보는 일은, 어쩌면 우리 겨레 모두가 해야 하는 일 아닐까?
그래야만 비로소 친일파의 문제가 말 그대로 우리 삶의 문제, 우리 겨레 미래의 문제가 되어 해결될 수 있지 않을까?

2019년 3·1절을 맞이하며
김흥식

일러두기

1 이 책에서는 조선총독부의 기관지인 『매일신보』에 수록된 글만을 대상으로 선정하였다. 그런 까닭은 일제강점기에 이른바 내선일체를 앞세우며 친일파를 규합·지원·육성한 배경은 조선총독부요, 그런 친일파에게 민중과의 접촉을 유도한 대표적 매체가 조선총독부 기관지 『매일신보』였기 때문이다.

2 글은 발표일자 순으로 수록하였다. 그런 까닭은 글을 읽어 가면서 일제강점기의 시대적 변화를 자연스럽게 이해할 수 있도록 하기 위함이다.

3 이 책을 엮는 데 가장 큰 도움을 받은 책은 민족문제연구소 친일인명사전편찬위원회가 발간한 『친일인명사전』(전3권)이다. 그러니까 동 사전에 수록되지 않은 인물의 글은 대상으로 하지 않았다는 말이다.

4 본문은 가능하면 원문을 살리는 것을 원칙으로 했으나, 너무 어렵고 원문을 살리는 것이 특별한 의미가 없는 경우에는 현대어로 고쳐 썼다. 그럼에도 일제강점기 초기로 갈수록 어려운 한자어가 많이 등장하는데, 그런 경우에는 주(註)로 처리하는 대신 본문에 해설을 수록해서 읽는 호흡이 끊어지지 않도록 했다.

5 이 책에는 글을 쓴 이뿐 아니라 그림을 그린 이도 등장한다. 그래서 제목의 『원문으로 보는 친일파 명문장 67선』이라는 문구는 명문(名文)뿐 아니라 명화(名畫)까지를 포함한다.

6 등장하는 글과 그림을 쓰고 그린 이의 주요 경력과 상훈 내용은 『민족문화대백과사전』, 『친일인명사전』 등을 참고로 엮은이가 임의로 선정하였다.

7 원문을 옮기는 과정, 그리고 현대어로 바꾸는 과정에서 오래된 신문의 해상도 때문에, 또는 엮은이의 한자어 실력 부족으로 인해 실수가 없을 리 없다. 이 점 양해 바라며, 이완용이 자신의 글에 썼듯이 그런 잘못에 대해서는 언제든 연락 주시기 바란다.

차례

001

송병준

실로 2천만 백성의 광영

송병준 자작의 감상

나는 전일부터 몸이 편치 못하나 이번은 천 년에 한 번쯤 만나는 즉위대전으로 나 한 사람에 대하여 극히 좋은 기념인고로 부득불 참렬(參列어떤 신분이나 등급의 차례에 참여함)하는 광영을 잡고자 생각하였던 바로 16일 대향(大饗특별한 경축 행사에 임금이 베푸는 큰 잔치)의 의식에도 부르심을 입었노라.

이 감상을 한 말로써 말하면 실로 훌륭하다고 하는 외에 할 말이 없을 것이라. 한국시대[1], 지금의 이왕 전하 즉위식에는 나도 참렬하여 그 광경이 지금까지 마음에 박혀 있는 바 있으나 그를 황송하지만 이번에 비하자면 본래 비교할 바가 아니라 16일에 참렬하신 이준공(李埈公)[2] 전하는 물론이요, 나도 옥좌와 겨우 의자 다

1 한일강제병합 이전, 대한제국 시대를 송병준이 부르는 명칭.

2 본명은 이준용(李埈鎔)인데, 후에 이준(李埈)으로 개명했다. 고종의 큰조카이자 흥선대원군의 손자로, 1910년 영선군에 봉해지고 육군참장이 되었다.

대향 제1일 옥좌(玉座) 근처와
하사하신 예물

대향뎨일일옥좌근
쳐와하사ᄒᆞ신례물

●實로 二千萬民의 光榮

송병쥰子작의감샹이여사

나ᄂᆞᆫ 텬일부터 몸이 편치못ᄒᆞ나 이번은 텬년에한번썩밧나ᄂᆞᆫ 즉위대뎐으로 나한사ᄅᆞᆷ에되ᄒᆞ야 각히됴흔지명인고로 부득불참렬ᄒᆞᆫᄂᆞᆫ 광영을입고져 ᄉᆡᆼ각ᄒᆞ얏던바로 십륙일 대향大饗의 례식에 ᄯᅩ부르심을입엇노ᄅᆞ니

▲감샹을한말로써 말ᄒᆞ면 십로홍륭ᄒᆞ다고ᄒᆞᄂᆞᆫ외에 ᄒᆞᆯ갈이 업ᄉᆞᆯ것이라 한국시ᄃᆡ 즉음의리왕ᄂᆞᄒᆞ 즉위식에ᄂᆞᆫ 나도참렬ᄒᆞ야 그광경이 지금ᄭᆞ지 마음에박혀잇ᄂᆞᆫ바이 잇ᄉᆞ나 그틀황송ᄒᆞ지만은 이번에비ᄒᆞ자면본ᄅᆡ비교ᄒᆞᆯ바이안이라 십륙일에참렬ᄒᆞ신 리쥰공李埈公뎐ᄒᆞᄂᆞᆫ 몸소이오나도 옥좌를격ᄒᆞ기 겨오되ᄭᅡᆺ다셧기가량의뒤에 지나지안이ᄒᆞ얏ᄉᆞᆸ으로 친히룡안의화려ᄒᆞ심을 빗친우에 ᄯᅩ어ᄯᅥᆫ지나리심에 참례ᄒᆞᆷ을엇음은

▲나의가장영광 으로밋이ᄂᆞᆫ바이라 그런대 특별히니가쥬의ᄒᆞ야 본것은 즉위식이됨 죵히쥬슈ᄒᆞᆫ일본의 고대례식을좃ᄎᆞ 십륙일의대향에 ᄯᅩ ᄯᅩᄒᆞᆫ참렬되원의복상을 ᄡᅥᄒᆞᆫ외에 츙히상쾌게 일오기ᄭᆞ지 일본식인일이라 ᄯᅩ오졀무五節舞의 규슈들과 구미무久米舞의복상도 한국시ᄃᆡ의경ᄉᆞ로온ᄯᅢ에 만아도뎐슈과 미우갓가운뎜이만코 그간에도 참렬ᄒᆞᆫ부인의원본식례복은 실상죠션부인의례복과 거의다름이업시 일본에도 이와ᄀᆞᆺ흔복장이 언의ᄯᅢ부터 잇셧ᄂᆞᆫ가ᄒᆞ고 나ᄂᆞᆫ도리혀

▲긔이ᄒᆞᆫ게ᄉᆡᆼ각 ᄒᆞ얏노라 ᄯᅩ 대향의의식에 백쥬、흑쥬「白酒黑酒」와 음식상ᄭᆞ지 한국시ᄃᆡ의 즉위식에도 이와ᄀᆞᆺ흔것을 쥬시지만은 그ᄂᆞᆫ례식에 관계잇ᄂᆞᆫ몃사ᄅᆞᆷ에 긋치고 즘별과ᄀᆞᆺ치 문무백관일동의게 쥬심과ᄀᆞᆺ흔일은 뎐혀업스며 ᄯᅩ됴션의셔로붓흔빅셩되ᄂᆞᆫ 나에게ᄭᆞ지 동양으로 은ᄉᆞ가잇슴은 이것이나 한낫의게 쥬심이안이오 됴션이쳔만의빅셩의게 나리심이라 리쥰공뎐ᄒᆞ의셔ᄂᆞᆫ 즉위식이래 항상이일을 말ᄉᆞᆷᄒᆞ사 텬은의ᄃᆞᆺ허옴에 감격ᄒᆞ얍시노라(경도)

1915. 11. 20.

섯 개가량 떨어진 뒤에 지나지 않았음으로 친히 용안(龍顔)의 화려하심을 배찰(拜察공손한 마음으로 살핌)한 위에 칙어(勅語임금이 몸소 타이르는 말씀)까지 내리심에 참예(參詣부처나 신에게 나아가 뵘)함을 얻음은 나의 가장 영광으로 여기는 바이라.

그런데 특별히 내가 주의하여 본 것은, 즉위식 이래 모두 순수한 일본의 고대 예식을 좇아 16일의 대향에도 또한 참렬 인원의 복장을 제외하면 모두 상식에 이르기까지 일본식인 일이라. 또 오절무(五節舞)의 규수들과 구미무(久米舞)[3]의 복장도 한국시대에 경사(慶事)로운 때에 많이 보던 춤과 매우 가까운 점이 많고, 그중에도 참렬한 부인의 일본식 예복은 실상 조선 부인의 대례복과 거의 다름이 없어 일본에도 이와 같은 복장이 어느 때부터 있었는가 하고 나는 도리어 기이하게 생각하였노라.

또 대향의 의식에 백주(白酒), 흑주(黑酒)와 음식상까지 한국시대의 즉위식에도 이와 같은 것을 주시지만 그는 예식에 관계있는 몇 사람에 그치고, 금일과 같이 문무백관 일동에게 주심과 같은 일은 전혀 없으며 또 조선의 새로 붙은 백성 되는 나에게까지 같은 모양으로 은사(恩賜임금이 신하에게 내리는 물건)가 있음은 이것이 나 한 사람에게 주심이 아니요, 조선의 천만 백성에게 나리심이라. 이준공 전하께서는 즉위식 이래 항상 이 일을 말씀하사 천은의 두터움에 감격하옵시노라.(경도)

3 오절무와 구미무 모두 일본의 전통 춤.

주요 경력

생몰년: 1858-1925
1905: 일진회 평의원장.
1905: 을사조약 체결 10여 일 전, 이용구(李容九)와 함께 일본으로 외교권 이양을 주장하는 「보호청원선언서」를 발표.
1907: 이토 히로부미에게 이완용(李完用) 천거. 같은 달 이완용 내각이 수립되자 농상공부대신 겸 광산사무국 총재에 임명.
1907: 정미조약 체결에 앞장서 '정미칠적'으로 지목.
1910: 자작 작위.
1920: 백작으로 승작.

상훈

1907: 욱일대수장(旭日大綬章)(일본).
1915: 대례기념장(일본).

사진은 대향 의식을
하는 모습이다.

002

한창수

황제 대전 참렬에 따른 소감

신과 같이 엄하면서도 인자하심

남작 한창수(韓昌洙) 씨 삼가 말함

천재일우의 황제 대전(大典나라의 큰 의식)에 참렬함을 얻음은 실로 무상한 영광이라 하노라. 6일에 경성을 출발, 오사카에서 2일 체재하고 교토에 나아갔는데, 오사카에 도착한즉 대전 봉축의 열성(熱誠열렬한 정성)이 발현되어 마음이 모두 변하였노라. 그 후 교토에 도착한즉 시가의 장식과 왕래하는 사람들의 면목이 열성에 활약하여 말로 표현하기 어려우니, 대화민족이 세계에서 바람처럼 뛰어오름이 역시 우연한 일이 아니라는 감상이 제일 나의 머릿속을 감동시켰노라. 또 그 후 현소(賢所)[1]의 의식으로부터 자신전(紫宸殿)[2]의 의례, 대상제(大嘗祭)[3], 16일의 첫 번째 황

1 일본 왕이 거주하는 궁중의 한 장소.

2 일왕이 거주하던 사사로운 장소였으나 후에는 정전으로 사용하였다.

3 일왕이 즉위의 예를 치른 후 처음 하는 신상제(新嘗祭, 추수감사제).

桃山御陵의 御設備

□頓宮幄舍를 新建竣成
□今二十五日에 御親謁

空中分列式의 壯觀

―來月二日東京大觀兵式에―

列强大戰爭

▲希臘皇帝의 保障 聯合軍을 不擊ᄒᆞᆫ다고

▲塞軍의 轉取攻勢

▲塞軍大破勃軍

▲雅典形勢良好 封鎖宣言의 反響

▲獨逸大軍集中

▲膠州灣回復難

▲國躰變更과 警備

支那封爵年祿

支那借款米國

支那加盟問題

京城救護會 松寺檢事正談

御大典參列隨感

神嚴而仁慈 男爵 韓昌洙氏 謹話

千載一遇의 御大典에 參列홈을 得홈은 實로 無上훈 榮光이라 ᄒᆞ노라 六日에 京城을 出發ᄒᆞ야 大阪에셔 二日間 潛在ᄒᆞ고 京都에 赴ᄒᆞ얏는ᄃᆡ 大阪에 到着ᄒᆞᆫ즉 御大典奉祝의 熱誠이 發現되야 心地가 全히 一變ᄒᆞ얏노라 其後 京都에 到ᄒᆞᆫ즉 市街의 裝飾과 往來ᄒᆞ는 人人의 面目이 熱誠에 活躍홈이라 表現홀는지 形容키 難ᄒᆞ니라

▲大和民族이 世界에셔 縱閣(?)홈이 亦偶然훈 事이 안이라 ᄂᆞᆫ 感想이 第一 余의 頭腦中에 觸ᄒᆞ얏노라 且其後 賢所의 儀로브터 紫宸殿의 儀, 大嘗祭, 十六日의 第一御賜饗 十七日의 第二御賜饗에 參列ᄒᆞ는 光榮을 得ᄒᆞ얏는ᄃᆡ 余亦 舊韓國時代에 官吏로 三十年來로 各種의 儀式과 祭典에 도 參列ᄒᆞ얏스나 今回 御大典의 莊嚴崇高홈과 는 實로 天地가 隔絶ᄒᆞ야 到底히 同日에 比홀 것이 안이며 賢所의 儀에 參列ᄒᆞ얏슬 時 感想은 神境(?)에 在홈과 如ᄒᆞ며 參列ᄒᆞᆫ 群臣은 一同이 定席에 就ᄒᆞ야 定刻을 待ᄒᆞ는ᄃᆡ 振鈴이 鳴ᄒᆞ며 繼續ᄒᆞ야 奧殿에셔 樂聲이 幽閒ᄒᆞ던 時를 思ᄒᆞ면 咳息도 不聞ᄒᆞ고 靜夜深更과 如ᄒᆞ야 其 靜肅 莊嚴 …

▲天神御前에 立ᄒᆞᆫ 感이 有ᄒᆞ얏노라 紫宸殿의 儀에는 特히 天皇陛下께셔는 正面 南面ᄒᆞ야 玉座에 着ᄒᆞ시며 … 階下를 靜肅히 拜聽ᄒᆞ는ᄃᆡ 鞠躬ᄒᆞ고 階下에 進ᄒᆞ야 聖天子의 恩澤이 一身에 … 總理大臣이 壽詞를 奉呈ᄒᆞ고 退ᄒᆞ야 陛下의 萬歲를 奉唱ᄒᆞ니 群臣이 此에 和ᄒᆞ야 … 相應의 感이 起ᄒᆞ얏노라 … 宸殿의 儀와 大嘗祭의 儀에 … 天顏을 遙拜ᄒᆞ얏슬 ᄯᅢ … 兩日의 御賜饗의 儀에 ᄂᆞᆫ … 天顏을 拜瞻ᄒᆞ얏노라 … 感想은

▲慈愛ᄒᆞᆫ 父母 … 御殿光中에 … 이 有ᄒᆞ시고 且「義則是君臣 情則父子」라 宣ᄒᆞ시는 御勅語를 … ᄒᆞ야 ᄂᆞᆫ 一層 其感이 深ᄒᆞ얏노라 … 또 感動ᄒᆞᆫ 바는 紫宸殿의 儀 … 東에 櫻을 裝飾ᄒᆞ고 日月의 …

太古의 御料理

男爵 趙東潤氏 謹話

… 스며 且 日旛에 ᄂᆞᆫ 三巴, 月旛에 … 旛이 立ᄒᆞ고 其他 靑, 紅, 黃, 白 … 色의 旛이 立ᄒᆞ얏ᄂᆞᆫᄃᆡ 月旛下에 … 旛은 三巴中 一片이 無ᄒᆞᆫ 것인ᄃᆡ … 鮮의 旗幟이라 此에 依ᄒᆞ야 見ᄒᆞ … 은 日本이 오히려 朝鮮이며 太極 …

1915. 11. 25.

제가 베푸는 연회, 17일의 두 번째 연회에 참렬하는 광영을 얻었는데, 나 역시 구한국시대에 관리로 30년 동안 각종 의식과 제전에도 참렬하였으나 이번 대전의 장엄 숭고함과는 실로 천지 차이가 나 도저히 그날과 비교할 것이 아니었다. 현소(賢所)의 의례에 참렬하였을 때 감상은 신의 경지에 있음과 같으며 참렬하는 뭇 신하는 모두가 정해진 자리에 앉아 정해진 시각을 기다리는데, 방울소리가 들려오며 계속하여 깊은 궁궐에서 경필(警蹕)[4]의 소리를 그윽이 듣던 때를 생각하면 음악소리도 들리지 않고 고요한 밤의 깊은 시간과 같아 그 정숙 장엄함은 천신(天神) 어전에 선 위엄이 있었노라. 자신전의 의식에는 경필의 소리와 함께 천황 폐하께서는 정면에 나타나사 남면하여 왕좌에 앉으시매 오쿠마(大隈)[5] 수상은 국궁(鞠躬 몸을 굽혀 존경하는 뜻을 나타냄)하고 계단 아래 진알(進謁높은 사람에게 나아가 뵘)하여 폐하의 칙어 하사를 정숙히 배청(拜聽공손한 태도로 들음)하는데, 이때는 실로 성스러운 천자의 은택이 온몸에 침입하였으며, 총리대신이 수사(壽詞장수를 축하하는 시나 문장)를 봉정(奉呈)하고 만세번(萬歲旛)[6] 깃발 아래로 물러나 폐하의 만세를 봉창하는 때는 신과 인간이 서로 만나는 감이 일었노라. 현소(賢所)의 의식과 자신전(紫宸殿)의 의식과 대상제의 의식에 대하여는 천자의 얼굴을 요배(遙拜멀리 떨어져 있는 어떤 대상이 있는 쪽을 향하여 절함)하였을 뿐이나 16, 17, 양일의 천황이 베푼 잔치의 의식에는 지척에서 천자의 모습을 배알하였는데 이때의 감상은 자애로운 부모 슬하에 배례(拜禮)함과 같으며, 위광(威光감히 범하기 어려운 위엄과 권위) 중에도 인애하심이 있으시고 또 '의로움은 임금과 신하요, 다정함은 부모 자식이라' 선언하시는 칙어를 배송(拜誦남의 글이나 편지를 존경하는 마음으로 읽음)함에 이르러서는 일층 그 느낌이 깊었노라.

그 외에도 감동한 바는 자신전의 의식에 서쪽에 귤, 동쪽에 앵두를 장식하고 해

4 임금이 궁궐 밖으로 나들이를 할 때, 경호를 위해 사람들의 통행을 금하는 일.

5 오쿠마 시게노부(大隈重信): 두 차례에 걸쳐 내각총리대신을 역임한 정치가.

6 영원함을 기리는 깃발.

와 달의 깃발이 섰으며, 또 해의 깃발에는 삼파(三巴), 달의 깃발에는 태극(太極)의 깃발이 서고 기타 청, 홍, 황, 백, 흑의 다섯 색의 깃발이 섰는데, 달의 깃발 아래에 선 태극은 삼파(三巴) 중 한 조각이 없는 것인데, 지난날 조선의 기장(旗章)이라. 이에 의하여 보건대, 해는 일본이요, 달은 조선이며, 태극과 파(巴)가 상합(相合)하여 삼파를 이룸은 멀리 태고에서 정한 하늘의 이치인 듯하여 일한합병(日韓合併)이 결코 우연한 일이 아님을 깨달아 얻었으며, 내가 가장 심각히 느낀 바는 천황폐하께옵서 신과 같이 엄숙하여 범하기 어려운 중에도 인애의 정을 삼가 뵙는 일이라 하노라.

주요 경력

생몰년: 1862-1933

1888: 별시 문과에 병과로 급제.

1909: '이등박문 추도회' 실행위원장.

1910: 남작.

상훈

1912: 한국병합기념장(일본).

1923: 훈1등 서보장(일본).

1931: 욱일대수장(일본).

003

조중응

평안하고 넉넉하신 존가(尊駕 지위가 높고 귀한 사람의 탈것이라는 뜻)를 봉영하고

장래에 기대하는 좋은 성과를 기쁘게 맞음

자작 조중응(趙重應) 씨 삼가 말함

금번 이왕 전하[1]께서 특별하옵신 대용단으로 천기봉동(天機奉侗)을 결(決)하시고 동상(東上)을 단행하심에 대하여 조선인 사이에는 두 개의 의구심을 품는 자가 있도다. 첫째는 각종 허황한 풍문에 현혹되며, 둘째는 전하의 어체(御體)가 건강치 못하심으로 내지(內地)로 오랜 여행의 도중에 미령(靡寧 몸이 병으로 인해 편안하지 못함)치 아니하실까 함이라. 나도 또 전하께서 혹시 어체의 미령으로 인하사 예정하옵신 공무를 수행하심에 지장이나 아니 계실까 하였더니, 이번에 전하께서는 존체(尊體) 강녕히 예정의 여정을 마치시고 조속히 돌아오심을 공손히 살피고는 시중의 의구

1 대한제국 2대 황제인 순종(純宗)을 가리킨다. 한국 마지막 황제이자 망국의 군주인 순종은 한일강제병합 이후 '이왕(李王)'이라고 불리는 수모를 겪는다. 그 후에도 그의 수모는 계속되어, 여행이라는 명목 하에 도쿄를 방문해 일본 군주를 알현하도록 압력을 받고 1917년 6월 8일, 도쿄로 향한다. 그 후인 6월 14일, 일왕과 왕후를 알현하고 현소에 참배하였으며, 동궁의 처소도 방문한 후 6월 28일 귀국했다. 위 내용은 이 사건을 묘사한 것이다.

西國憲法停止

帝政顚覆陰謀結果

西班牙國政府と國內에在호帝政顚覆의陰謀가旺盛호結果 憲法上에任호保障을停止호と旨를公表호얏더라(巴里電)

英獨飛行機戰

敵機三臺를射落

英國飛行機三臺と昨日의上空에서獨飛行機와交戰호야敵機三臺를射落호얏더라(巴里電)

亞獨國交斷絕

[illegible]丁의對獨國交斷絕原因은此國汽船이獨潛航艇에게擊沈된結果이오兩國의危機と切迫호얏더라(紐育電)

不信任案運命

二十八日에獨會에提出된憲政會의內閣不信任案에對호야憲政會と全部及純無所屬의一部가贊成홀터이나其數と百三十名內外될지오百名以上의差로無論否決되리라더라(東京電)

實業失호야國交를傷호고國利를害호야臨히國外特設의機關을設호야責任의推移를圖호고關臣責任의本義를紊亂호니此가本案을提出호야處決을促호と所以라

歐米電報

米遠征軍着佛

二個部隊로成호米國遠征軍은二十七日에無事히佛國에到着호야上陸을了호얏더라(巴里電)

支那電報

李烈鈞北伐코져擧兵

第二次革命의重鎭인李烈鈞은時事益非홈을觀取호고北伐을聲明호고遂히擧兵호얏と디아마麾下의手兵을提호고直히福建省을衝코져홈과如호더라(上海電)

盛大호行次에陪行호야

明治大帝의宏謨가具體로徵象됨

侯爵 尹澤榮氏 謹話

今回李王殿下御東上에陪從호얏던侯爵尹澤榮氏と松峴私邸로往訪호記者에게謹擬호態度로東上中感想을謹述호야曰

▲李王殿下께셔と先年부터天機를奉伺코져호시と御意가有호시엿스나年來로御身體가恒常未寧호사意를遂치못호시다가今回此를決行호심이어니와殿下께셔下關에上陸호신後로브터余의恭히特別호國賓으로上은皇室의優遇와下로內地六千萬人民이衷心으로奉送迎에誠意를다홈은實로日鮮兩民族의融化上甚한效果의莫大홈바と勿論이오且帝國을爲호야果然一大福音이될바를深信호노라此点은必是余一人의感想이아니오吾儕朝鮮人一千五百萬人民이同一히欽仰홀바인즉余의喋々를不要홀거니와特히一言코자홈은吾儕朝鮮人은何會當時明治大帝御詔書의御趣旨와目的이李王殿下의御東上으로써더욱具體的으로實現됨을깁히셔다라太平만謳歌홀바이아니라內鮮民族의一致結合으로世御趣旨와[illegible]

▲今上陛下 의深厚호오신聖恩을報答홀방을不知호と바라다余と先年貴族觀光團에と家事上不得已호事情으로叅觀치못호얏고御大典에と居喪中이오[illegible]

[illegible]

安泰호신尊駕를奉迎호고

將來에期待호と好果를欣幸홈

子爵 趙重應氏 謹話

今番李王殿下께셔特別호물신大勇斷으로天機奉伺를決호시고東上을斷行호심에對호야朝鮮人間에と二個의疑惧心을抱호者가有호얏도다첫재と各種의疑議호風說에眩惑되며둘지と殿下의御體가健康치못호심으로長旅의路中에未寧치나안이호실가홈이라余도又殿下께셔旅行호御態度의未寧으로因호사與宅호옵신公款를遂行호심에支障이나안이게실가호얏더니今에殿下의셔と其路旅行호御豫定의旅程을終호시고無事히還臨호심을拜察호고と閭巷의

▲疑惧心이氷釋 홈을皆促호한인이라御勝喪에臨호야幾多의好影響을及홀바를欣幸으로思호노라今回李王殿下의御東上에就하야帝室의隆崇호신優待と實로望外라홀것스며又中央政府의斡旋이라던지官民의盛大호歡迎은다만形式으로만盛况이얏을뿐인이라實心實情으로브터進出호と熱誠이안이면그다지極盡치못호얏슬것이라中流以上社會의歡迎은無論이오殿下의御乘호신宮廷列車가通過호と沿道에と村落의婦女가路傍에서新衣을着고다가라도반다시首巾을脫호고直立奉送호얏다호니一例를擧호야도內地一般이如何히殿下를

▲眞情으로歡迎 호얏と지其一般을可히推測홀지라此를回想컨と吾人은感激之餘에淚水滂沱홈을不禁호겟노라余의所思로と本次의歡迎이李王殿下의旅情을充分히奉慰호얏슬뿐안이라內地一般이如何히新附의朝鮮을愛護호と지서로히感知되게호얏도다殿下의今回御旅行에對호야歸國의特別호待遇와盛大호歡迎은實로行幸에對호야第一階級을지얏다고

未曾有의盛事라

[illegible]山縣政務總監이下關에셔京城까지移始隨行호야殿下를保護호야드리と無吾人은更히一毫의遺憾을摘出치못홈을欣喜홈안이라預想以上의盛况임에感激호と바라、李王殿下의東上호신今回의史實은實로日本有史以來我朝鮮에도또홀曾無호면바이라彼時에朝鮮의淸國에對호야隨受호면茲時의狀况을回顧호며今也에無限호感慨가豈無리오、由此觀之호면今回의盛儀と첫저李王家를爲호야多幸홀뿐안이라둘저로우리朝鮮人全體의榮光이라홀것이라、上은皇室로브터下눈一般人民에至호기셔지李王殿下의對호誠意를思量호면우리新附臣民一般에對호야如何히愛護홈을深甚히認知될것인즉우리朝鮮人民은宗孫의如斯한優遇호옵신 聖旨를克 體호며 內地人民의

▲深厚호親愛 를感謝호야內鮮이一心協力으로融化의就에努力호며益々忠良호臣民이되야國家에奉公호기를自期홀지어다

李王謝恩傳奏

李王殿下께셔二十八日에歸京호셧슴으로二十九日午前十時에李王職長官閔丙奭子를總督府로派遣호야今回天機奉伺호기爲호야東上호얏던바特別호신御優遇를明호신謝恩의傳奏를請호얏슴으로總督도恐懼感激의至홈을不堪호오며二十八日에無事歸京호신旨로傳奏홈을長谷川總督에게依賴호얏슴으로山縣政務[illegible]

酒肴料御下賜

李王殿下께셔廿八日釜山御出發에際호야釜山各學校에奬學資金으로金一千三百圓을御下賜호신外에と旣電과如호거니와尙又釜山府廳吏員、稅關、警察署、憲兵分隊、陸軍運輸部職員一同에게對호야셔도酒肴料를御下賜호셧더라(釜山)

政務總監伺候

李王殿下께셔御歸京호셧슴으로山縣政務總監은二十九日午後에遠藤秘書課長、陶山通譯官을隨伴호고李王殿下를昌德宮으로伺候호얏더라

總監은其旨를直히東上中全總督에게電報호얏더라尙又皇后陛下와並히皇太子殿下에對호야도同히御禮의電報執奏를同樣으로依賴호심이有호얏다더라

總督滯京豫程

長谷川總督은兒玉武官、神田秘書官、蘇鶴局官等을隨伴호고李王殿下를下關까지奉送호고同夜發車行東上호야二十九日午后八時東京驛에歸着호얏と디總督은以務公務호기爲호야七月末頃에歸任호리라더라

軍司令官動靜

二十六日鎭海灣에着호秋山軍司令官은同夜一泊호고翌二十七日福岡溫泉探勝所를視察호고直히引返호야同夜에有志將三名과共히晩餐을進호고二十八日午前九時官民多數의見送을受호고歸京의途에就호얏더라

貴族의謝電

寺內首相에對호야

李王殿下께셔御東上中에帝室의優遇와官民의盛大호送迎을受호시고無事히歸京호심에對호야朝鮮貴族一同은十八日寺內首相의게對호야如左호謝電을送致호얏더라

今回李王殿下의東上호심에當호야[illegible]

1917. 6. 30.

심이 얼음 녹듯이 녹음을 기뻐할 뿐이라. 바라건대 장래에 나아가 여러 좋은 영향을 미칠 바를 기쁘게 생각하노라.

이번에 이왕 전하의 동쪽 여행에 나아가셔 제실(帝室황실)의 융숭하신 우대는 실로 바란 바 이상이라 하겠으며, 또 중앙정부의 주선이라든지 관민의 성대한 환영은 다만 형식으로만 성황이었을 뿐 아니라 진심진정으로부터 나오는 열성이 아니면 그다지 극진치 못하였을 것이라.

중류 이상 사회의 환영은 견줄 바가 없으리오. 전하께서 타신 궁정열차가 통과하는 연도에는 촌민의 부녀가 밭두둑에서 논밭을 갈다가도 반드시 수건을 벗고 바로 서서 봉송하였다 하는 일례를 들어도 내지(內地)[2] 일반이 여하히 전하를 진정으로 환영하였는지 그 일반을 가히 추측할지라. 이를 회상컨대 나는 감격한 나머지 눈물이 줄줄 떨어짐을 금치 못하겠노라.

나의 생각으로는 이와 같은 열성적 환영에 이왕 전하의 여정을 충분히 봉위하였을 뿐 아니라 내지 일반이 여하히 새로운 동포[3]를 애호하는지 새로이 느끼게 하였도다.

전하의 이번 여행에 대하여 제반의 특별한 대우와 성대한 송영은 실로 행행(幸行)[4]에 이어서 제일 융성하였다 하며, 또 하세가와(長谷川) 총독[5]이 전하의 귀로에 시모노세키까지, 야마가타(山縣) 정무총감이 시모노세키에서 경성까지 시종 수행하여 전하를 보호하여 드리는 등 우리는 다시 한 치의 유감을 들추어내지 못함을 기뻐할 뿐 아니라 예상 이상의 성황임에 감격하는 바다.

이왕 전하의 동쪽 여행하신 금번 역사적 사실은 실로 일본 유사(有史) 이래 미증유의 커다란 일인 동시에 우리 조선에도 또한 전에 없던 바이라. 예전에 조선이

2 일본 본토. 일제 강점기에는 한반도를 조선, 일본 본토를 내지라고 칭하는 것이 일반적이었다. 그리하여 일본과 한국이 한 나라라는 내선일체(內鮮一體)라는 구호가 일상적으로 불렸다.

3 합병으로 새로이 일본인으로 편입된 조선 백성을 가리킨다.

4 임금이 대궐 밖으로 행차함. 이때의 행행은 일왕의 나들이를 가리킨다. 따라서 일왕의 나들이 다음으로 성대했다는 말이다.

5 하세가와 요시미치(長谷川好道) : 1916년부터 1919년까지 제2대 조선총독을 지냈다.

청나라에 대하여 주고받던 당시의 상황을 회고하면 이번에 무한한 감개가 어찌 없으리오. 이번 커다란 의례의 상황을 보면 첫째, 이왕가를 위하여 다행할 뿐 아니라 둘째, 우리 조선인 전체의 영광이라 할 것이라. 위로는 황실로부터 아래로는 일반 인민에 이르기까지 이왕 전하께 대한 성의를 헤아리면 우리 새로이 따르게 된 신민 일반에 대하여 여하히 애호함을 심심히 알게 될 것인즉, 우리 조선인민은 제실(帝室)의 이와 같은 넉넉하고 두터우신 성지를 몸으로 받으며 내지 인민의 깊은 친애를 감사하여 내지와 조선이 일심협력으로 융화 진취에 노력하며, 나날이 충성스러운 신민이 되어 국가에 봉공하기를 스스로 기약할지어다.

주요 경력

생몰년: 1860-1919

1906: 통감부 촉탁에 임명.

1907: 대동학회(大東學會, 이토 히로부미의 후원금으로 설립) 발기인.

1907: 이완용 내각의 법부대신에 임명.

1907: '정미칠적'으로 지탄을 받음.

1908: 농상공부대신.

1910: 농상공부대신으로 이완용과 함께 '합병조약' 체결.

1910: 자작.

1915: 다이쇼 일왕 즉위대례식에 조선귀족 대표로 참석.

상훈

1907: 욱일대수장(일본).

1915: 다이쇼 일왕 즉위기념 대례기념장(일본).

004

이완용

시의적절한 경고

백작 이완용 씨는 오늘날 소요에 대하여 불령(不逞)[1] 한 무리의 선동으로 무지하고 몰지각한 자들이 함부로 행동하고, 그로 인하여 각 지방에서 뜬소문이 떠돌아 치안을 방해함을 개탄하되, 농사 시기가 임박하였는데도 이를 따르는 무리가 미친 듯 행동함은 살아서 죽음을 구하는 일이라. 한 시간 늦게 진정하면 한 시간의 해가 있을 것이니, 조선인은 냉정히 생각하여 오늘 이후에 후회하지 말라며 다음과 같은 경고문을 발표하였으니 실로 시의에 적절한 경고라 하겠다.

경고문

오호, 조선 동포여. 전해 오는 말에 죽음에 이르러 삶을 찾는다는 말이 있더니, 오늘 조선 인민들이 살아서 죽음을 구하는 것은 어찌된 일인가. 얼핏 알아듣기 쉽게

1 불평이나 불만을 품고 제 마음대로 행동함. 일제강점기에는 '불령선인'이라는 표현을 자주 사용했는데, 이는 '불량한 조선 사람'이라는 뜻으로 일본 제국주의자들이 자신들의 말을 듣지 않는 한국 사람을 이르던 말이다.

適宜의警告

伯爵李完用氏ᄂᆞᆫ今回騷擾에對ᄒᆞ야不逞의徒輩의煽動으로無知沒覺ᄒᆞᆫ民衆가妄動ᄒᆞ고因ᄒᆞ야各方에셔聞風而亦動ᄒᆞ야治安을妨害ᄒᆞᆷ을慨嘆ᄒᆞ되此時가在迫ᄒᆞᆫᄃᆡ朝鮮人妄動ᄒᆞᆷ은生中에求死라謝悔이一時가晩ᄒᆞ면一時가害가有ᄒᆞ니朝鮮人은冷靜熟思ᄒᆞ야日後에追悔치마라ᄒᆞ고左의警告文을發ᄒᆞ얏스니實로時宜에適ᄒᆞᆫ警告라可謂ᄒᆞᆯ지라

警告文

嗚呼朝鮮同胞여常談에死中에求生이란말이有ᄒᆞ더니今에朝鮮人民은生中에求死ᄒᆞᄂᆞᆫ것은何故也오엇지할아못기容易ᄒᆞ도록一言을陳ᄒᆞ노니諸君은冷靜精神을收拾ᄒᆞ고靜聽ᄒᆞ기를望ᄒᆞ노라

朝鮮獨立이라ᄂᆞᆫ煽動이虛說이라妄動이라ᄒᆞᄂᆞᆫᄃᆡ對ᄒᆞ야ᄂᆞᆫ各有志人士의千言萬語가不備ᄒᆞᆷ이無ᄒᆞ야모一向目擊치못ᄒᆞ니今者에余가更言ᄒᆞ야도諸君의耳에入ᄒᆞᆯ지안이ᄒᆞᆷ을노自疑ᄒᆞ야發言을不爲ᄒᆞᆫ거니와余ᄂᆞᆫ反히諸君에게一問ᄒᆞ노니朝鮮獨立이昨日에되얏다ᄒᆞᄂᆞᆫ말인지日後에될希望이有ᄒᆞ다ᄂᆞᆫ말인지不知ᄒᆞ거니와昨日에獨立이旣成ᄒᆞ얏다ᄒᆞᆯ지라도萬歲三呼ᄒᆞᆫ後ᄂᆞᆫ各歸其所ᄒᆞ야所業을各修ᄒᆞᆯ것이요日後에希望이有ᄒᆞ다ᄒᆞᆯ지라도成事前에萬歲만呼唱ᄒᆞ야時月不止ᄒᆞᄂᆞᆫ것이有何意味乎아初次에無知沒覺ᄒᆞᆫ兒輩가妄動ᄒᆞ고其後에各地方에셔聞風而亦動ᄒᆞ야治安을妨害ᄒᆞᄂᆞᆫ지라當局에셔卽時에嚴重히鎭壓ᄒᆞ라면何患無策이리요마ᄂᆞᆫ沒覺者類로歸之ᄒᆞ고寬大ᄒᆞᆫ手段을用ᄒᆞ야一次諭告와二次諭告가下ᄒᆞ야도尙不自悛ᄒᆞ니此輩ᄒᆞ야말ᄒᆞ면沒覺ᄒᆞᆫ兒子兒姪이設使沒覺ᄒᆞᆫ行動이有ᄒᆞ야一次曉諭ᄒᆞ고曉諭而不從則其次責之ᄒᆞ고責之而不從則畢竟에撻之楚之ᄂᆞᆫ其子其姪을愛心으로懲之導之ᄒᆞᄂᆞᆫ것이아니라一則其子其姪을保護코ᄌᆞᄒᆞᆷ이요二則他子他姪은汚染치못ᄒᆞ게ᄒᆞᆷ이라二次諭告而不從ᄒᆞᆫ이상안이라官憲에犯手ᄒᆞ야亂暴ᄒᆞᆫ行動이有ᄒᆞ니當局에셔嚴重히措處ᄒᆞᆷ은江川於不得已也라近日聞知則某々處에셔幾多人民이死傷ᄒᆞ얏다ᄒᆞ니其死其傷ᄒᆞᆫ人民中에ᄂᆞᆫ或主唱ᄒᆞᆫ者도有ᄒᆞᆯ것지마ᄂᆞᆫ其多數ᄂᆞᆫ隨人喊唱ᄒᆞᆫ者로余ᄂᆞᆫ自信ᄒᆞ노라農時가在迫ᄒᆞ니安心修業則安樂이自在ᄒᆞᆯ것이요隨人妄動則死傷이在前ᄒᆞ니此卽生中에求死가안닌가自身이生中求死ᄒᆞᆯ뿐안이라妄動ᄒᆞᆷ으로因ᄒᆞ야其附近에셔橫厄으로致死致傷者多有ᄒᆞ니是何事也오且不忍見이요耳不忍聞ᄒᆞ야自不覺落淚也로다安心鎭靜ᄒᆞᆷ이一時가晩ᄒᆞ면一時에害가有ᄒᆞ고一日이晩ᄒᆞ면一日에害가有ᄒᆞᆯ지니嗚呼同胞여朝鮮余言ᄒᆞ야日後에追悔치말지어다今此勸告에對ᄒᆞ야若或不然ᄒᆞᆫ意見이有ᄒᆞᆫ人은一次本人과面會ᄒᆞ야開襟交換ᄒᆞ기를望ᄒᆞ노라

大正八年四月 日

伯爵 李完用 謹告

1차) 1919. 4. 5.

李伯再次警告

騷擾事件에對ᄒᆞ야一般의게警告文을發ᄒᆞᆫ李完用伯은八日附再次左와如ᄒᆞᆫ警告文을發ᄒᆞ얏더라

警告文 (再次)

發者에本人이同胞諸君에게警告ᄒᆞᆫ目的은單純히人民의死傷이無케ᄒᆞ고ᄌᆞᄒᆞᆷ이라同告文을覽閱ᄒᆞᆫ諸君中에回答ᄒᆞᆷ을見ᄒᆞᆫ즉或은時勢의言論도有ᄒᆞ며或은不論是非ᄒᆞ고但云賣國賊의言이耳目을汚損케ᄒᆞᆫ다ᄒᆞ며或은威脅의言語도有ᄒᆞ며其中에或은警告의意가有理ᄒᆞᆷ을노容認ᄒᆞᄂᆞᆫ人도有ᄒᆞ니惟願컨ᄃᆡ本人은誠心으로警告ᄒᆞᆷ을諸君이採納ᄒᆞ야生命의多數를救ᄒᆞ면本人의目的은可達ᄒᆞᆯ지라故로다시前說을復陳ᄒᆞ노라

本人의警告에對ᄒᆞ야何如ᄒᆞᆫ言論이던지皆信이本人에게直接으로來到ᄒᆞ니於心에甚히豁然ᄒᆞ도다騷擾當初에ᄂᆞᆫ當局에셔도寬大ᄒᆞᆫ手段을用ᄒᆞᆫ方策이오또朝鮮人側에셔도人民에危險ᄒᆞᆷ이無ᄒᆞ게措處ᄒᆞᆷ을當局에陳情ᄒᆞ얏스나于今月餘된今日에至ᄒᆞ야ᄂᆞᆫ當局에對ᄒᆞ야다시容喙ᄒᆞᆯ餘地가無ᄒᆞ도다近日各新聞紙上으로諸君도已悉ᄒᆞᆫ바와如히各處의言論이去益嚴重ᄒᆞ니本人도朝鮮人也라責任上으로던지人情上으로던지此危險이目前에迫在ᄒᆞᆷ을知ᄒᆞᆫ以上에ᄂᆞᆫ一言이可히無치못ᄒᆞᆷ이라賣國賊의警告라ᄒᆞ야自身의安危에外지有關ᄒᆞᆷ을不聽ᄒᆞᆷ은不忍之甚이안인가本人은千萬人中에雖一人이라도有理ᄒᆞᆫ줄로容認ᄒᆞ면此警告의效界가不少타ᄒᆞᆯ지로다區々所望은一般同胞가容認ᄒᆞ고安心鎭靜ᄒᆞ야死傷의禍를避케ᄒᆞ고자ᄒᆞᄂᆞᆫ眞心에不外ᄒᆞᆷ이라至誠이면天도感ᄒᆞ신다ᄒᆞ니諸君이感ᄒᆞ기外지威脅을不顧ᄒᆞ고又此警告ᄒᆞ노라

大正八年四月 日

伯爵 李完用 再告

2차) 1919. 4. 9.

李伯三次警告

警告文

懸賞小說募集

當選賞金

一等 一篇 一百五十圓

二等 一篇 一百圓

三等 一篇 五拾圓

應募規程

每日申報社

講和調印과聯合國

其回答期限

維持에汲々

順調로批准

3차) 1919. 5. 30.

한마디를 늘어놓으니 여러분은 잠깐 정신을 차리고 상세히 살펴보기를 원하노라.

조선독립이라는 선동이 헛소리요, 망동(妄動)이라 함은 각계의 뜻있는 인사가 천 마디 말을 했으나 자각지 못하고 있으니, 오늘날 내가 말을 다시 하여도 여러분의 귀에 들어가지 않을 것을 스스로 의심하여 경고를 하지 않을 것이다.

그렇기에 나는 반대로 여러분에게 하나 묻노니, 조선독립이 지난날 되었다 하는 말인지 오늘 이후에 될 희망이 있다는 말인지 알지 못하거니와, 지난날 독립이 이미 이루어졌다면 만세삼창한 후에는 각기 자신의 위치로 돌아가 주어진 일을 각각 수행할 것이요, 오늘 이후에 희망이 있다 할지라도 일이 되기 전에 만세만 불러 세월을 보내는 것이 무슨 의미가 있는가.

처음에 무지한 자들이 망동하고 그 후에 각 지방에서 소문을 듣고 부화뇌동하여 치안을 방해하는지라, 당국에서 즉시 엄중히 진압하려면 어찌 대책이 없겠는가. 그러나 몰지각한 이들은 돌려보내고 관대한 수단을 이용하여 1차 유고(諭告윗사람이 아랫사람을 말로 타이름)와 2차 유고가 내려가도 자각하지 않으니, 비유해서 말하자면 몰지각한 아이들이 설사 몰지각한 행동을 해서 한 번 알아듣게 타일러도 순종치 않으면 다음에는 책임을 묻고, 책임을 물어도 순종치 않으면 필경에는 회초리로 때려 가르치는 것은 그 아이를 진심으로 미워하는 것이 아니라 첫째 그 아이를 선도코자 함이요, 둘째 그 아이를 나쁜 짓에 물들지 않게 하려는 뜻이다.

두 번의 유고에도 복종하지 않을 뿐 아니라 관청에 손찌검하여 난폭한 행동이 있으니 당국에서 엄중히 조처함은 참으로 부득이한지라. 최근 들으니 여러 곳에서 여러 인민이 죽거나 다쳤다고 하니, 죽거나 다친 인민 중에는 혹 앞장서 외친 자도 있겠지만 다수는 무리를 따라 외친 자라고 나는 믿노라.

농사 때가 임박했으니 마음 편히 일을 할 때 평안함이 있을 것이요, 무리를 따라 망동하면 죽거나 다치는 일만이 있을 것이니 이는 살아서 죽음을 구하는 것이 아닌가. 스스로 살아서 죽음을 구할 뿐 아니라 망동함으로써 그 주변에 뜻밖의 재앙으로 죽거나 다치는 자가 많으니 이 무슨 일인가.

눈뜨고 차마 볼 수 없으며 차마 귀로 들을 수 없으니 스스로 깨닫지 못하여 눈물을 흘리는 결과로다. 마음을 편히 먹고 진정하는 데 한 시간이 늦으면 한 시간의 해가 있고, 하루가 늦으면 하루의 해로움이 있을지니 오호라 동포여, 내 말을 밝게 들어 오늘 이후로 후회치 말지어다.

지금 이 권고에 대하여 혹시라도 다른 의견이 있는 자는 우선 본인과 면회하여 가슴을 열고 뜻을 나누기를 바라노라.

대정 8년(1919) 4월.
백작 이완용 삼가 알림.

이백작 재차 경고

지난번에 소요 사건에 대하여 일반에게 경고문을 발표한 이완용 백작은 8일 다시 다음과 같은 경고문을 발표하였다.

경고문(두 번째)

지난번에 본인이 동포 여러분에게 경고한 목적은 단순히 인민의 사상(死傷)이 일어나지 않게 하고자 함이라. 그 경고문을 열람한 여러분의 회답을 보니 혹은 형세에 따른 주장이 있는가 하면 혹은 시비를 막론하고 오로지 매국노의 말이 이목(耳目)을 더럽혔다 하고, 혹은 위협하는 말도 있으며, 그중에 혹은 경고의 뜻이 논리적이어서 받아들일 만한 것도 있으니, 오직 바라건대 마음을 다한 본인의 경고를 받아들여 여러 생명을 구하면 본인의 목적은 달성하는 것이라. 그러므로 다시 앞서 한 말을 반복해 전하노라.

본인의 경고에 대하여 어떤 주장이든 서신이 본인에게 직접 닿으니 마음이 확 트인 느낌이다. 소요 초기에는 당국에서도 관대한 수단을 이용할 방책이었고, 조선인들도 인민에게 위험이 없게 조치할 뜻을 당국에 진정하였다. 그러나 한 달 이상이 지난 오늘에는 당국에 다시 참견할 여지가 없도다.

최근 각 신문지상을 통해 여러분도 다 아는 바와 같이 여러 곳의 언론이 갈수록 엄중하니 본인도 조선인인지라 책임 면에서든 인정(人情) 면에서든 그 위험이 목전에 임박했음을 안 이상, 한 마디 안 할 수 없음이라.

매국노의 경고라 하여 자신의 안위에 관계있는 말을 듣지 않음은 너무 생각이 없는 것 아닌가. 본인은 천만 명 가운데 오직 한 사람에게라도 유리하면 이 경고의 효과가 적지 않다 할 것이다. 구구한 소망은 일반 동포가 용인하고 마음을 진정하여 사상(死傷)의 화를 피하도록 하려는 진심 외에는 없다. 지성이면 하늘도 감동하신다 하였으니 여러분이 감동하기까지 위협을 불구하고 다시 이에 경고하노라.

대정 8년(1919) 4월
백작 이완용
다시 알림

이 백작 3차 경고

지난번 소요 중에 2회의 경고문을 발간하여 전국에 널리 배포한 이완용 백작은 이번에 모두 3회로 다음과 같은 장문의 경고를 발행하였더라.

경고문

최근 각 지방의 소식을 들은즉 소요가 점차 안정된다 하니 누군가는 말하되 군대가 증파되어 그 위력 때문이라 하나, 여러분이 진심으로 지난 잘못을 자각함이 큰 원인인 줄 확신하고 충심으로 흔쾌함을 이기지 못하노라.

소요 당시 본인의 두 차례에 걸친 경고에는 단지 조선독립이라는 말이 허망한 것이니 망동하여 생명을 사상(死傷)하는 화에 빠지지 말고 급히 구하라는 뜻으로만 말하였거니와, 이번에 여러분이 지난 잘못을 후회하는 때가 오니 본인이 다시 한마디를 더하는 것은, 독립이라는 주장이 허망함을 여러분이 확실히 깨닫는 것이 우리 조선민족의 장래 행복을 설계하는 것임을 말하려는 것이다.

이번 조선독립이라는 주장은 제1차 세계대전의 여파라 할 수 있다. 최근에 들어온 민족자결주의[2]라는 말이 여러분으로 하여금 동요케 한 원인이었음은 명백한 사실이다. 민족자결주의가 조선에 부적당하다는 언론은 내가 다시 말하지 않거니와, 대개 조선과 일본은 고대로부터 같은 조상, 같은 민족이며 같은 인종, 같은 뿌리임은 역사에 있는 바이다.[3] 그러한즉 일한합병으로 말하자면, 당시에 안으로는 옛 한국의 형세와 밖으로는 국제적 관계를 천 번 생각하고 만 번 헤아리더라도 역사적으로 자연스러운 운명이요, 세계적 대세에 따라 동양평화가 확보되는 것이 조선민족의 유일한 활로이기에 단행된 것이다.

2 1918년 1월, 미국의 대통령 우드로 윌슨이 상하, 양원합동회의에서 제1차 세계대전 후의 평화 정착을 위해 제안한 14개 평화원칙의 주요 지침이 민족자결주의였다. 그리고 이 내용은 이후 수많은 피억압민족에게 독립의 의욕을 고취시켰는데, 우리나라에서도 1919년 일본 동경에서 유학생들이 발표한 2·8독립선언에 영향을 끼쳤다. 그러나 민족자결주의가 가장 큰 영향을 미친 것은 3·1독립선언이었고, 뒤이어 3·1운동을 촉발시켰다.

3 일선동조론(日鮮同祖論)이라고 하는 주장으로, 한국인과 일본인은 동일한 선조에서 나온 혈족으로, 거주 지역도 같고 그 근본도 같고 국토의 구별도 없어서, 언어·풍속·신앙·습관 등도 본래 같았다는 내용. 일선동원론(日鮮同源論)·일선동근론(日鮮同根論) 등도 같은 뜻을 갖는다.

또 지리적으로 말하더라도 일본과 한국, 공동의 이해와 공동의 존립을 위해서도 서로 없어서는 안 될 밀접한 관계여서 양국이 흥망성쇠를 함께하자는 정신으로 단행된 것인즉, 세계에 어떤 새로운 주의가 나타난다고 가정하더라도 두 나라를 다시 분리하여 양국의 자멸을 스스로 취할 리는 결단코 없으리니, 여러분은 이 점을 십분 자각하기를 간절히 바라노라.

아, 우리 조선은 국제 경쟁이 과격하지 않던 때에도 한 나라의 독립을 완전히 유지하지 못함은 여러분이 아는 바인데, 하물며 오늘과 같이 세계대전으로 인하여 전 세계를 개조하려는 시대를 맞았으니, 우리가 고작 1만여 리의 강토와 모든 것이 부족한 천 몇 백만의 인구로 독립을 높이 외치는 것이 어찌 허망하다 아니할 것인가. 이는 필시 여러분이 세계의 큰 흐름을 이해하지 못하고 다만 평소에 감정을 쌓았다가 소문을 듣고 일시에 드러낸 것이라, 본인은 여러분의 그 정신을 십분 이해하노라.

그러나 여러분이 다시 냉정한 머리로 우리 조선 민족의 장래와 동양평화의 영원한 계획을 깊이 숙고하며 오늘날 우리의 경우와 실력과 세상의 변함을 잊지 말 일이다.

만일 여전히 전후 사정을 분간치 못하고 경거망동하는 무리가 있다면 이는 조선민족을 멸망케 하며 동양평화를 파괴하려는 우리의 적으로 여길 것이다.

본인이 들은 바에 따르면 일본인이 항상 말하되, 대화(大和)[4]민족은 최후의 1인이 피를 흘릴 때까지 동양평화의 영원한 계획을 변치 않을 것은 지난 번 한 나라의 존망을 걸고 온 힘을 다하여 싸운 갑오(甲午, 1894), 갑진(甲辰, 1904)의 두 차례 전쟁[5]의 의의가 오직 동양평화에 있으니, 여러분은 모든 감정을 버리고 과거의 역

4 대화(大和)는 일본을 가리키는 옛 지명이지만, 일제강점기에는 일본이라는 나라, 나아가 일본의 정체성을 가리키는 광의로도 자주 사용되었다. 앞으로도 대화, 그리고 대화혼(大和魂)이라는 표현이 자주 등장할 텐데, 대화혼은 '일본의 정신'이라는 뜻으로, 일본 민족의 정체성, 일본 민족의 우수성 등을 가리킬 때 자주 사용한다.

5 앞은 청일전쟁, 뒤는 러일전쟁을 가리킨다.

사를 돌아보라.

우리 조선인이 동양평화를 위하여 지난 어느 때 어떤 노력을 기울인 바 있었는가? 동양평화를 위해 노력한 공적은 고사하고 자기 나라를 지키는 것조차 늘 남의 힘에 의존하다가 오히려 동양평화의 교란만을 야기하는 처지를 만든 역사가 있을 뿐 아니던가.

여러분이여, 이는 우리가 피할 수 없는 사실이라. 그러므로 본인이 지난번 경고문 중에 무슨 이유로 살아서 죽음을 구하려고 하느냐 함은 실로 동양평화의 대 이상을 해결하지 못하고 어부지리를 얻고자 하는 자에게 조종당하는 무지한 무리에게는 경고한 의미가 있노라.

하느님도 은혜로 동쪽을 돌아보실 때는 공동의 존립과 공동의 이익을 위하여 두 땅의 분립을 불허하실지니, 우리 조선인은 반드시 일한합병의 의의와 그 정신이 유효하게 실현할 방면으로 노력함이 우리의 장래 행복을 설계하는 최선의 정책인 줄을 깊이 믿을지어다.

병합 이래 근 10년에 총독정치[6]의 성적을 보건대 인민이 누리는 복지가 막대함은 국내외 사람들이 함께 인정하는 바이나, 처음부터 지금까지 방침을 한 번 정하고 변치 않음에 비하여 여러분의 수준은 날로 발전했으니 그 시종일관한 방침에 대하여는 제국 신민(臣民)[7]으로써 요구하고자 할 점이 반드시 많다 할 것이다. 즉 여러분이 늘 말하는 바 지방자치의 문제와 참정권 문제, 병역의 문제, 교육 및 집회 언론 등의 각 문제가 여럿이나, 이는 여러분의 생활과 지식 정도에 따라 정당한 방법으로 요구하면 동정을 얻을 것이다.

본인의 소신을 기탄없이 개진하라고 한다면, 실은 당국에서도 몇 년 안에 연구

6 식민지 국가에 총독을 보내어 행하는 정치로, 일본은 한일강제병합 이후 한반도에 총독을 임명하여 다스리도록 하였다. 한일강제병합 이후 3·1운동 때까지 한반도에는 초대 총독 데라우치 마사타케(寺内正毅, 재임 1910. 10. 1.-1916. 10. 14.), 2대 총독 하세가와 요시미치(長谷川好道, 재임 1916. 10. 14.-1919. 8. 12.), 2인이 재임하였다.

7 한일강제병합 이후에는 조선의 백성들을 가리키는 명칭으로 신민(臣民), 즉 군주국의 신하와 백성이라는 명칭이 주로 쓰인다. 이 책에 수록된 글의 대부분에서도 백성이나 인민, 국민이라는 용어보다는 신민이라는 용어가 자주 등장한다.

騷擾事件의後報

◇각디방의소요소문

경긔도

水原(수원)

烏山(오산)

大田(대뎐)

咸興(함흥)

龜浦(구포)

火災

宗教家의 態度

大火

鮮人客

取引所

3·1독립운동은 우리가 상상하는 것보다 훨씬 광범위하고 오랜 기간에 걸쳐 이루어졌다. 사진은 1919년 3월 31일 기사.

8 일시동인, 즉 '누구나 똑같이 사랑함'이라는 용어도 일제강점기 내내 일왕이 조선 민족을 대하는 방식이라고 즐겨 사용하며 수많은 글에 등장한다.

중에 있는 안건도 있으나 단 그 조치를 행할 시기 문제가 남았을 뿐이다. 본인이 결코 당국을 위하여 변호하는 말이 아니라 각 신문과 잡지에 일본인이 지난 몇 해에 걸쳐 여러분이 요구하기 이전부터 말하여, 이러저러한 점은 시급히 조선인에게 부여해야 한다고 주장했음은 여러분도 이미 믿고 있을 것이다.

누군가는 말하기를 조선인이 이번 소요를 야기했으므로 일본인은 이제부터 조선인에게 응당 반감을 가질 것이라고 말하나, 이는 자기의 과실을 깨닫고 뉘우칠 때 말하는 일반적인 심리다. 그러나 여러분이 결코 의심하고 우려할 바 아니요, 여러분이 시급히 해야 할 일은 실력을 양성하는 일이라고 하겠다. 일본인 중에도 동양의 영원한 큰 계획을 이해하지 못하며 폐하의 일시동인(一視同仁)[8]하시는 성지(聖旨임금의 뜻)를 망각하고 조선인을 대하면서, 조선인과 일본인 사이에 종족의 우열이 있는 듯이 말하는 태도가 가끔은 있다 하나, 여러분도 우리가 일본인에 비하여 아직 실력의 차가 없지 않다고 못할 것이니, 도량을 크게 키우고 가급적 그들에게 반성을 촉구하며 이해를 구할 것이요, 결코 일시적인 감정에 흔들려 일시동인하시는 성지를 그들과 같이 오해하지 말지어다.

해외에 있는 조선인들 중에 누군가는 새로운 정치 이후로 조선의 사정에 어두워 반대하는 자가 있어 약간의 금전으로 의외의 행동을 꾸며 우리에게 화가 미치게 하니 현명한 여러분이여, 오늘 이후 어떠한 불의한 일이 있더라도 이번 일을 거울삼아 십분 신중할 일이다.

여러분의 영원한 복지를 증진케 하며 앞길의 광명을 개척하며 욕망을 채워 주며, 남은 여러 문제를 해결케 하는 그 원동력은 앞에 쓴 바와 같이 실력을 가장 먼저 양성함에 있으니 여러분은 더욱 힘쓸 일이다.

주요 경력

생몰년: 1858-1926

1896. 7.-1898년 초: 독립협회 활동.

1898: 전라북도 관찰사 재직 시 직무태만으로 감봉 처분.

1905: 학부대신.

1905: 을사늑약 체결에 찬성.

1907: 내각총리대신에 오름.

1910: 한일병합조약 체결에 찬성.

1910: 백작 작위.

1920: 후작으로 승격.

1926: 사망.

상훈

1907: 욱일대수장(일본).

1910: 금척대수장(일본).

1912: 한국병합기념장(일본).

1918: 대훈위 국화대수장(일본).

005

홍승구

1일 1인

육군기념일[1]

홍승구(洪承耉)

제1군사령관 흑목위정(黑木爲楨)[2]이 압록강으로부터 진군하여 구연성(九連城)[3]과 봉황성(鳳凰城)[4]을 함락하고 수암(岫巖)에 이르는 사이에, 오보공(奧保鞏)[5]이 지휘하는 제2군이 금주 남산으로부터 북상하여 웅악성(熊岳城) 분수령(分水嶺)을 다음으로 공격해 빼앗으며 제4군은 야진도관(野津道貫)[6]을 주장으로 삼아 한 번에 석목성(析木城)을 깨뜨렸다. 그리하여 제1, 제2, 제4의 각 군이 세 길로 함께 나아가 요양(遼陽)[7]에 향하였다.

명치37년(1904) 9월 3일에 요양은 드디어 일본군에게 점령되고 10월 15일에는

1 일본의 육군기념일은 러일전쟁 당시 일본 육군의 승전을 축하하는 기념일이다. 1905년 3월 10일 벌어진 봉천전투에서 일본제국 육군이 승리한 날인데, 이 기사는 육군기념일이 제정된 계기가 된 전투의 승리상황을 상세히 기록한 것이다.

2 육군대장을 역임하고 백작작위를 받은 구로키 다메모토(黒木為楨, 1844-1923).

3 중국 랴오닝성(遼寧省) 단둥(丹東) 북동쪽에 위치한 마을.

4 중국 랴오닝성 봉성진에 있었던 고구려 산성.

5 육군대장을 지내고 백작 작위를 받은 오쿠 야스카타(奧保鞏, 1847-1930).

6 육군대장을 지낸 노즈 미치츠(野津道貫, 1841-1908).

7 중국 랴오닝성 중심부의 도시.

一日一人

陸軍記念日

洪承耆

●第一軍司令官黑木爲楨이 鴨綠江으로부터 進兵하야 九連城과鳳凰城을 連陷하고 岫巖에 이르는사이에 奧保鞏의指揮하는第二軍이 金州南山으로부터北上하야 熊岳城 分水嶺을 次第로攻拔하며 第四軍은 野津道貫을 主將으로삼어 一戰에 析木城을깨트렷다。그러하야 第一、第二、第四의各軍이 三路竝進하야 遼陽에向하얏다。明治三十七年九月三日에 遼陽은 드듸여 日本軍에게占領되고 十月十五日에는 沙河大會戰에서 大捷을獲하야 一時는 連營千里로 遼野에虎踞하고잇든 露國의百萬雄師가 北으로 北으로 다라나면서도 豫定의退却이라는 奇語를發하얏스니 그들의意圖는 將次奉天에據하야 全軍을集結하야가지고 逸로써勞를待하야 一擧에 全勝을期하든것이다。翌年一月二日에 乃木希典의第三軍이 惡戰半歲로 旅順堅壘를陷落하매 이에 長驅北進하야最右翼이되고 川村景明의 거느린 鴨綠江軍으로 東西遙應하야 最左翼의川村軍이 奇兵을내여 敵을牽制하는사이에 乃木軍이 奉天의背後에도라 敵의歸路를 끈엇다。三月十日 三十三年前 此月此日에 大風이黃塵을捲起하고 漠漠한殺氣가長空을가리여 白日을無光케하든날 日本의五路軍은 奉天城總攻擊에 曠古의勝捷을 博하고 敵은全軍潰走하야 長春以南에 다시影子를 보히지못하얏섯다。

◇

三月十日 此日 皇軍이奉天城을占領하니라

滿洲軍總司令官 大山巖元帥는 陣中日誌에、이가티手錄하고 그아에에「一將功成萬骨枯」의 古詩一句를 附記하야 名將의 感慨집흔胸懷를 보엿다。此月奉天城을 占領하니라의 七八字에、넘지안는 簡潔한文句中에는 實로 亞東千百載有史以來의 驚天動地한 큰事實이 記錄되엿든것이다。新興日本이 國運을賭하야、大陸制覇의 龍爭虎鬪를 演하든活劇이 勝利의 決算을 지르든날이오 極東의 地圖가色을고치며 世界政局의 情勢가 一大變化를부르든 萬般經綸이 이로써 新出發을보게되기때문이다。要하건대 明治維新以來로더욱이日淸戰役後의三國干涉으로부터遼東半島의還附를겪근뒤의 文字그대로 臥薪嘗膽●上下勵精하야온 日本의情熱과 氣槪의압헤 神人이 함께도으고 强露가 무릅을歛屈하얏든것이다。엇지 한갓日本陸軍의 記念日뿐이라 黃色人種이 씨를傳하고 歷史가滅치안는限에 天壤同久하야 永遠不斷의 큰記錄이實로「奉天城占領」의 此日로써 作成되엿든것이다。

◇

日露戰役은 위로는 明治大帝의御稜威와 아래로 日本全國民의 온갖誠忠과 智能을合하야 익인것이오 밧그로 모든與國과 盟邦들의援助도 잇든것인즉 엇지누구에게限하야 殊勳의指目을 돌니라만은 적어도 日本陸軍에서는 攻城野戰에 砲火를 부릅쓰든將卒과 運籌帷幄의謀士以外에 두사람의特殊任務에 從事하든將軍을 忘却할수가업슬것이다。한사람은 故人된田中義一大將으로 그가 中少佐時代에 多年露都에駐在하야 저나라軍隊의 모든內情과實力을 覘知하고 動飄露軍의强大에 怯을내여 開戰에遲疑하는 元老와軍部主腦者를說得하야 露軍이 비록산

僞、妖姬
後方의攪
功을 건
將軍의生
面接할機
가 잇섯
한層의感
다。

末佛安基護氏筆 (京城) [redacted]

文壇往來

▲「醉香」出版紀念會—李無影氏創作集「醉香」의出版紀念會를 文壇諸氏의 發起로 十四日午後二時東小門外新興寺에서 開催한다는데會費一圓으로當日持參

學藝通信

七分三十秒의 皆旣日食

【리마發同盟郵信】來六月八日에 또皆旣日食이되는데 이번것은一九三六年六月十九日의日本北部에잇섯든皆旣日蝕에比하야斷然그時間이기러서七分三十秒나繼續되는데 어더케긴것은一八〇四年以來의일이라고하니全世界의物理學者天文學者가 크게緊張하야觀測準備를進行하고잇다 이번의最良의觀測地點은南太平洋가운데도微妙한觀測은船中에서는不可能하지만 濠太利의西方「푸ー지」群島附近에잇는「뉴●헤브라이드」諸島에서는日出과가티皆蝕日食이보이고「페ー루」에서는皆蝕인채로太陽이地平線에나타날

것이다
不完全
데 非常
안으면
最適한
「애쿠
의小島
판닝」
間에
「리마」
에서
음으로
露하야

謙齋의 山水

—朝鮮의歷代

七……金

關野博士의朝鮮美術史에는安堅의夢遊桃源圖에對하야 적엇스되「園田才治氏의所藏인夢遊桃源圖는 安平大君이 堅에게命하야 夢中에본바 桃源圖를그리게한것인데 千峰萬岳이參差交錯한대 溪流飛瀑이 그사이에隱々이보히며 桃林에는 꽃들기를비치게하고 金心을點치는等 자못細密한手法으로되엿서郭熙、李成의筆意에서 脫化해온、風神이 高古한稀世의名作이다。더욱 安平大君의選拔外에 朴彭年●金宗瑞●崔恒●申叔舟●徐居正●成三問●金守溫과가튼當時의名臣碩儒二十許人의跋이잇슴은 錦上添花格이라。」고하엿습니다。

鄭歚의號는 謙齋、畵家로서 가장長壽하얏는데 肅宗二年丙辰(西紀一六七六)에誕生하야英祖三十五年乙卯(西紀一七五

九)에
맛쳣습니
澄(玄舟
國(蓮潭
斗緖(恭
슴니다。
또는 조
姜世晃(豹
家로 崔
또 말(
路西)와
든方棺壁
그러나
지 무듯
잇서서
더욱 朝鮮
東國山水
이는 謙齋
떤山水中
및金剛十
이 가장
는 물방

1937. 3. 13.

사하(沙河) 대회전에서 대첩을 획득하여, 한때는 진영이 천 리에 이를 만큼 들판에 범처럼 웅크리고 있던 러시아의 백만 용사가 북으로 북으로 달아나면서도 예정된 퇴각이라는 기이한 말을 발표하였으니, 그들의 의도는 장차 봉천(奉天)에 머물러 전군을 집결한 후 숨어 힘을 대비하여 일거에 전승을 기약하던 것이다.

이듬해 1월 2일에 내목희전(乃木希典)[8]의 제3군이 반년에 걸친 악전고투[9] 끝에 여순의 견고한 보루를 함락하매 이에 멀리 북진하여 최우익이 되고, 천촌경명(川村景明)[10]이 거느린 압록강군이 동서에서 멀리부터 대응하여 최좌익의 천촌군이 기습부대를 내어 적을 견제하는 사이에 내목군이 봉천의 배후에 돌아 적의 귀로를 끊었다.

3월 10일, 33년 전 이때에 큰 바람이 먼지바람을 일으키고 막막한 살기가 허공을 가리여 대낮을 캄캄하게 하던 날 일본의 5로군은 봉천성 총공격에 전례가 없는 대첩을 펼치고, 적은 전군이 궤멸되어 패주하여 장춘 이남에 다시 그림자를 보이지 못하였다.

3월 10일 이날, 황군이 봉천성을 점령하니라.

8 육군대장을 지낸 노기 마레스케(乃木希典 1871-1912). 자신을 신임한 메이지 일왕의 장례일에 부인과 자결하였다.

9 그 무렵 노기 마레스케가 이끌던 병사 13만 명 가운데 6만여 명이 이 전투에서 사망했다고 전한다.

10 육군대장을 지낸 가와무라 가게아키(川村景明, 1850-1926).

주요 경력

생몰년: 1889-1961

1911-1916: 조선총독부 관리.

1920: 『매일신보』 경제과장.

1923: 『매일신보』 논설부장.

3월 10일, 33년 전 이때에 큰 바람이
먼지바람을 일으키고 막막한 살기가
허공을 가리여 대낮을 캄캄하게 하던
날 일본의 5로군은 봉천성 총공격에
전례가 없는 대첩을 펼치고, 적은
전군이 궤멸되어 패주하여 장춘 이남에
다시 그림자를 보이지 못하였다.
3월 10일 이날, 황군이 봉천성을
점령하니라.

006

김관현

북지(北支)[1]의 황군을 위문하고

중추원 참의(中樞院參議)[2] 김관현(金寬鉉)

중추원 참의 김관현, 장직상, 성원경, 이기찬, 4명은 9월 2일에 경성을 출발하여 북지 각지에서 전쟁터를 다니며 무훈 혁혁한 황군을 위문하고 며칠 전에 귀성하였는데, 동 위문단 김관현 씨는 황군의 활약 상황과 위문 정황에 관하여 다음과 같이 말하였다.

"우리 일행은 9월 2일 오후 3시 50분, 경성역을 출발 후 한길에 천진으로 향하였다. 5일 전에 가전(家田) 본부 파견 사무관의 출영리에 천진에 도착하여 곧 천진신사(天津神社)에 참배하고 황군의 무운장구를 기원하였다. 총영사관에 경의를 표

1 일본이 중국을 칭하는 용어는 지역별·시대별로 지나(支那), 만주(滿洲), 북지(北支) 등 다양한데, 이는 단순히 지역을 뜻하는 것만은 아니다. 중국 전역을 가리키는 용어는 지나이며, 따라서 북지는 중국 북부라는 의미이고, 만주는 만주 지역만을 가리킨다. 한편 일본의 중국 침략은 1931년 만주를 침략한 만주사변에서 시작하는데, 만주 침략은 생각처럼 쉽게 완결되지 못하였고, 이에 초조해진 일본은 1937년, 북경 남서쪽의 노구교(蘆溝橋)에서 노구교 사건을 일으킨다. 노구교 사건을 계기로 일본은 중국 전역에 대한 공격에 나섰고, 이로써 중일전쟁이 발발한다. 일본은 노구교 사건으로 촉발된 전쟁이 빠른 시일 내에 끝날 것으로 보고 북지사변(北支事變), 즉 북쪽 중국에서 벌어진 사변이라고 불렀으나 의외로 중국인들의 저항은 강력했고, 결국 중일전쟁으로 확대되었다. 일본은 중일전쟁을 지나사변(支那事變)이라 불렀다.

2 일제강점기 조선총독부의 자문기관. 일본으로부터 작위를 받은 자, 친일 인사,

北支의 皇軍을 慰問하고

中樞院參議 金寬鉉

中樞院參議金寬鉉 張稷相 成元慶 李基燦四氏는 九月二日에 京城을出發하야 北支各地에서 德戰하야武勳燦々한皇軍을 慰問하고 數日前에 歸城하엿는데同慰問團金寬鉉氏는 皇軍의活躍狀況과 慰問情況에關하야 左와如히말하엿다

「우리一行은 九月二日午後三時五十分 京城驛發一路天津으로 向하엿다 五日朝에 豊田本府派遣事務官의出迎裏에 天津에到着하야 곳天津神社에 參拜하고 皇軍의武運長久祈願을하엿다 總領事館에敬意를表하고 天津駐屯軍司令部로 香月司令官을訪問하고 酷暑中에 奮闘中인 貴部隊將士의勞苦에 對하야 朝鮮內一般同胞는 非常히感激하고잇다 더욱 將兵의燦々한武勳과 連戰連勝에對하야 謝祝하며 又貴部隊將士中의名譽戰死에對하야 其勇士의英靈에對하야 삼가哀悼를表한다고 慰問의말을 하엿는데 司令官은 非常히感激하엿다

다시朝鮮內의 皇軍에對한銃後活動에對하야 內鮮一體 擧國一致하야 南總督의指導下에 모다各自의本分을 직혀가면서 銃後의熱誠을 다하고잇다고 報告하엿드니 司令官은 實로 感泣不已하엿다

香月司令官은 우리들의慰問辭에 感激하야 말하되 여러분의懇切한慰問과 朝鮮內의銃後活動狀況을 部下에게 傳達하면 將兵은 一層國家를爲하야 奮闘努力할줄노안다 歸鮮後에 여러분에게 將兵의奮闘狀況을 잘말하라고하엿다 다시 事變에當하야 天津在住半島同胞의義勇軍組織活動에依하야 多大한功績을 남긴데 對하야 一般軍隊에서는 非常히 感激하고잇다 又運轉手 通譯等은 當地在住平南北出身者가 만은데 其第一線의 彈雨中에서도 熱烈한奮闘를하고잇서 戰鬪員과 다름업시 活動하고잇는데 對하야 참말感謝하는데 이情況을 直接보고朝鮮에 도라가서 여러분에게 翔於히 報告하여달라고말하엿다

다시 野戰病院을 訪問하고 傷病將士를慰問하엿는데 院長의말을 들으면 第一線에는 慰問品이 만히가는데 傷病將兵에對하야는 慰問品이만이오지안으니以後第二線傷病將兵에게도 多數慰問品을 보내주기를바란다말하엿다

또南苑戰闘에서 負傷하야 治療中인 金部隊長은 漸次快癒하고잇는데 얼마完治하야다시 出征하겟다고말하야 其意氣가매우 壯烈하엿다

또朝鮮民會를 訪問하고事變中의活動에對하야感謝하고 다시將來를激勵하엿는데 民會에는 奧地에서 避難하여온朝鮮人七十名을 아직도 收容하고 保護中이어서 金一封을贈呈하엿다

六日未明에 長辛店에가면서 途中各處에서 激戰跡을보앗는데 建物 鐵道 道路等敵軍에 必要한것은 全部破壞되엇다그러나漸次住民은歸還하야 安定되어잇는것을보앗다 豐台 長辛店 良鄕에서 ○○部隊長을 訪問하고 慰問을하엿는데 모다朝鮮內의銃後活動에感激하고잇섯다 長辛店에서는朝鮮人通譯、運轉手等約三十名을만나서 感謝와激勵의말을하엿는데그들의活動은實로感泣할만치熱烈하엿다

歸路에 北京과南苑을 訪問하엿는데士氣旺盛하야 奮闘中인바 北支의皇軍은洪水、暑熱과싸우면서到處에서連戰連勝하야燦々한武勳을 세우고잇는것을目擊하고實로感泣하엿다

1937. 9. 22.

하고 천진 주둔 군사령부로 향월(香月) 사령관을 방문하고 혹서 중에 분투 중인 귀 부대 장사의 노고에 대하여 조선 내 일반 동포는 비상히 감격하고 있다. 더욱 장병의 혁혁한 무훈과 연전연승에 대하여 삼가 축하하며 또 귀 부대 장사 가운데 명예롭게 전사한 데 대해 그 용사의 영령(英靈죽은 사람의 넋을 높여 부르는 말)에 대하여 삼가 애도를 표한다고 위문의 말을 하였는데, 사령관은 비상히 감격하였다.

다시 조선 내의 황군에 대한 총후(銃後)[3] 활동에 대하여 내선일체, 거국일치하여 남총독의 지도 하에 모두 각자의 본분을 지켜가면서 총후의 열성을 다하고 있다고 보고하였더니 사령관은 실로 감읍하였다.

향월 사령관은 우리들의 위문사에 감격하여 말하되, 여러분의 간절한 위문과 조선 내의 총후 활동 상황을 부하에게 전달하면 장병은 일층 국가를 위하여 분투 노력할 줄 안다. 조선에 귀국한 후에 여러분에게 장병의 분투 상황을 잘 말하라고 하였다. 다시 사변에 대하여, 천진에 사는 반도 동포의 의용군 조직 활동에 의하여 다대한 공적을 남긴 데 대하여 일반 군대에서는 비상히 감격하고 있다. 또 운전수, 통역 등은 이곳에 머무는 평남북 출신자가 많은데, 그 제1선에의 탄환이 빗발치는 가운데서도 열렬한 분투를 하고 있어 전투원과 다름없이 활동하고 있는 데 대하여 참말 감사하는데, 이 정황을 직접 보고 조선에 돌아가서 여러분에게 기어이 보고하여 달라고 말하였다.

다시 야전병원을 방문하고 상이병사를 위문하였는데, 원장의 말을 들으면 제1선에는 위문품이 많이 가는데, 상이병사들에게는 위문품이 많이 오지 않으니 이후 제2선 상이병사에게도 다수 위문품을 보내 주기를 바란다고 말하였다.

또 남원(南苑) 전투에서 부상하여 치료 중인 김부대장은 점차 쾌유하고 있는데,

유력인사 등을 포섭하여 중추원의 명예직을 주었는데, 의장은 총독부 정무총감이 맡고 부의장 1명, 고문 15명, 참의 20명, 부참의 35명 등 총 65명으로 구성되었다.

3 일본이 만주사변을 일으켜 전쟁이 발발한 후 등장한 용어가 총후(銃後)다. 이 책에서도 총후라는 용어가 자주 등장하는데, 특히 전쟁 후반기로 갈수록 잦다. 총후의 글자 뜻은 '총의 뒤편'으로, 총을 들고 싸우는 전방에 대비되는 개념이다. 즉 총후는 전쟁의 후방 지역을 가리키며, 후방 지역에서 벌이는 전쟁 지원, 전쟁 격려, 전쟁 후원 활동을 합해 총후 활동이라고 부르기도 한다.

4 베이징 부근 거리.

빨리 완치하여 다시 출정하겠다고 말하여 그 의기가 매우 장성하였다.

또 조선민회를 방문하고 사변 중의 활동에 대하여 감사하고 다시 장래를 격려하였는데, 민회에는 오지에서 피난하여 온 조선인 70명을 아직도 수용하고 보호 중이어서 금일봉을 증정하였다.

6일 미명에 장신점(長辛店)[4]에 가면서 도중 각처에서 격전의 흔적을 보았는데 건물, 철도, 도로 등 적군에 필요한 것은 전부 파괴되었다. 그러나 점차 주민은 귀환하여 안정되어 있는 것을 보았다. 풍태(豊台), 장신점, 양향(良鄕)에서 ○○부대장을 방문하고 위문을 하였는데, 모두 조선 내의 총후 활동에 감격하고 있었다. 장신점에서는 조선인 통역, 운전수 등 약 30명을 만나서 감사와 격려의 말을 하였는데, 그들의 활동은 실로 감읍할 만큼 열렬하였다.

귀로에 북경과 남원을 방문하였는데, 사기왕성하여 분투 중인 바, 북지의 황군은 홍수, 더위와 싸우면서 도처에서 연전연승하여 혁혁한 무훈을 세우고 있는 것을 목격하고 실로 감읍하였다.

주요 경력

생몰년: 1876-1948
1899: 일본육군사관학교 졸업.
1904: 러일전쟁 참전.
1907: 중추원 부찬의.
1934: 중추원 참의.
1941: 조선임전보국단 발기인.

상훈

1906: 욱일장(일본).

007

이종찬

대택(大宅) 점령에 빛나는 15용사

폭탄통을 가슴에 안고 적진을 향하여 돌진
이부대장이 인솔한 결사대 육탄으로 적군 격멸

석정(石井)부대는 17일 정오에 적의 고가택(顧家宅) 방비의 배수진인 대택 진택(陳宅)의 전선을 육탄전의 돌격으로 점령하였는데, 이 전투에는 조선인 장교 이종찬(李鍾贊) 부대장이 지휘하는 공병 결사대 15용사가 폭약을 안고서 적진에 돌입하여 대택 점령에 일대 수훈을 세웠다. 이부대장이 지휘한 전기 육탄 결사대는 중촌(中村) 오장(伍長)[1]을 반장으로 한 모두 15용사로서 17일 오전 7시 반에 대택 진택의 적진 공격 명령이 내려서 포병은 일제히 적진에 집중 포화를 개시하였다. 이

1 일본 육군의 계급 가운데 하나로, 하사관의 최하급 계급.

大宅占領에빗나는十五勇士

爆彈筒을가슴에안고 敵陣을向하야 突進

李部隊長의引率한決死隊 肉彈으로敵軍擊滅

석정부대(石井部隊)는 十七일 정오에 적(敵)의고가택방비(顧家宅防備)의배수진(背水陣)인 대택진택(大宅陣宅)의전선을 육탄전(肉彈戰)의 돌격으로 점영하얏는데 이전두에는 조선인장교이종찬(李鍾贊)부대장이 지휘하는 공병(工兵)결사대 十五용사가 폭약을안고서 적진에돌입하야 대택(大宅)점영에一대 **수훈**(殊勳)을세웟다 이(李)부대장의 지휘한 전거육탄결사대는중촌(中村)오장을 반장으로한 모다十五용사로서 十七일오전 十시반에대택(大宅)진택(陣宅)의적진(敵陣)공격의명령 이내려서 포병(砲兵)은 一제히적진에 집중포화(集中砲火)를개시하얏다 이와동시에 중촌오장(中村伍長)을 반장으로하는 육탄十五용사가 제각금 폭약통(爆藥筒)을안고서 적진을 향하야 돌진하얏다 이에당황한 적은구멍이를파고 몸을감추고잇다가긔관총과 **소총**(小銃)을가지며 맹사(猛射)를한다 더구나대택(大宅)의적은 부락의 민가를진지(陣地)로하고진 가운데다가 토낭(土囊)을싸코 담벽에다가총구녕을 뚤고그리로서 맹사한다 적병(敵兵)五十미돌에육박할때「중촌반장」은 적탄二탄을마저서 얼골파억개의수개소에 관통총창을바더서 꼬만거구러젓다 싸라서본전(本田)상등병도흉부의 관통총창으로너머젓슴으로 영목무미(鈴木茂尾)상등병이「중촌반장」에대신하야전원의 **지휘**에명향하얏다 적은 수류탄(手榴彈)을몹시던젓스나 이편의결사적용사들은조곰치도 돌격의속도를늦추지아니하얏다 적전三十미돌에육박한때에 영목조차랑(鈴木嗣次郎)一등병의 소지폭탄에 적탄이 명중하고대삼(大森)상등병은외인편상박부(上膊部)에관통총창을입엇다 이보다먼저 삼(森)가전(家田)등의각一등병은 본대(本隊)와따로이 좌칙방향으로부터「크리ー크」에싸며대택(大宅)남단의가옥에향하야 **전진**하엿다 대삼(大森)상등병은 부상한 좌상박부(左上膊部)의 고통을참아가며 안강(安江)도엽(稻葉)목촌(木村)의각一등병을지휘하야 맹연적전五「메돌」에육박하야 적의중긔관총에폭약을 집어던저 이것을 폭파 분쇄하엿다 이때적의一탄은 대삼상등병의좌칙흉부를두번째 관통하야그자리에서너머젓다 동상등병은 너머지면서도더욱완강히부하를지휘하고 잇섯는데조곰지난후숨이 끈어저서 **장렬**한전사를맛추엇다 결사대는「크리ー크」를리용하야전진 영목무미(鈴木茂尾)상등병은가전(家田)목촌(木村)가등(加藤)안강(安江)삼(森)의五용사를 지휘하야 보병돌격대의 최전선에서서 맹연적진지에돌입하얏다 특히가전(家田)一등병은 최선두에서 적진에 돌입하야점화(點火)하랴는 찰나에 一탄이날라와서 소지돌에마젓다 동一등병은 석냥을가지고 점화하엿다 염々한불길을발하야 돌입하면 부근의적병다수는무긔를진어던지고퇴재한다 **화렴**은 적이점거하는 가옥에올마서화재는 이와동시에 안강(安江)목촌(木村)의양一등병은탄약통을가지고 적진진집히돌입하야 적이잇는가옥을 폭파수十명의 적병은 산々각이되여 하눌로올라갓다가 터젓다 이떄적의 一탄은목촌(木村)一등병의 흉부를과하야 전사를하고 뒤이어전 안강양一등병은 자긔의무를 맛추엇슴으로 다시금보병대의 **돌격**에참가하야 그최선두에서서 적진으로드러가다가 가전一등병이적의수탄을마저전사하엿다 나머지본전(本田)삼산(杉山)량一등병도 부상하엿다 이리하야 결사의十五용사의 장렬한 폭파작업에의하야 돌격의단서는열니어 정오경 동진지는 아군의손에돌아온것이다

리종찬부대장

(사진은리종찬부대장)

1937. 9. 22.

와 동시에 중촌 오장을 반장으로 하는 육탄 15용사가 제각기 폭약통을 안고서 적진을 향하여 돌진하였다. 이에 낭패한 적은 구덩이를 파고 몸을 감추고 있다가 기관총과 소총을 가지고 맹렬히 사격을 한다. 더구나 대택의 적은 부락의 민가를 진지로 하고 집 가운데에다가 모래부대를 쌓고 담벽에 총구멍을 만들고 그리로 맹렬히 사격한다. 적전(敵前) 50미터에 육박할 때 중촌 반장은 적탄 2탄을 맞아서 얼굴과 어깨의 여러 곳에 관통상을 받아서 그만 거꾸러졌다. 따라서 본전(本田) 상등병도 흉부의 관통상으로 넘어졌으므로, 영목무미(鈴木茂尾) 상등병이 중촌 반장을 대신하여 전원 지휘를 담당하였다. 적은 수류탄을 몹시 던졌으나 이편의 결사적 용사들은 조금도 돌격의 속도를 늦추지 아니하였다. 적전 30미터에 육박한 때에 영목조차랑(鈴木朝次郎) 일등병이 소지한 폭탄에 적탄이 명중하고 대삼(大森) 상등병은 왼편 상박부에 관통상을 입었다. 이보다 먼저 삼(森), 가전(家田) 등의 각 일등병은 본대와 따로 좌측 방향으로부터 크리크[2]에 따라 대택 남단의 가옥을 향하여 전진하였다.

대삼(大森) 상등병은 부상한 왼쪽 상박부의 고통을 참아 가며 안강(安江), 도엽(稻葉), 목촌(木村)의 각 일등병을 지휘하여 맹렬히 적전 5미터에 육박하여 적의 중기관총에 폭약을 집어 던져 이것을 폭파·분쇄하였다. 이때 적의 1탄은 대삼 상등병의 좌측 가슴을 두 번째 관통하여 그 자리에서 넘어졌다. 상등병은 넘어지면서도 더욱 완강히 부하를 지휘하고 있었는데, 조금 지난 후 숨이 끊어져서 장렬한 전사를 마치었다.

결사대는 크리크를 이용하여 전진, 영목무미 상등병은 가전, 목촌(木村), 가등(加藤), 안강, 삼의 5용사를 지휘하여 보병돌격대의 최전선에 서서 맹렬하게 적진

2 배수, 관개, 교통 따위를 목적으로 파 놓은 작은 운하.

에 돌입하였다. 특히 가전 일등병은 최선두에서 적진에 돌입하여 점화하려는 찰나에 1탄이 날아와서 소지한 돌에 맞았다. 일등병은 성냥을 가지고 점화하였다. 불타는 불길을 내어 돌입하면 부근의 적병 다수는 무기를 집어던지고 퇴각한다.

화염은 적이 점거하는 가옥에 맞아서 화재를 일으켰다. 이와 동시에 안강, 목촌의 두 일등병은 탄약통을 가지고 적진 깊이 돌입하여 적이 있는 가옥의 폭파수 10명의 적병은 산산조각이 되어 하늘로 올라갔다가 스러졌다. 이럴 적에 1탄은 목촌 일등병의 흉부를 관통하여 전사를 하고, 뒤이어 가전, 안강의 두 일등병은 자기의 임무를 마치었으므로 다시금 보병대의 돌격에 참가하여 그 최선두에 서서 적진으로 들어가다가 가전 일등병이 적의 수류탄을 맞아 전사하였다. 나머지 본전, 삼산(杉山) 두 일등병도 부상당하였다. 이리하여 결사의 15용사의 장렬한 폭파 작업에 의하여 돌격의 단서는 열려 정오경 동 진지는 아군의 손에 돌아온 것이다.

(사진은 이종찬 부대장.)

주요 경력

생몰년: 1916-1983

1937: 일본육군사관학교 졸업.

광복후

1949: 대한민국 육군대령 임관.

1950: 수도경비사령관.

1952: 계엄령을 선포한 이승만의 파병을 거부해 육군참모총장 해임.

1960: 육군 중장 예편.

1960: 국방부 장관(허정 과도내각).

제9대, 제10대 국회의원.

상훈

1941: 서보장(일본).

1942: 금치훈장(일본).

보국훈장 통일장 추서(대한민국).

008

정훈

가정

지원병(志願兵)이란 어떤 것인가

6개월 동안 훈련 받은 뒤에는

징병제(徵兵制)의 현역병(現役兵)과 똑같이 친다

조선군사령부 보도반(朝鮮軍司令部報道班) 정훈(鄭勳) 소좌(少佐) 담화

오는 4월부터 제도 실시에 의하여 조선인에게도 제국신민으로서의 신성한 권리인 군대 복무의 권리가 부여된 것은 다시 말할 것도 없이 반도 전 민중의 자랑이요 광영이라고 하겠습니다.

그런데 내지로 말하면 병역법시행령(兵役法施行令)이라는 것이 있어서 남자로 태어난 사람이면 누구나 징병이 되는 법인데, 조선에는 아직 이 병역법이 없으므

가정

지원병(志願兵)이란 엇던것인가

六개월동안훈련바든뒤에는 徵兵制의現役兵과똑갓치친다

朝鮮軍司令部報道班 鄭勳少佐 談

오는 四월부터 지원병(志願兵)제도 실시에의하야 조선인에게도제국신민으로서의 신성한권리인군대복무(軍隊服務)의권리가부여된것은 다시말할것도업시 반도전민중의 자랑이요 광영이라고하겟습니다

그런데 내지로말하면 병역법시행령(兵役法施行令)이라는것이잇서々 남자로태여난 사람이면누구나 증병(徵兵)이 되는법인데 조선에는 아즉이병역법이 업슴으로 우선지원병제도에위하야 원하는사람만을 군대에복무식히기로한것입니다

그러면 내지에서 시행되는 증병제(徵兵制)라는 어떤것이가 하면 누구든지 내지에남자는징병적령(徵兵適齡)인二十一세만되면

병역통지

를 밧게됩니다그러면 련대구사령부(聯隊區司令部)로가서 신체검사(身體檢査)와 기타의 「멘탈테스트」 시험을 치루게되는데 이시험에의하야 합격하는사람도잇고락제하는 사람도잇게됩니다 만일이시험에 갑종(甲種)으로 합격하면 한집안한동리의큰영광으로역입니다 그러나입영한뒤에는 을종(乙種)합격자와별차이는업시 다가티만二년동안병역의의무를마초고 나오게됩니다그러나경우에의해서는 증병적령이전에입영(入營)할수도잇고 또종병기(從兵期)를 연기하야입영할수도잇는것입니다

× ×

그런데 이번에모집하는지원병은대개보통학교졸업정도 이상의 학력을가진사람으로 모집할듯한데반듯이

보통학교

를 졸업해야 된다는 것이아니라 교육정도가 놉흔 사람이 여러가지점으로보아 될수잇는대로는 조키때문입니다

즉 지원병을 지원하는 사람은 오는 四월까지 지원서를소관경찰서에 제출하면 경찰서에서는 지원자의 신분사상 가정 교양 건강 기타 필요한것을상세하게 조사하야 도지사(道知事)에게보고하고 이것을 다시 도지사가 전형하야 총독부에추천하게됩니다 이 추천바든 사람중에서 四百명가량을다시 선발하야오는 六월경 훈련소(訓練所)에다 입소식힌다음六개월동안 이훈련소에서내지인입영자(入營者)와

공동훈련

을바더도조금도 지장이 업도록 학파 기타를 예비적으로 훈련식힌후에 조선내 각련대(聯隊)에다 배속식히게될것입니다

즉 지원병이라 할지라도 한번채용이된다음에는 의무병역(義務兵役)에의하야 증병(徵兵)된현역병(現役兵)과 똑가튼대우를 밧게됩니다

× ×

군대라는것은 전쟁에관한것만을연구하는곳이아니라 학교나 수양단(修養團)과 마찬가지로신체와 정신을 단련하야 군인정신을 함양식히는동시에 완전한인격을만드는 넓븐의미의 국민학교(國民學校)라고 하겟습니다 그런고로 안일하고 경박한데 흘으기 쉬운 、

현대청년

들은 모름즉이전부군대를졸업식혀확실건전한 인격이 되도록하지안으면안되겟습니다 이런의미에서 나는될수잇는대로 교육을만히밧고 여유잇는가정에 잇는자질들이 되는것을 권장하고십습니다

1938. 1. 22.

로 우선 지원병제도에 의하여 원하는 사람만을 군대에 복무시키기로 한 것입니다.

그러면 내지에서 시행되는 징병제라는 것이 어떤 것인가 하면 누구든지 내지의 남자는 징병적령(徵兵適齡)인 21세만 되면 병역통지를 받게 됩니다. 그러면 연대구사령부(聯隊區司令部)로 가서 신체검사와 기타의 '멘탈 테스트'를 치르게 되는데 이 시험에 의하여 합격하는 사람도 있고 낙제하는 사람도 있게 됩니다. 만일 이 시험에 갑종(甲種)으로 합격하면 한 집안 한 동리의 큰 영광으로 여깁니다. 그러나 입영한 뒤에는 을종(乙種) 합격자와 별 차이는 없이 다 같이 만 2년 동안 병역의 의무를 마치고 나오게 됩니다. 그러나 경우에 따라서는 징병적령 이전에 입영할 수도 있고 또 징병기(徵兵期)를 연기하여 입영할 수도 있는 것입니다.

그런데 이번에 모집하는 지원병은 대개 보통학교 졸업 정도 이상의 학력을 가진 사람으로 모집할 듯한데, 반드시 보통학교를 졸업해야 된다는 것이 아니라 될 수 있는 대로 교육 정도가 높은 사람이 여러 가지 점으로 보아 좋기 때문입니다.

즉 지원병을 지원하는 사람은 오늘 4월까지 지원서를 소관 경찰서에 제출하면 경찰서에서는 지원자의 신분, 사상, 가정, 교양, 건강, 기타 필요한 것을 상세하게 조사하여 도지사에게 보고하고 이것을 다시 도지사가 전형하여 총독부에 추천하게 됩니다. 이 추천 받은 사람 중에서 4백 명가량을 다시 선발하여 오는 6월경 훈련소에 입소를 시킨 다음 6개월 동안 이 훈련소에서 내지인 입영자와 공동훈련을 받아도 조금도 지장이 없도록 학과 기타를 예비적으로 훈련시킨 후에 조선 내 각 연대에 배속시키게 될 것입니다. 즉 지원병이라 할지라도 한 번 채용이 된 다음에는 의무병역에 의하여 징병된 현역병과 똑같은 대우를 받게 됩니다.

군대라는 것은 전쟁에 관한 것만을 연구하는 곳이 아니라 학교나 수양단(修養

團)과 마찬가지로 신체와 정신을 단련하여 군인정신을 함양시키는 동시에 완전한 인격을 만드는 넓은 의미의 국민학교라고 하겠습니다. 그런 고로 안일하고 경박한 데 흐르기 쉬운 현대 청년들은 모름지기 전부 군대를 졸업시켜 착실 건전한 인격이 되도록 하지 않으면 안 되겠습니다. 이런 의미에서 나는 될 수 있는 대로 교육을 많이 받고 여유 있는 가정에 있는 자질들이 되는 것을 권장하고 싶습니다.

주요 경력

?-?

1915: 일본육군사관학교 졸업.

1919: 육군 중위 임관.

1937: 조선군사령부 보도부장.

1942: 육군중좌 진급.

1945: 광복 이후 일본으로 귀환.

상훈

1925: 훈6등 서보장(일본).

1930: 훈5등 서보장(일본).

009

윤덕영

성전(聖戰)[1] 1년

확고한 우리의 신념

숭고한 '내선일체(內鮮一體)!'

윤덕영자(尹德榮子) 대담

사변의 힘은 위대

작년 7월 7일 노구교에서 들린 포학한 지나 29군의 한방 총소리로써 불집을 지은 '지나사변'은 어언간 1주년을 경과하였다. 이제 동양에 있어 전에 없던 미증유(未曾有)의 성전 1년을 당하여 우리 사회의 각계를 대표할 만한 여러분으로부터 지나온 1년간을 회고하며, 아울러 오늘날 반도에서 희망에 찬 생을 누리는 2천 3백만 조선인의 각오를 듣기로 한다.

1 1937년 일본이 일으킨 지나사변, 즉 중일전쟁을 가리키는 표현으로, 이 글은 중일전쟁 1주년을 맞아 쓴 것이다.

聖戰一年

確固한우리의信念

崇高한"內鮮一體"!

尹德榮子 談

事變의힘은偉大 【一】

작년七월七일 로구교(蘆溝橋)에서 울린 포한하지나二十九군의 한방총소래로써 봉집을지은 「지나사변」은 어언간 一주년을 경과하얏다 이제 동양에잇서 광고미증유(曠古未曾有)의 성전(聖戰)一년을당하야 우리사회의 각게를 대표할만한 제씨로부터 지나온一년간을회고하며 아울러 오늘날 반도에서 희망에 찬생(生)을 누리는 二천三백만 조선인의 각오를듯기로 한다

◇

먼저 제一착으로 근대조선과 란만흔 三十여년간을 농하야 조선귀족사회를 지도 편달하야온 자작 윤덕영(子爵 尹德榮)씨를 방문하엿다 윤자작은 지난 겨울에 七순이넘은 고령의몸으로 몸소 북지전선의 황군을위문하고 도러와 젊은사람을능가하는 긔개를보이엇다 윤자작은 「성전一년」을 회고하며 감개깁흔어조로 다음과가치 말한다

◇

「생각하면 이一년동안 국내국외(國內國外)의 정세는실로 급격하게 변화하야그동안 수세기(數世紀)를지난듯한 늣김을늣기게한다 동양영원의 평화라는 대리상아래 장정권(蔣政權) 응징의 황사(皇師)가 행동을개시한이래 중원(中原) 四백여주의태반은 벌서 황군의 평정한바되엿스니 이것이 一년동안의전과(戰果)라고 생각하기에는너무도거짓말과갓다

◇

황군장사(皇軍將士)의 로고(勞苦)는 이로다말해서 무엇할것인가마는 작년겨울상병병(傷病兵)의 위문을겸하야 북지전선(北支戰線)을 실지로시찰하야보고 성전(聖戰)을위하야 젊은목숨을 버리고 분투하는 그들의로고가 얼마나 크다는것을 절실히늣끼고 감격하엿다 이러한늣김은 비단나혼자뿐만의 늣김이아니어 전국민 반도전민중의 공통된 감격일것이다 이감격이 자어낸바 일반민중의 충심으로부터의 총후열성(銃後熱誠)은 실로눈물겨운바 잇섯다

◇

더군다나 지난一년동안에 내선一체(內鮮一體)의실적이각 방면에궁하야 이와가치뚜렷하게나타난것은 오로지 사변의 혜택일것이다 황국신민(皇國臣民)으로서의 자각을 반도전민중이 오늘날 피가치 철저히가저본적은 일즉이업섯다 一년전의 반도민중과 현재의 반도민중을 비교하야보라! 우리는 내선일체의 숭고한신념을한다름에 건너뛰여 구체화식힌뚜렷한 사실을늣길수잇는것이다

◇

사변은 압흐로 어써케게속될지 예측을불허한다 그러나동양영원의 평화를수립하고 세계의락토를 우리의힘에의하야 어세아대륙에 건설할날이머지안타는 우리의 신념만은 확고하다 이러한 대리상을 위하야 우리는 멸사봉공(滅私奉公) 각기맛흔 직분에 진충함으로써 총후의 적성을 다하여야한다

◇

더구나 반도 二천만민중은 일층 황국신민으로서의 자각을 철저히하는동시에 자진하야어려움에 견듸고 내선일체로써 광고(曠古)의대사업을 하로라도 속히성취하도록 진충갈력하여야할것이다」

◇ 사진은 서재에서 「성전一년」을 말슴하는 윤자작

1938. 7. 1.

◇

먼저 제1착으로 근대 조선 파란 많은 30여 년간을 통하여 조선 귀족사회를 지도 편달하여 온 자작 윤덕영 씨를 방문하였다. 윤 자작은 지난 겨울에 칠순이 넘은 고령의 몸으로 몸소 북지(北支)전선의 황군(皇軍)[2]을 위문하고 돌아와 젊은 사람을 능가하는 기개를 보였다. 윤 자작은 '성전 1년'을 회고하며 감개 있는 어조로 다음과 같이 말한다.

◇

생각하면 이 1년 동안 국내외의 정세는 실로 급격하게 변화하여 그동안 수세기를 지난 듯한 느낌을 느끼게 한다. 동양 영원의 평화라는 대 이상 아래 장 정권**중국의 장개석 정부** 응징의 황사(皇師**천황이 인솔하는 군대**)가 행동을 개시한 이래 중원 4백여 주의 태반은 벌써 황군이 평정한 바 되었으니, 이것이 1년 동안의 전과라고 생각하기에는 너무도 거짓말 같다.

◇

황군 장사(將士)의 노고는 이루 다 말해서 무엇 할 것인가마는 작년 겨울 부상병의 위문을 겸하여 북지전선을 실지로 시찰하여 보고 성전을 위하여 즐겨 목숨을 버리고 분투하는 그들의 노고가 얼마나 크다는 것을 절실히 느끼고 감격하였다. 이러한 느낌은 비단 나 혼자뿐만의 느낌이 아니요, 전 국민 반도 전 민중의 공통된 감격일 것이다. 이 감격이 자아낸 바 일반 민중의 중심으로부터의 총후 열성 실로 눈물겨운 바 있었다.

◇

더군다나 지난 1년 동안에 내선일체의 실적이 각 방면에 이어져 이와 같이 뚜렷

2 천황의 군대라는 표현으로, 일본은 자신들의 군대를 늘 황군이라고 칭했다.

하게 나타나는 것은 오로지 사변의 힘일 것이다. 황국신민으로서의 자각을 반도 전 민중이 오늘날과 같이 철저히 가져 본 적은 일찍이 없었다. 1년 전의 반도민중과 현재의 반도민중을 비교해 보라! 우리는 내선일체의 숭고한 신념을 한달음에 건너뛰어 구체화시킨 뚜렷한 사실을 들 수 있는 것이다.

◇

사변은 앞으로 어떻게 계속될지 예측을 불허한다. 그러나 동양 영원의 평화를 수립하고 세계의 낙토를 우리의 힘에 의하여 아세아 대륙에 건설할 날이 머지않다는 우리의 신념만은 확고하다. 이러한 대 이상을 위하여 우리는 멸사봉공 각기 맡은 직분에 진충(盡忠 충성을 다함)함으로써 총후의 적성(赤誠)을 다하여야 한다.

◇

더구나 반도 2천만 민중은 일층 황국신민으로서의 자각을 철저히 하는 동시에 자진하여 어려움에 견디고 내선일체로써 광고(曠古 이전에는 없던)의 대 사업을 하루라도 속히 성취하도록 진충 갈력(竭力 있는 힘을 다해 애씀)하여야 할 것이다.

◇

(사진은 서재에서 '성전 1년'을 말씀하는 윤 자작.)

주요 경력

생몰년: 1873-1940
1910: 합병조약 체결을 위한 어전회의에 참석.
경술국적으로 지탄.
1910: 자작 작위.
1925: 중추원 고문.
1940: 중추원 부의장(조선인 최고 지위).

상훈

1906: 서보장(일본).
1915: 다이쇼 일왕 즉위기념 대례기념장(일본).
1924: 욱일대수장(일본).
1935: 시정 25주년 기념표창(일본).

010

한상룡

성전 1년

생업보국(生業報國)[1]에 매진하라

반도 장래엔 광명!

한상룡(韓相龍) 씨 대담

호국영령 명복 기원

"작년 7월 7일에 노구교에서 발단된 일지사변(日支事變)[2]이 일어난 이후 어언간 1주년을 맞게 되어 감개무량하다. 우매한 장 정권이 세계를 대관하지 못하고 이이제이(以夷制夷)[3] 원교근공(遠交近攻)[4]의 우책(愚策)을 일삼음은 사실로 유감이다. '동양(東洋)을 동양인(東洋人)이 아니면'이라는 이상 밑에 우방 일본과 깊이 의논 ………… 할 것을 달관하였다면 저와 같이 비참한 것을 보지 아니하였을 것이

1 맡은 바 일을 다함으로써 나라에 보답함.

2 중일전쟁.

3 오랑캐로 오랑캐를 제압한다는 뜻으로, 중국 정부가 서양 세력을 이용해 일본을 제압하려 한다는 것을 비유적으로 나타낸 것.

4 먼 나라와는 교류하고 가까운 나라를 공격한다는 고사성어로, 중국이 가까운 일본은 공격하고, 멀리 있는 미국, 영국과는 교류한다는 뜻.

事變一年

生業報國에邁進하라 半島將來엔光明!

韓相龍氏談 護國英靈冥福祈願 【二】

「작년七월七일에 로구교(盧溝橋)에서 발단된 일지사변(日支事變)이 이러난이후어언간一주년을맞게되야 감개무량하다 암매한 장정권(蔣政權)이 세계를대관하지못하고 며 이이제이(以夷制夷)원교근공(遠交近攻)의 우책(愚策)을일삼음은사실로유감이다 「동양(東洋)은동양인(東洋人)이어니면」이라는 리상및 제 우방일본파 피의를논밀히 올게할것을담판하얏드면 저와가치 비참한것을보지아니하엿슬것이며 동양은 영원히 평전한평화를가젓슬것이다」

조선사람으로서 단한사람의관동군고문(關東軍顧問)으로 충후 등(韓相龍)씨는 가회정(嘉會町)자택 응접실에서 사변一년동안을 회고하면서 장개석정권의 가증한행위에대한 정의(正義)의 칼아닙 열렬하기불가튼 말슴을토한다

「제국(帝國)은 동양의맹주」로서 동양서택편대계를가질이 로써 분연「성전」에나아가 련전련승으로 중북(中北)지 나를거진점거하엿스나 이것은 하등령토의야심이아니라 동양평화를영구히보존하는데에서나온것은 두루정부성명으로 민족전반이 갑히양해하고잇슬줄 믿는바이다 우리는 견인불발(堅忍不拔)의정신을가지고 박그로는 출정한장사의용감한 활동파 안으로는국민의一치정신의총동원으로 총후수원이필요하다 즉 국민의안녕질서와 생활개선을 도모하야 지구전에호발도고장이업도록힘쓰는것이 국민의의무이고 또한책임이다 그리하야 국민총동원이되야 생업보국을하지안흐면안된다

◇

실업계의장로로서 총후의생업보국을 력설하는것은 말이 비록쉽으나 千근의무게로써 뜻는 사람의 머리를 눌르는것갓다 씨는 여기서 일단 어성을놉혀서 「우리의 반도인민은 당연히 이상파가튼 의무를 지지할것으로 사변이래 一치한총후보국파 총후후원을 절대노력한은 반도를위하야 경하하는바이오 사변중의 부산물도만허다 즉 지원병제도(志願兵制度) 교육령개정(敎育令改正) 등파 가튼것은 시국의진전을 다르는것이고 一방으로 우리 반도민족의 진충한결파 충복이 열심으로 지도한선물로생각하는동시에 반도인중의장래는 더욱더욱 광명이잇슬것이라고밋는다

◇

여기까지 말하고서 씨는 옷깃을여미고서 경근한태도로 다음파가치 말을매젓다 「우리들은 지난一년간 전선에출정하야 희생된 장촌의령혼의 명복을기도하고 출정한 장병제씨에게는 더욱더욱전부릉축하며겸하야사의를표하지안흐면안된다 (사진은한상룡씨)

1938. 7. 2.

며 동양은 영원히 완전한 평화를 가졌을 것이다."

조선 사람으로서 단 한 사람의 관동군(關東軍)[5] 고문으로 ………… 한상룡(韓相龍) 씨는 가회정(嘉會町) 자택 응접실에서 사변 1년 동안을 회고하면서 장개석 정권의 가증한 행위에 대한 정의(正義)의 칼 아닌 불같이 뜨거운 말씀을 토한다.

"제국(帝國)은 동양의 맹주로서 동양서 백년대계를 가짐으로써 분연 '성전'에 나아가 연전연승으로 중북(中北) 지나를 거의 점거하였으나, 이것은 하등 영토의 야심이 아니라 동양평화를 영구히 보존하는 데에서 나온 것은 두루 정부 성명으로 민족 전반이 깊이 양해하고 있을 줄 믿는 바이다. 우리는 견인불발(堅忍不拔굳게 참고 견뎌서 마음이 흔들리지 않음)의 정신을 가지고 밖으로는 충량(忠良)한 장사의 용감한 활동과 안으로는 국민의 일치된 정신의 총동원으로 총후 후원이 필요하다. 즉 국민의 안녕질서와 생활개선을 도모하여 지구전에 털끝만큼도 고장이 없도록 힘쓰는 것이 국민의 의무이고 또한 책임이다. 그리하여 국민총동원이 되어 생업보국을 하지 않으면 안 된다."

◇

실업계의 장로로서 총후의 생업보국을 역설하는 것은 말이 비록 짧으나 천근의 무게로써 듣는 사람의 머리를 누르는 것 같다. 씨는 여기서 일단 언성을 높이어서 "우리의 반도인민은 당연히 이상과 같은 의무를 지지할 것으로, 사변 이래 일치한 진충보국과 총후 후원을 절대 노력하는 반도를 위하여 경하하는 바이오, 사변 중의 부산물도 많았다. 즉 지원병제도, 교육령 개정 등과 같은 것은 시국의 진전을 따르는 것이고, 한편으로 우리 반도민족의 진충한 결과 총독이 열심히 지도한 선물로 생각하는 동시에 반도민중의 장래는 더욱더욱 광명이 있을 것이라

5 중국과 소련을 침략할 목적으로 1906년에서 1945년까지 중국 동북지방을 강점하고 있던 일본육군 주력 부대의 하나로, 항일무장 독립운동에 나선 세력의 공격에도 앞장섰다.

고 믿는다."

◇

여기까지 말하고서 씨는 옷깃을 여미고서 경건한 태도로 다음과 같이 말을 맺었다. "우리들은 지난 1년간 전선에 출정하여 희생된 장졸의 영혼의 명복을 기도하고 출전한 장졸 제씨에게는 더욱더욱 건무를 축하하며 겸하여 사의를 표하지 않으면 안 된다. (사진은 한상룡 씨.)

주요 경력

생몰년: 1880-1947
1905: 한성은행 총무부장.
1908: 동양척식회사 설립위원.
1915: 일본적십자사 조선총본부 협찬위원.
1916: 동양척식회사 고문.
1920: 조선실업구락부 창립 및 이사장.
1927: 조선총독부 중추원 참의.
1934: 조선국방비행기헌납회 고문.
1941: 조선임전보국단 발기인 및 고문.
1943: 국민총력조선연맹 사무국 총장.
1945: 조선국민의용대 고문.

상훈

1924: 훈3등 서보장(일본).

011

수양동우회

민족주의를 일척(一擲한 번에 내던져 버림)

'내선일원화가 유일의 진로'

흥사단 18명 전향 성명 전문(全文)

홍사단 수양동우회의 회원으로서 금반 내선일체의 신념과 황국신민으로서의 각오를 파악한 각계 인사 18명이 전향을 성명하였다 함은 본지 사회면에 보도된 바인데, 여러분의 성명 전문을 소개하면 다음과 같다.

◇ 성명

불초 등이 일찍이 홍사단 수양동우회의 일원이던 바, 현재 내외 정세의 변전에 비추어 보아 종래 품어 왔던 주의와 주장에 근본적 결함과 오류가 있음을 깨닫고 단

民族主義를 一擲

"內鮮一元化가 唯一의 進路"

興士團十八名轉向聲明全文

興士團修養同友會의 會員으로써 今般內鮮一體의信念下 皇國臣民으로서의 覺悟를把握한 各界人士十八名이 轉向을聲明하얏다함은 本紙朝刊面에 報道된바이어니와 諸氏의聲明全文을紹介하면如左하다

◇聲 明

不肖等이일즉興士團(修養同友會)의 一員이든바 現下內外情勢의 變轉에鑑하야 從來抱懷하야오든 主義主張에根本的缺陷과誤謬가잇슴을悟하고 斷然此等을淸算하고今回新國民的自覺下에 大東民友會에入會함에當하야 不肖等의去就와動向을明白히하는同時에 吾人의새로히把握한見解와主張을披瀝하야讀者諸兄에게訴하고 廣히江湖諸賢의一考에供하는바이다

◇

惟컨대 現下內外情勢의急激한變轉과我日本의劃世的躍進發展의諸現象은吾等朝鮮民衆으로하야곰將來의發展에對하야 全혀新見解와自覺下에 新運命을開拓케하기를要求하야말지아니하는바가잇다

吾人은從來所謂「民族主義」의觀念에拘泥되야 朝鮮民衆의發展과 向上은單只「民族自決」에잇슴뿐이라고 固信하야

過去의 吾人의思想的及實踐的諸努力은 專혀此信條下에 捧하여왓다 大蓋吾等朝鮮人은朝鮮統治를「植民地政策」으로曲解하야 帝國의眞意와 內鮮兩族의東亞史的新使命을認識치못하엿든까닭이다

然이나 最近數年來의朝鮮統治上에 現한飛躍的諸現象特別히最近南總督에依하야 强調되는바內鮮一體의要은 忽然이吾人의迷妄을覺醒케하는바가잇다 特히今同의時局에際하야 內地人이半島民衆에對하는바 同胞的信賴와新日本의國家的大理想下에 醞釀되어가는 革新機運은 今日까지吾人이抱懷한一切의疑惧와不安을一掃하고도 餘함이잇다

現今世界大勢의推移를觀함에多數의弱小民族群은 漸次로大國家의傘下에統合되는必然的情勢에잇다 諸國民의生活은 個人보다도社會的으로

民族的 孤立보다도 諸民族의團圓合作에依하야 비로소그發展向上을期할수잇스니 「民族의所謂「獨立」이라는것은 어미當該民族에게幸福과自由를保障하는것이아니오 도리어反動的孤立을意味하는것이다 況 方今東亞諸民族의指導者로서 日本精神의世界的宣揚을理想으로 新東亞建設의歷史的使命을遂코저 邁進하고잇는新日本의光榮잇는姿態는 所謂「植民地朝鮮」을止揚하고 朝鮮을新日本構成의有力한部分이되게하려는劃期的諸現象에鑑하야從來의所謂民族自決思想은 이제는朝鮮民衆에게는無意味하고 東亞史發展의新方向을無視한反動的觀念인것이分明하다

玆에吾人은皇道日本의明日의姿를想하야 吾人의從來의그릇된民族觀國家觀世界觀을潔히淸算함을得하엿다 朝鮮民衆의久遠의幸福은內鮮

兩族을 打하야 一丸을삼아大國日本人을構成하야此를核心主體로한新東亞의建設에잇음을믿되여確信하기에至한바이다

今에朝鮮民衆의利害休戚은全혀日本全體의그것과合致되고興隆日本의前途亦決코朝鮮民衆을排除할것이아니다 回顧컨대內鮮兩族은同根同祖그源에잇서저一體이엇다 今日此를區分할差異의諸條件은元來此를固守할必要가업다 今後國民生活의發展向上과同胞感의深化徹底에從하야 次第로消滅하고마츰내完全한一民族으로一元化함이又決코不可能이아니다 分散에서統一로發展하여나가는人類社會發展의歷史는必然的으로此에歸結케하는바잇다 血과文化의淵源을가티하는兩族이 新東亞史創造의偉大한使命을압헤두고完全히

一元化 함은實로神의意思로吾人에게課한宿命일것이다

雖然이나 民族一元化의理想은早急히完成될것이아니故로 往往이 不可能함과如히思하고 是에反하야 民族自決主義는 오히려魅力에끌리어 容易히實現할수있는듯이 思하는 一面이잇다 今日까지吾等이 民族自決主義에 眩惑되여온것도 畢竟이째문이오 多數人이 民族觀念에未練을가지는것도 이째문이다 然이나 事實은全혀此에反하야 內鮮一體民族一元化의傾向은 近時長足의進步를遂하야 大勢는 吾等의好不好를不問하고 益々此의具體化를要求하야말지안는다 그實現은 必然的이오 이미時間問題가되엇다

吾人은 如上의理論的根據와實現의諸傾向을基礎로하야 內鮮一體完全한 一元化로써 朝鮮民衆의 進할唯一한途로認識하야新日本建設의國民的矜持와抱負下에그一翼的任務를達하는것만이眞히朝鮮民衆의將來의 光榮과發展을約束하는것이라고主張한다 此實로大東民友會의 根本精神이오吾人이今後一層奮勵努力하지아니하면안될使命이다 即 吾人은今에一切을棄하고一切을 御하려는가장率直果敢한意氣에充滿하여잇다

今次의支那事變은既히周知하는바와如히日本의 大國家的使命의發露인亞細亞諸民族을 白人制壓의桎梏에서解放하려는目的의

聖戰 이니 吾等은今後如何한犧牲도不厭하고 堅忍持久擧國一體가되어目的의貫徹을期하여야할것이다

世는既히赤化共產의橫暴와個人主義功利主義的인白人文明의醜惡에厭症이낫다 八紘一宇道義的結合으로하는 東洋精神日本主義야말로眞히東亞를救하고 世界人類를指導할原理이다 故로吾人은光輝잇는日本精神의使徒로서의矜持와責任을感한다因하야吾人은玆今如上의信念主張下에自奮努力하기를期하는바이다

昭和十三年六月十八日

▲葛弘基▲金允經▲鄭南水(英達)▲李基潤▲朴泰華▲河敬德▲金麗植▲金基升▲崔鳳尙▲李明赫▲車相達▲玄濟明▲金應濟▲田榮澤▲柳瀅基▲李卯默▲崔鳳則▲洪蘭坡(永厚)

1938. 7. 3.

연 이를 청산하고 이번 새로운 국민적 자각 하에 대동민우회(大同民友會)에 입회함을 맞아 불초 등의 거취와 동향을 명백히 하는 동시에 우리가 새로이 파악한 견해와 주장을 피력하여 옛 지인 여러분께 호소하고 널리 강호 제현의 일고(一考)에 이바지하는 바이다.

◇

생각건대 오늘날 내외 정세의 급격한 변전과 우리 일본의 획기적 약진 발전의 여러 계기는 우리 조선민중으로 하여금 장래의 발전에 대하여 전혀 새로운 견해와 자각 아래 새로운 운명을 개척케 하기를 요구하여 마지 아니하는 바가 있다.

우리는 종래 소위 '민족주의'의 관념에 사로잡혀 조선민중의 발전과 향상은 단지 '민족자결'에 있을 뿐이라고 확고히 믿어 과거의 우리 사상적 및 실천적 여러 노력은 모두 이 신조 아래 받들어 왔다. 대개 우리 조선인은 조선 통치를 '식민지 정책'으로 곡해하여 제국의 진의와 내선, 양 민족의 동아(東亞) 역사적 새로운 사명을 인식치 못하였던 까닭이다.

그러나 최근 수년 동안의 조선 통치 상에 나타난 비약적 여러 현상, 특별히 최근 남 총독에 의하여 강조되는 바 내선일체의 목소리는 홀연히 우리의 미망을 각성케 하는 바가 있다. 특히 이번 시국을 맞아 내지인이 반도민중에 기여하는 바 동포적 신뢰와 신일본의 국가적 대 이상 하에 익어 가는 혁신의 기운은 오늘까지 우리가 품었던 일체의 의구심과 불안을 일소하고도 남음이 있다.

오늘날 세계 대세의 추이를 보면 다수의 약소민족들은 점차로 대국가의 산하에 통합되는 필연적 정세에 있다. 여러 국민의 생활은 개인보다도 사회적으로, 민족적 고립보다도 여러 민족의 단결 합작에 의하여 비로소 그 발전 향상을 기할 수 있으니 한 민족의 소위 '독립'이라는 것은 이미 해당 민족에게 행복과 자유를 보장하는 것이 아니요, 도리어 반동적 고립을 의미하는 것이다. 하물며 방금 동아 여러 민족의 지도자로서 일본정신의 세계적 선양을 이상으로 신동아 건설의 역사적 사명을 달성코자 분투하고 있는 신일본의 광영 있는 자태는 소위 '식민지 조선'을 지양하고 조선을 신일본 구성의 유력한 부분이 되게 하려는 획기적 여러 현상에 비추어 종래의 소위 민족자결 사상은 이제는 조선민중에게는 무의미하고 동아 역사 발전의 새 방향을 무시한 반동적 관념인 것이 분명하다.

이에 우리는 황도일본의 내일의 모습을 상상하여 우리의 종래의 그릇된 민족관, 국가관, 세계관은 깨끗이 청산함을 얻었다. 조선민중의 영원의 행복은 내선 양 민족을 함께하여 하나의 탄환을 삼아 대국 일본인을 구성하여 이를 핵심 주체로 한 신동아의 건설에 있음을 드디어 확신하기에 이른 바이다.

오늘날 조선민중의 이해는 완전히 일본 전체의 그것과 합치되고 흥륭(興隆) 일본의 앞길 역시 결코 조선민중을 배제할 것이 아니다. 회고컨대 내선 양 민족은 동근동조(同根同祖), 그 원천에 있어서 한몸이었다. 오늘 이를 구분할 차이의 여러 조건은 원래 이를 고수할 필요가 없다. 금후 국민생활의 발전 향상과 동포감(同胞感)의 심화 철저에 따라 이 기회로 소멸하고 마침내 완전한 한 민족으로 일원화함이 또한 결코 불가능이 아니다. 분산에서 통일로 발전하여 나가는 인류사회 발전의 역사는 필연적으로 이에 귀결케 하는 바 있다. 피와 문화의 연원을 같이 하는 두 민족이 신동아 역사 창조의 위대한 사명을 앞에 두고 완전히 일원화함은 신의 의사로 우리에게 부과한 숙명일 것이다.

다만 민족 일원화의 이상은 조급히 완성될 것이 아닌 고로 왕왕이 불가능함과 같이 생각하고 이에 반하여 민족자결주의는 오랜 버릇에 눌리어 쉽게 실현할 수 있는 듯이 생각하는 일면이 있다. 오늘까지 우리가 민족자결주의에 현혹되어 온 것도 필경 이 때문이요, 다수 사람들이 민족관념에 미련을 가지는 것도 이 때문이다.

그러나 사실은 완전히 이에 반하여 내선일체 민족 일원화의 경향은 가까운 시간 내에 큰 진보를 달성하여, 대세는 우리의 좋고 나쁨을 떠나 나날이 구체화를 요구한다. 그 실현은 필연적이요, 이미 시간문제가 되었으니 우리는 위의 이론적 근거와 실현의 여러 경향을 기초로 하여 내선일체, 완전한 일원화로써 조선민중의 나아갈 유일한 길로 인식하여 신일본 건설의 국민적 긍지와 포부 하에 그 일익의 임무를 달성하는 것만이 진실로 조선민중의 장래의 광영과 발전을 약속하는 것이라고 주장한다.

이것이 실로 대동민우회의 근본 정신이요, 우리가 금후 일층 분투노력하지 아니하면 안 될 사명이다. 즉 우리는 이에 일체를 포기하고 일체를 다스리는 가장 솔직 과감한 의기에 충만하여 있다.

이번 지나사변이 주지하는 바와 같이 일본의 대국가적 사명의 수행은 아세아 여러 민족을 백인이 다스리는 질곡에서 해방하려는 목적의 성전이니 우리는 이후 여하한 희생도 피하지 않고 참고 견디어 거국일체가 되어 목적의 관철을 약속하여야 될 것이다.

세상은 이미 적화(赤化) 공산의 참화와 개인주의, 공리주의적인 백인문명의 추악에 염증이 났다. 팔굉일우(八紘一宇)[1], 도의적 결합으로 하는 동양정신, 일본주의야말로 진실로 동아를 구하고 세계인류를 지도할 원리이다. 그러므로 우리는 광휘 있는 일본정신의 사도로서의 영예와 책임을 느낀다. 이 때문에 우리는 이제

1 세상이 하나의 집단이라는 뜻으로, 일본이 침략전쟁을 합리화하기 위하여 내건 구호.

이와 같은 신념과 주장 아래 스스로 분투하고 노력할 것을 약속하는 바이다.

소화 13년(1938) 6월 18일
갈홍기, 김노겸, 정남영(영도), 이기윤, 박태화, 하경○, 김려식, 김기승, 노진설, 이명혁, 차상달, 현제명, 김흥제, 전영택, 유○기, 이묘묵, 최봉측, 홍난파(영후)◇

012

윤치호

성전 1년

총동원의 정신 파악하고 결속을 굳게 할 일!

윤치호(尹致昊) 씨 대담

총후 긴장이 긴요

1일 오후 4시 17분 부내(府內)[1] 견지정(堅志町)[2] 조선기독청년회YMCA장 윤치호(尹致昊) 씨를 찾게 되었다.

벗어진 머리에 얼마 남지 아니한 백발과 보기 좋게 늘어진 흰 수염은 위엄이 있는 가운데도 인자한 빛이 띠어 있다. 선생은 친절히 의자로 안내를 하며, "오늘은 부민관[3]에서 국민정신총동원조선연맹(國民精神總動員朝鮮聯盟)[4] 창립총회에 참석하였다가 청년회 일이 또 밀려서 여러 군데로 바쁘게 돌아다니느라고 지금 막 돌

1 부내는 '경성부 내'라는 뜻. 경성부는 일제강점기 서울의 명칭으로, 조선시대 수도의 행정구역 또는 조선왕조의 수도를 관할하는 관청의 명칭인 한성부를 변경한 것이다.

2 정(町)은 일본의 행정구역 명칭으로, 우리나라의 동(洞)과 같다.

聖戰一年

總動員의精神把握코 結束을굳게할일!

尹致昊 氏談

銃後緊張이緊要

【三】

一일오후四시十七분 부내견지정(堅志町)·조선긔독청년회장윤치호(尹致昊)씨를 찾게되엇다 버서진머리에얼마남지아니한 백발파 보기조케느려진 힌수염은 위엄이잇는가운데도 인자한빛이 흐워잇다 선생은친절히의자로안내를하며 오늘은 부민관에서 국민정신총동원조선련맹(國民精神總動員朝鮮聯盟)창립총회에참석하엿다가 청년회일이 뜻밀려서 여러군대로 밧부게돌아다니너라고 지금마 돌아오는길입니다 하면서 미소를띄우며 손수건으로땀을씻는다

◇

조선건물에다 내부는반양식으로 만들어 의자와테불을노흔 응접실겸서재(書齋)로사용하는듯한 방이다 좌우에 큼자박이 양서가 보기조케열을지어잇섯다 금번사변一주년긔렴에대한 선생님의감상담을 드르러왓습니다 긔자는단도직입으로방문온뜻을고하얏다 선생은 서슴지아니하고 「오늘 국민정신총동원련맹발긔총회석상에서 좌백(佐伯)부윤이말한거와가티 금번사변은 돌연한것이안입니다 만보산(萬寶山)사건이라든가 노구교(蘆溝橋)사건등의 도화선은 四、五十년전부터 노서아가동양을 침략하라는 계획에서 나온것입니다……」 이가치 말슴을시작하얏다 「노서아황제『니코라이』二세시대부터시작된 혁명이마츰내 이루어진후에는 동양평화를획책하는사건이라든가 세계대전후의『베루사이유』조약이불공평한것등의 여러가지 원인이되어가지고 동양평화를 교란하려는 획책이만히잇는까닭으로 일본에서는 이모든것을 잘살피고잇는이만치 이번에정의의긔빨을들고서 동양평화 확립을위하야 궐기한것입니다

◇

긔자—그런까닭에 금번사변을『성전』이라고하는것이겟지오

선생—물론입니다 이와가티 정의감에 궐기한 일본의태도는 어느나라가보든지 당연하다고 인정할것입니다 이와가티 장긔전에 들어갈수록 총후국민은 더욱긴장하여야될것이오 국민총동원의 정신을발휘하야 결속을굳게하여야만 될것입니다 그런의미에서 우리긔독교청년회에서도 지난번에 일본긔독교청년동맹과 합류를단행한것입니다

◇

이와가튼 문답을하고잇슬지음에 선생이 가장귀애하시는 재동소학교에다니는 정선군이 돌아왓다 선생은 반가운듯키 정선군을 가리키며 바로나의 유일한 질거옴은 저애올시다 하면서 어린아이의 손을잡아잇슬어 긔자에게 인사를식히시엇다 신앙생활에 저즌 선생은 어린이를대할때도 존경어뭍는것으로써 장차 조선의주인이될 어린이에게 남달른 갸륵한뜻이잇슴을 증명하는것갓다

◇

선생은 갑자생으로 금년에七十五세 열살에난 정선군을합하야 슬하에十二남매가잇다 긔독교인으로보다도사회인(社會人)으로서의 선생의존재가 총후반도에잇서서 더욱 중요시되는이때 긔자는 선생으로부터『성전一년』을 맛는감상과 황국신민으로서의 구든각오를 드럿슴을 감사히생각하면서 선생의댁을하직하얏다

◇—사진은 윤치호씨와 선생막내자제

1938. 7. 3.

아오는 길입니다." 하면서 미소를 띠우며 손수건으로 땀을 씻는다.

◇

조선 건물에다 내부는 반양식(半洋式)으로 만들어 의자와 테이블을 놓은 응접실 겸 서재(書齋)로 사용하는 듯한 방이다. 좌우에 금자박이 양서가 보기 좋게 열을 지어 있었다.

금번 사변 1주년 기념에 대한 선생님의 감상담을 들으러 왔습니다.

기자는 단도직입으로 방문 온 뜻을 고하였다. 선생은 서슴지 아니하고 "오늘 국민정신총동원연맹 발기 총회석상에서 좌백(佐伯)[5] 부윤이 말한 거와 같이 금번 사변은 돌연한 것이 아닙니다. 만보산(萬寶山) 사건[6]이라든가 노구교 사건이라든가 도화선은 4, 5년 전부터 러시아가 동양을 침략하려는 계획에서 나온 것입니다…."

이같이 말씀을 시작하였다.

"러시아 황제 '니콜라이' 2세[7] 시대부터 시작된 혁명이 마침내 이루어진 후에는 동양적 화를 획책한 사건이라든가, 세계대전 후의 '베르사유' 조약이 불공평한 것 등의 여러 가지 원인이 되어가지고 동양평화를 교란하려는 획책이 많이 있는 까닭으로, 일본에서는 이 모든 것을 잘 알고 있는 만치 이번에 정의의 깃발을 들고서 동양평화 확립을 위하여 궐기한 것입니다."

◇

기자: 그런 까닭에 금번 사변을 '성전'이라고 하는 것이겠지요.

선생: 물론입니다. 이와 같이 정의감에 궐기한 일본의 태도는 어느 나라가 보든지 당연하다고 인정할 것입니다. 이와 같이 장기전에 들어갈수록 총후 국민은 더욱 긴장하여야만 할 것이고 국민총동원의 정신을 발휘하여 결속을 굳게 하여야만

3 1935년에 경성부가 서울특별시 중구 태평로 1가에 세운 부립극장(府立劇場)으로, 오늘날에는 서울특별시의회 건물로 사용하고 있다.

4 1938년 7월 1일경 민간 사회교화단체 대표자들이 총독부의 종용에 따라 자발적인 총후봉사활동을 내세우며 조직한 친일단체.

5 그 무렵 경성부윤(오늘날의 서울시장)이던 사에키 아키라(佐伯顕).

6 1931년 7월 2일 중국 지린성 만보산 지역에서 일제의 농간에 따라 조선인 농민과 중국인 농민이 벌인 유혈 사태. 이 사건의 결과 중국인과 조선인이 분열되었고, 대륙 진출에 나선 일본에 대한 저항 세력은 약화되었다.

7 러시아의 마지막 황제(재위 1894-1917)로, 적극적인 동방 진출의 결과 러일전쟁을 야기하여 국내에서는 혁명이 일어났으며, 결국 2월혁명(1917)으로 제정이 붕괴되었다.

될 것입니다. 그런 의미에서 우리 기독교청년회에서도 지난번에 일본 기독교청년 동맹과 합류를 단행한 것입니다.

◇

이와 같은 문답을 하고 있을 즈음에 선생이 가장 귀여워하시는 재동소학교에 다니는 정선 군이 돌아왔다. 선생은 반가운 듯이 정선 군을 가리키며 "바로 나의 유일한 즐거움은 저 애올시다." 하면서 어린아이의 손을 잡아 이끌어 기자에게 인사를 시켰다. 신앙생활에 젖은 선생은 어린이에 대해서도 존경어를 쓰는 것으로써 장차 조선의 주인이 될 어린이에게 남다른 갸륵한 뜻이 있음을 증명하는 것 같다.

◇

선생은 갑자생으로 금년에 75세. 열 살 난 정선 군을 합하여 슬하에 12남매가 있다. 기독교인으로보다도 사회인(社會人)으로서의 선생의 존재가 총후 반도에 있어서 더욱 중시되는 이때 기자는 선생으로부터 '성전 1년'을 맞는 감상과 황국신민으로서의 굳은 각오를 들었음을 감사히 생각하면서 선생의 댁을 하직하였다.

◇

(사진은 윤치호씨와 선생 막내자제.)

주요 경력

창씨명: 이토 지코(伊東致昊).
생몰년: 1866-1945
1884: 참의교섭통상사무.
1893: 미국 에모리대학 졸업.
1895: 의정부 참의.
1897: 독립협회 가담.
1898: 한성부 판윤.
1908: 평양 대성학교 교장.
1922: 송도고등보통학교 교장.
1925: 이상재 등과 함께 비밀결사 흥업구락부 조직.
1929: 조선어사전편찬회 발기인.
1938: 조선지원병제도 제정 축하회 발기인.

상훈

1940: 기원 2600년 축전기념장(일본).

013

조동식

성전 1년

정신통일, 근검활동

보건보국에 노력

조동식(趙東植) 씨 담화

사변의 수확은 위대

반도의 여자 교육계를 위하여 헌신적으로 30여 년 동안을 한날과 같이 꾸준하게 노력하여 일찍부터 여자 체위 향상에 뜻을 두고 건강보국에 힘쓰는 부내(府內) 동덕여학교장 조동식 씨를 학교로 찾아 성전 1주년을 맞이하는 감상을 듣기로 하였다.

精神統一、勤儉活動

保健報國에努力

趙東植氏談

事變의收穫은偉大 【五】

반도의녀자교육계를위하야 헌신적으로三十여년동안을 한결가티꾸준하게노력하여 일즉부터녀자지위(地位)향상에뜻을두고건강보국에 힘쓰는부내동덕녀학교장(同德女學校長) 조동식(趙東植)씨를학교로 차저성전一주년을마지하는 감상을듯기로하얏다

◇

『성전일주년을 마지하야국민으로서는 누구나감개무량할것이다 금번一주년을마지하야국가적으로 일대손실을당함과함께한편으로는 제국의세계적존재가확실하고 대동양평화건설(大東洋平和建設)의 主導[illegible]잡엇다고도할수잇다 전쟁은건설을각오하는것이나국가의손실도 적지안타황군의용감한대승리는 만고의성전으로 영원하게두려할것이다

◇

『국민정신총동원(國民精神總動員)은 진실하게각々직업에충실하여서 총동원정신을견실하게하여야할것이다 그러고총동원으로서 총후국민의큰의무를깨닷지안흐면안될것이다

고편파부족함이잇다하드래도참고참어서 경제력(經濟力)을충실히하지안흐면 안될것이다동양영원한평화의확실한 긔초를잡은 나라의경제력을 충실히하랴면온국민들은 물자를앗기고소비를절약하야 정신의통일이되여서 나아가면언제든장끠전(長期戰)에 잇슬지라도조끔도두려울것이업고 리상의목적을이루어질것이다

◇

다시말하면 경제전(經濟戰)에착안하여서 [illegible]나아갈것이다 [illegible]려서 총후의태에상으로[illegible]것이며 식사에이르기까지도맛조흔것을 [illegible]지말고 적은분량에몸에유익한것을 먹어서튼々한몸이되며 정신총동원과아울너보건보국을 하지안흐면안될것이다

(사진은조동식씨)

1938. 7. 5.

◇

"성전 1주년을 맞이하여 국민으로서는 누구나 감개무량할 것이다. 금번 1주년을 맞이하여 국가적으로 일대 손실을 당함과 함께 한편으로는 제국의 세계적 존재가 확실하고 대동양 평화 건설의 기초를 잡았다고도 할 수 있다. 전쟁은 건설을 각오하는 것이나 국가의 손실도 적지 않다. 황군의 용감한 대승리는 만고의 성전으로 영원하게 뚜렷할 것이다."

◇

"국민정신총동원은 진실하게 각각 그 직업에 충실하여서 총동원정신을 견실하게 하여야 할 것이다. 그러고 총동원으로서 총후 국민의 큰 의무를 깨닫지 않으면 안 될 것이다. 고통과 부족함이 있다 하더라도 참고 참아서 경제력을 충실히 하지 않으면 안 될 것이다. 동양의 영원한 평화의 확실한 기초를 잡은 나라의 경제력을 충실히 하자면 국민들은 물자를 아끼고 소비를 절약하여 정신의 통일이 되어서 나아가면 어떠한 장기전이 있을지라도 조금도 두려울 것이 없고 이상의 목적은 이루어질 것이다.

◇

다시 말하면 경제전에 착안하여서 힘차게 나아갈 것이다. 자세하게 말하자면 한 시간에 그칠 것이면 두 시간으로 늘려서 종전의 배 이상으로 노력할 것이며, 식사에 이르기까지도 맛 좋은 것을 표준 삼지 말고 적은 돈에 몸에 유익한 것을 찾아서 튼튼한 몸이 되어 정신총동원과 아울러 보건보국을 하지 않으면 안 될 것이다.

(사진은 조동식 씨.)

주요 경력

생몰년: 1887-1969
1908: 동원여자의숙 설립.
1908: 기호흥학회 조직.
1912: 동덕여학교장 취임.
광복후
1950: 동덕여자대학 설립 및 학장 취임.

상훈

국민훈장 무궁화장 추서(대한민국).

1937년 7월 7일 관동군을 중심으로 한 일본군 내의 강경파는 노구교사건을 일으켜 중일전쟁을 시작하였다. 사진은 중일전쟁에 관한 1937년 7월 12일 기사.

014

이광수

1일 1인

창씨(創氏)[1]와 나

이광수(李光洙)[2]

내가 향산(香山, 가야마)이라고 씨를 창설함에 대하여 혹은 면대하여서 혹은 서간으로 내 창씨의 동기를 묻는 이가 있다. 대다수는 나의 향산이라는 창씨에 대하여 비난하지마는 또 그중에는 찬성하는 이도 있고 창씨에 대한 의견을 묻는 이도 있었다. 오늘 내가 받은 익명의 편지에는 나의 창씨를 강하게 비난하고 그 동기와 이유를 발표할 것을 요구하였다. 반드시 이 익명인의 서간에 응함만이 아니나, 이때를 당하여 나의 태도에 대하여 한마디 할 필요가 있음을 통감한다.

1 일본 제국주의가 우리 겨레에게 강요한 창씨개명(創氏改名)은 우리가 알고 있는 것보다 복잡하다. 창씨개명은 창씨(創氏), 즉 일본식 씨를 새로이 만드는 것과 개명(改名), 즉 일본식 이름을 새로 짓는 두 가지가 합해진 것이다. 한편 우리 겨레는 여성이 결혼을 해도 자신의 성을 그대로 간직하는 것에 비해 일본인은 남성의 씨를 따르는 것이 전통이었다. 일제강점기 후반까지 일본 정부는 우리 겨레에게 일본식 씨와 이름을 사용하는 것을 오히려 금지하였다. 내지인, 즉 정통 일본인과 구분이 어려워진다는 이유에서였는데, 중일전쟁 이후 전시 동원 체제를 구축하면서 우리 겨레의 참여를 유도하기 위해 돌변, 1940년 2월 11일부터 창씨개명 정책을 시행하기 시작한다. 초기에는 자발적 창씨개명에 의지했는데, 실적이 부진하자 갖은 방법을 통해 창씨개명을 요구하였고, 급기야 초창기 7.6%에 불과하던 실적이 후에는 80% 가까이까지 상승하였다.

一日一文

創氏와 나

李光洙

내가 香山이라고 氏를 創設함에 對하야 或은 面對하여서 或은 書狀으로 내 創氏의 動機를 뭇는 이가 잇다 大多數는 나의 香山이라는 創氏에 對하여서 非難하지마는 또 그中에는 贊成하는 이도 잇고 創氏에 對한 意見을 뭇는 이도 잇섯다 오늘 내가 바든 匿名人의 편지에는 나의 創氏를 强하게 非難하고 그 動機와 理由를 發表하는것을 要求하엿다 반드시 이 匿名人의 要求에 應함만이 아니나 이 때를 利用하야 나의 態度에 對하야 一言할 必要가 잇슴을 痛感한다

創氏의 動機

내가 香山이라고 氏를 創設하고 光郞이라고 日本的인 名으로 改한 動機는 惶懼한 말슴이나 天皇御名과 讀法을 갓치하는 氏名을 가지자는 것이다 나는 깁히깁히 내 子孫과 朝鮮民族의 將來를 考慮한 끗헤 이리하는 것이 當然하다는 굿은 信念에 到達한 까닭이다 나는 天皇의 臣民이다 내 子孫도 天皇의 臣民으로 살 것이다 李光洙라는 氏名으로도 天皇의 臣民이 못될것이아니다 그러나 香山光郞이 조곰더 天皇의 臣民다웁다고 나는 밋기 때문이다

內鮮一體

內鮮一體를 國家가 朝鮮人에게 許하엿당. 이에 內鮮一體運動을 할 者는 其實朝鮮人이당 朝鮮人이 內地人과 差別업시 될것 밧게 바랄것이 무엇이 잇는가 。따라서 差別의 除去를 爲하여서 온갓 努力을 할것밧게 더 重大하고 緊急한 일이 어듸 또 잇는가. 姓名三字를 고치는 것도 그 努力中에 하나라면 아낄것이 무엇인가 깃브게 할것이 아닌가 나는 이러한 信念으로 香山이라는 氏를 創設하엿당.

便宜

압흐로 漸々 우리 朝鮮人의 氏名이 國語로 불려질 機會가 만흘것이당. 그러할때에 李光洙보다 香山光郞이 훨신 便할것이당.

또 滿洲나 東京大阪等에 사는 同胞로는 日本式의 氏名을 가지는 것이 實生活上에 만흔 便宜를 가저올것이당.

決心

우리의 在來의 姓名은 支那를 崇拜하던 祖先의 遺物이당 永郞、述郞、官昌郞、初郞、所回(嚴)、伊宗、居柒夫、黑齒、이런것이 古代 우리 先祖의 이름이엇당. 徐羅伐、達久火、齊次巴衣、奪忽、엇바、이런것이 옛날의 地名이엇당. 그러한 地名과 人名을 支那式으로 統一한것은 不過六七百年來의 일이당.

이제 우리는 日本帝國의 臣民이당. 支那人과 混同되는 姓名을 가짐보다도 日本人과 混同되는 氏名을 가지는 것이 가장 自然스러운 일이라고 밋는당.

그럼으로 나는 日本人이 되는 決心으로 氏를 香山이라고 하고 名을 光郞이라고 하엿당 내 妻子도 모조리 日本式 名으로 고첫당. 이것은 忠誠의 一端으로 自信하는 까닭이당.

政治的影響

今年八月十日까지 朝鮮人의 創氏의 期限이 끗난다 그날의 結果는 政治的影響에 큰 關係가 잇다고 나는 밋는다 卽日本式氏를 朝鮮人全部가 달앗다고 하면 그것은 朝鮮二千四百萬이 진실로 皇民化함을 [illegible]에 徹底하엿다는 重大한 推理資料가 될것이다 만일 그와 反하야 日本式氏를 創設한 者가 少數에 不過하다 하면 그것은 不幸한 편의 推理資料가 아니될수 업는 것이다 왜 그런고하면 國家가 朝鮮人을 信任하고 아니함이 朝鮮自身의 幸不幸에 크게 關係가 잇슬 것은 自明하기 때문이다 그럼으로 日本的인 氏를 創設하는 것은 一種의 政治的運動이라고 나는 밋는다

1940. 2. 20.

창씨의 동기

내가 향산이라고 씨를 창설하고 광랑(光郎, 미쓰로)이라고 일본적인 이름으로 바꾼 동기는 황송한 말씀이나 천황 어명(御名)과 읽는 법을 같이 하는 씨명을 갖자는 것이다. 나는 깊이깊이 내 자손과 조선 민족의 장래를 고려한 끝에 이리 하는 것이 당연하다는 굳은 신념에 도달한 까닭이다.

나는 천황의 신민이다. 내 자손도 천황의 신민으로 살 것이다. 이광수(李光洙)라는 씨명으로도 천황의 신민이 못될 것이 아니다. 그러나 향산광랑(香山光郎)이 조금 더 천황의 신민답다고 나는 믿기 때문이다.

내선일체(內鮮一體)

내선일체를 국가가 조선인에게 허락하였다. 이에 내선일체 운동을 할 자는 기실 조선인이다. 조선인이 내지인과 차별 없이 될 것밖에 바랄 것이 무엇이 있는가. 따라서 차별의 제거를 위하여서 온갖 노력을 할 것밖에 더 중대하고 긴박한 일이 어디 또 있는가. 성명 석 자를 고치는 것도 그 노력 중에 하나라면 아낄 것이 무엇인가. 기쁘게 할 것이 아닌가. 나는 이러한 신념으로 향산이라는 씨를 창설하였다.

편의

앞으로 점점 우리 조선인의 씨명이 국어로 불릴 기회가 많을 것이다. 그러할 때에 이광수보다 향산광랑이 훨씬 편할 것이다. 또 만주나 동경, 오사카 등에 사는 동포로는 일본식의 씨명을 가지는 것이 실생활 상에 많은 편의를 가져올 것이다.

2 이광수는 가야마 미쓰로(香山光郎)로 창씨개명을 하였다.

결심

우리의 재래의 성명은 지나를 숭배하던 조상의 유물이다. 영랑(永郎), 술랑(述郎), 관창랑(官昌郎), 초랑(初郎), 소회(所回(巖)), 이종(伊宗), 거칠부(居柒夫), 흑치(黑齒), 이런 것이 고대 우리 선조의 이름이었다. 서라벌(徐羅伐), 달구화(達久火), 제차파의(齊次巴衣), 홀골, 엇내, 이런 것이 옛날의 지명이었다. 그러한 지명과 인명을 지배식으로 통일한 것은 불과 600, 700년 전의 일이다.

이제 우리는 일본제국의 신민이다. 지나인과 혼동되는 성명을 가짐보다도 일본인과 혼동되는 씨명을 가지는 것이 가장 자연스러운 일이라고 믿는다.

그러므로 나는 일본인이 되는 결심으로 씨를 향산이라고 하고 명을 광랑이라고 하였다. 내 처자도 모조리 일본식 명으로 고쳤다. 이것은 충성의 일단으로 자신하는 까닭이다.

정치적 영향

금년 8월 10일까지 조선인의 창씨의 기한이 끝난다. 그날의 결과는 정치적 영향에 큰 관계가 있다고 나는 믿는다. 즉 일본식 씨를 조선인 전부가 달았다고 하면 그것은 조선 2천 4백만이 진실로 황민화할 각오에 철저하였다는 중대한 추리 자료가 될 것이다. 만일 그와 반하여 일본식 씨를 창설한 자가 소수에 불과하다면 그것은 불행한 한 편의 추리 자료가 아니 될 수 없는 것이다. 왜 그런고 하면 국가가 조선인을 신임하고 아니함이 조선 자신의 행, 불행에 크게 관계가 있을 것은 자명하기 때문이다. 그러므로 일본적인 씨를 창설하는 것은 일종의 정치적 운동이라고 나는 믿는다.

주요 경력

생몰년: 1892-1950
1910: 오산학교에서 교편.
1917: 한국 최초의 근대 장편소설『무정』 발표.
1919: 2·8독립선언서 작성.
1937: 수양동우회 사건으로 투옥 후 반 년 만에 병으로 보석.
1939: 조선문인협회 회장에 취임.
1939: 가야마 미쓰로(香山光郎)로 창씨개명.

광복후
1950: 납북.

015

박영희

1일 1인
문장보국(文章報國)[1]의 의의

박영희(朴英熙)

국가가 태안(泰安)할 때에는 병사와 문인은 각각 그 임무가 다르다. 하나는 검을 가지고 있고, 하나는 펜을 가지고 있다. 이와 같이 가진 무기가 다른 만큼 하는 일도 또한 다르다. 병사는 국가가 태안할 때라도 역시 국방의 중임에서 떠날 수 없다. 문인도 크게 말하면, 국가를 위하고, 사회를 위하고, 인생을 위해서 생각을 얽고 붓을 달리기는 하지만 병사와 같이 직접 국방에 서 있는 것은 아니다. 그러나 국가에 비상시가 와서, 가령 현재 우리나라와 같이 제국과 전화(戰火)를 서로 받고 있을 때는 문인도 다 같이 병사와 점점 접근하게 되는 것이다. 그것은 마음의 준비

1 작가가 글을 통해 나라의 은혜에 보답함.

一日一文

文章報國의 意義

朴 英 熙

國家가 泰安할 때에는 兵士와 文人은 各各 그 任務가 다르다。 하나는 劍을 가지고 잇고、하나는 펜을 가지고 잇다。 이와 가티 가진 武器가 다른 만큼 하는 일도 또한 다르다。 兵士는 國家가 泰安한 때라도 亦是 國防의 責任에서 써날 수 업다。 文人도 크게 말하면、國家를 위하고、社會를 위하고、人生을 위해서、想을 엽고、붓을 달리기는 하지만、兵士와 가치、直接國防에 서 잇는 것은 아니다。

그러나 國家에 非常時가 와서、가령 現在 우리나라와 가치 敵國과 戰火를 서로 밧고 잇슬 때는 文人이나 다 가치 兵士와 漸々 接近하게 되는 것이다。 그것은 마음의 準備가 同一한 目的으로 向하는 까닭이다。 누구나 다 가치 國家를 위해서 一路邁進하게 되는 것이다。 國民은 財産이나 生命이나 나라를 위해서 바치고、우리나라의 勝利와 泰安을 念願하여 마지 안는 것이다。

그런 까닭에 文筆에 從事하는 사람들도 筆과 槍을 다 國家事業에 關與식히는 것이며 그러케 안될 수 업는 것이다 그뿐만이 아니라 文人들 自身이 直接 兵士가 되여 出征하는 境遇도 잇다 우리나라에는 著名한 文人들로서 出征한 분이 몃 분이나 되는지 모르겟스나 外國에서 보면 만히 잇다 文人들이 出征할 때에 그들은 펜 대신에 손에 銃劍을 드럿다 平常時에 흔히 文人들은 말하기를 「우리들은 펜을 武器로 삼는다」고 하기도 하엿스나 그들은 實際로 銃을 들고 戰地로 달리고 잇는 것이다

이곳에서 記錄된 文章은 그 生生한 戰況이나 感想을 餘暇마다 記錄도 하며 或은 除隊되여 歸國해서 著作도 하지만 이러한 生活을 記錄한 文章이 作品으로서 登場될 때에 이것은 貴重한 가지 戰爭文學이다 우리나라에도 事變以後 이러한 文學的 作品이 만히 나왓다 歐洲의 作家들도 大戰 동안 或은 그 後 戰爭文學이 만햇다。 우리나라의 戰爭文學의 著名한 것은 著名한 文士보다도 兵士로서 作品을 發表한 것이 만타。 國民은 모다 國家와 時局에 對해서 關心을 가지게 되는 同時에、文士들의 想도 또한 이곳으로 集中하게 되는 것이다。

그런 까닭에 戰爭文學은 새 時代의 發見노릇을 하고 잇는 것이다 非常時에 存在할 수 잇는 文士들의 各自의 主義、各自의 趣味가튼 것이 그 表現性을 發揮함이 減少식히게 된다 따러서 既成文壇의 非時局的인 部分에는 暗影이 생기게 된다 그들의 붓은 鈍해지고、그들의 想은 蘇生을 어들 수 업고、제도할 수 업는 「맴맴고리」가 低回하고 잇는 것이다。

그러나 大局的으로 보면、이러한 文學的 氣分이나、혹은 低徊的 雰圍氣가튼 것은 큰 問題가 아니다 그 대신 文學界에는 새로운 氣分과 새로운 雰圍氣를 차저야 하며、또한 이 새로운 生活에 뛰여드러야 한다 그러치 안어도 現代文學에는 熱情이 文學的 雰圍氣가 업다고 하는 사람이 잇스나 그것은 時代가 달러지는데 따러서 變해지는 것이니 特히 問題視할 것이 업거니와 우리 압헤는 戰爭、非常時、戰時生活、忍苦克服勇進等의 生活의 展開되여 잇스니 이곳에서 생기는 氣分、이 生活의 雰圍氣가 漸々 全面的으로 커지고 잇다 그런 까닭에 이미 물러가는 옛 時代 氣分 雰圍氣를 哀惜하게 생각할 것이 아니라 當面한 生活의 雰圍氣가 인이한 새로운 時代를 形成하고 잇는 것을 認識할 것이다

이리해서 氣分集中에서 써나 作家는 生活에 直面해야 한다 近間에 흔히 文章報國、文筆報國을 말하는 것은 亦是 이러한 意味에 생긴 말인 줄 안다

要約해서 말하면 現代는 兵士나 文士가 同一한 軌道를 걷고 잇는 때라고 말할 수 잇다

1940. 4. 25.

가 동일한 목적으로 향하는 까닭이다. 누구나 다 같이 국가를 위해서 일로 매진하게 되는 것이다. 국민은 자산이나 생명이나 다 나라를 위해서 바치고, 우리나라의 승리와 태안을 마음에서 축원하여 마지않는 것이다.

그런 까닭에 문필에 종사하는 사람들도 붓과 생각을 다 국가사업에 관여시키는 것이며, 그렇게 안 될 수 없는 것이다. 그뿐만이 아니라 문인들 자신이 직접 병사가 되어 출정하는 경우도 있다. 우리나라에는 저명한 문인들로서 출정한 분이 몇 분이나 되는지 모르겠으나 외국에서 보면 많이 있다. 문인들이 출정할 때에 그들은 펜 대신에 손에 총검을 들었다. 평상시에 흔히 문인들은 말하기를 "우리들은 펜을 무기로 삼는다"고 하기도 하였으나 그들은 실제로 총을 들고 전쟁터로 달리고 있는 것이다.

이곳에서 기록된 문장은 그 생생한 전황이나 감상을 여가마다 기록도 하며 혹은 제대하여 귀국해서 저작도 하지만, 이러한 생활을 기록한 문장이 작품으로서 등장될 때에 이것은 명실 한 가지 전쟁문학이다. 우리나라에도 사변 이후 이러한 문학적 작품이 많이 나왔다. 구주(歐洲)의 작가들도 대전 동안 혹은 그 후 전쟁문학이 많았다. 우리나라의 전쟁문학의 저명한 것은 저명한 문사(文士)보다도 병사로서 작품을 발표한 것이 많다. 국민은 모두 국가와 시국에 대해서 관심을 갖게 되는 동시에, 문사들의 생각도 또한 이곳으로 집중하게 되는 것이다.

그런 까닭에 전쟁문학은 새 시대의 총아 노릇을 하고 있는 것이다. 보통 때에 존재할 수 있는 문사들의 각자의 주의, 각자의 취미 같은 것이 그 표현성을 현저히 감소시키게 된다. 따라서 기성 문단의 비시국적인 부분에서는 어두운 그림자가 생기게 된다. 그들의 붓은 둔해지고, 그들의 생각은 만족을 얻을 수 없고, 저도 알

수 없는 '멜랑콜리'가 안으로 흐르는 것이다.

그러나 대국적으로 보면, 이러한 문학적 기분이나 혹은 부드러운 분위기 같은 것은 큰 문제가 아니다. 그 대신 문학계에는 새로운 기분과 새로운 분위기를 찾아야 하며, 또한 이 새로운 생활에 뛰어들어야 한다. 그렇지 않아도 현대문학에는 확실히 문학적 분위기가 없다고 하는 사람이 있으나 그것은 시대가 달라지는 데 따라서 변한 것이니 특히 문제시할 것이 없거니와, 우리 앞에는 전쟁, 비상시, 전시생활, 인고 극복, 용진(勇進) 등의 생활이 전개되어 있으니 이곳에서 생기는 기분, 이 생활의 분위기가 점점 전면적으로 커지고 있다. 그런 까닭에 이미 물러가는 옛 시대 분위기를 애석하게 생각할 것이 아니라 이 당면한 생활의 분위기가 이미 한 새로운 시대를 형성하고 있는 것을 인식할 것이다.

이리 해서 기분 향락에서 떠나 작가는 생활에 직면해야 한다. 근간에 흔히 문장보국(文章報國), 문필보국(文筆報國)을 말하는 것은 역시 이러한 의미에서 생긴 말인 줄 안다.

요약해서 말하면 현대는 병사나 문사가 동일한 궤도를 걷고 있는 때라고 말할 수 있다.

주요 경력

생몰년: 1901-?
1922: 『백조』 동인 활동.
1925: KAPF 결성에 참가.
1934: 구속.
1936: 조선사상범 보호관찰소에 수용.
1939: 황군위문작가단 실행위원.
광복후
1950: 납북.

016

홍난파

지나사변과 음악

홍난파(洪蘭坡)

성전 제3주년을 맞이하는 이때에 있어서 이번 지나사변이 우리나라 음악계나 또는 음악예술상에 어떠한 영향을 끼쳐 주었는가를 음악인의 한 사람으로서 생각해 본다는 것은 결코 무의미한 일이 아니리라고 생각한다.

무릇 동서고금을 통하여 '전쟁과 음악'이라는 것을 생각할 때는 자연히 군가(軍歌)를 연상치 않을 수 없을 것이니, 멀리 고대의 사실(史實)은 불문에 부치고라도 지금부터 80년 전 미국의 남북전쟁 당시에 북군이 부르던 〈마칭 드루 조지아〉[1]는 군가로서는 세계적으로 유명한 것이며, 제1차 세계대전 때에 생긴 시국가(時局歌)도 〈오버 데어〉[2]나 〈티퍼라리〉[3] 같은 것도 일시는 전 세계를 풍미하던 것으로, 우

1 미국 남북전쟁이 끝날 무렵 헨리 클레이 워크가 작곡하여 발표한 노래로, 북군의 승리를 기려 만들었다. 후에 이 노래는 전 세계로 퍼져 나갔는데, 우리나라에서는 독립군 양성을 위해 설립한 신흥무관학교의 교가로 불렸다.

2 원 제목은 〈Over There〉. 조지 코핸(George M. Cohan)이 1917년에 작곡한 노래.

3 원 제목은 〈Tipperary〉. 아일랜드의 연가.

物資節約과

家庭生活 改造의 新覺悟

梧村升雨氏夫人談

「支那事變이 벌서滿三年을맛게되엿습니다 三年이라면 줄거운일이라도긴歲月인데 聖戰三年이나 그동안前線의皇軍은 무릅쓰고 艱難苦行에 邁進하고잇는 第十三年事變의때 우리家庭에서는 될수잇는限度內로 物資를 節約해야되겟스며 以前에 物資不足을 늣기지안을때 主婦들이 節約할줄모르든것도 어써에는 再로히物資가 貴한것인가를 再認識할必要가 엿다고 生覺합니다 우리家庭에서는 衣服도 어른아이할것업시 모도新調를避하고 될수잇는대로기워입도록하고 생수업는 物件은 될수잇는대로 쓰고 저버도록합니다 食糧도 三分之一을 줄여서 먹고잇습니다 以後로도 얼마나 事變이 繼續될던지 모르니까 必需品만은 사는程度로 家庭經濟는 日常生活을 주러나가야 겟습니다 銃後하나마 어린새 國民을가지고 指導해나가저 안으면 銃後를 직히는 婦人이라고 할수가 업습니다 적어보어면서도 各家庭을직히는 婦人의 힘은 큰것이라고 生覺합니다」

주지안코 먹고십허할때는 皇軍은不眠 不休해가며 우리들을 爲해서 싸워주는데 우리는 먹고십흔것을 마음대로 먹어서는 미안하다는時局에對한銃後國民의 緊張을 어린愛國에 엄더주신다고 하심니다

二世國民인애들에게

記念日의뜻을이야기하렵니다

京畿道學務部長夫人 平松基榮氏談

우리집에서는 어번사변기렴일을 특별히 어린애들을 위하야 사변에대한 이야기나 우리나라의 정신어나나아갈길을 재미잇는 말슴해주어 다음나라를 질머지고나갈귀중한 어어들을 바르게지도해 나아갈려합니다

作品中에 취코출로바키아의獨特한 旋律及節奏가나오지안는곳이 어듸잇다 여기에는 祖國을개념己의地方色彩에만 限하지안코 全슬라브民族의 音樂을代表하야 自己作品으로 全世界에

紹介

한거시다 一八七八年에 뜨보르자크는四手를 爲한 괴아노曲即슬라브舞曲으로 슬라브民族의큰 理想的建設을暗示하엿다 今日에와서도슬라브民族의 氣質及精神의 代表作임을認定한다 어와갓흔作家가 朝鮮에서渴望되며 또이時代가 要求하고잇다 即新東亞를建設하고잇는 東洋民族의 獨特한旋律과 節奏를 東洋의精神으로 짜내어고 빼저내인

作品

을 우리는要求하며 또는要求할義務를 우리民族에 늣기고잇다 勿論東洋音樂이라고해서 東洋樂器를그대로 使用하자는 意味는안이다 西洋音樂理論基礎우에서 時代가要求하는科學的으로된 西洋樂器를使用하되 東洋의情緖를 强하게表出하기爲하여서는 東洋樂器를使用할수잇도록 作曲하면 未來에發展性잇는 東洋的인音樂을 가질수잇스리라고 밋는다

名作

보라즈 레스트의 西班牙랩소듸도 純西班牙民謠를作曲하지안코 獨逸사람으로 西班牙의 旋律과 大成功하엿다 獨逸사람이 빗난 西班牙固有旋律을 近代化하엿기때문에 成功한것도 그價値가 一層더 高하게評價되엿다 音樂은現時代에서도 大東洋的이어時代의精神과이 産物이라야

環境

現代人이要求하는 要求를滿足식힐거시며 新東亞를 한데뭉치는 精神的建設에完成이라야를 할健設을 期하는것이라고밋는다

支那事變과音樂

洪 蘭 坡

洪蘭坡氏

事變第三周年을 맞지하는 여때에있어서 어번支那事變이 우리나라 音樂界나 또는音樂家上에 어써한 影響을 끼쳐주엇는가를 樂人의 한사람으로서 생각해본다는것은 決코 無意味한일이 아니리라고생각한다

무릇 東西古今을 通하여 『戰爭과音樂』이란것을 생각할때는 自然히 軍歌를聯想치 안흘수업슬것이나 멀리古代의 史實은不問에 附하고라도 距今八十年前 米國의南北戰爭當時에 北軍어볼으던 『마칭·드루·쪼지어』는軍歌로서는 世界的으로 有名한者이며 第一次歐洲大戰때에 생긴 時局歌로 『오버-데아』나 『리퍼라리』 갓튼것도 一時는 全世界를 風靡하던것으로 우리의 記憶에아직도 새로운것이다

우리나라에 잇서서는 明治初年에 作曲된 『宮さん宮さん』이 軍歌의嚆矢로 明治十三年頃에는 『海ゆかば』가作曲되고 그後日淸日戰役에는 日本樂壇의元老들의손에서 多數한 軍歌가作曲되여서 皇軍의士氣를 鼓吹하고 操作이는데 큰功效를 奏햇스니 어번支那事變이 勃發되자 皇軍將兵慰問에 全國男女老幼의 別이업시 兼唱되던 『日本陸軍』(天に代りて不義を討つ)는其實 明治二十七八年 日淸戰役當時에 作曲되엿던것이다

그後日本樂壇은 實로 驚異的急速度로 發達되고 레코-드界가또한 殷盛을 極한만치 今次의 支那事變에 잇서서는 百으로 計하고 千으로 算할만치 無數한 軍歌類와 時局流行歌가 作曲되엿고 現在도 繼續的으로 發表되고잇지마는 그러나 音樂은 文學이나 繪畵와도 달러서 戰爭이 繼續되는동안에는 藝術的으로 어느라할만한 大作이나 名曲은 產出되지안는것도갓다 獨逸의樂聖 베-토-벤의 大作인 『英雄交響曲』이나 露西亞의大作曲家 차이콥부스키-의名作 『序曲一八一二年』等이 모다 戰亂에서 밧은印象이나 感激을 土臺로하야 作曲된것이지마는 그러나이것이 世上에發表되기는 戰亂의終熄된後의記念品으로誕生되엿스니 어것으로미루어보더라도어번事變에서 어써한大作名曲이나온다면어것은 차라리聖戰의 目的이貫徹된後의 記念產物이어야니고는 可望이업스리라고봄이 妥當할것이다

그러나 비록藝術的으로大作品은나오지안엇다하더라도過去에잇서서 國民歌다운國民歌를가지지 못햇던 우리로서는愛國行進曲가튼 新國民歌를가지게된것만으로도 어번事變이 一億國民에게 보내준膳物로 우리는 永遠토록 언제나 이노래를 高唱함으로써 새로운 感激과 붓타는愛國熱을 高調식힐것이 아닌가

때는바야흐로 紀元二千六百年 事變도 이제는 第三周年에 들어가서 新東亞建設의 大業이 日復日 더욱堅實하게 實現되여가는 이때에 銃後에잇는 여러 音樂家와 從事햇던 樂人들의 裡에는 官民이 넘처흐르는感激과 藝術的感興이 成熟해갈것인즉 이번의聖業이 成就되야 國威를天下에 宣揚할때에 그序曲으로 그前奏的交響樂으로 音樂日本의 存在를무렷이 나타낼날이 一日이라도速히 오기를 衷心으로 비는바이며 우리는 우리의 모든힘과技術을 기우려서 銃後國民으로서 音樂報國運動에 勇往邁進할것을 自期하지안흐면아니될것이다 (下)

1940. 7. 7.

리의 기억에 아직도 새로운 것이다.

우리나라에 있어서는 명치 초년에 작곡된 〈宮さん宮さん〉[4]이 군가의 효시로, 명치 13년경에는 〈海ゆかば〉[5]가 작곡되고, 그 후일 일청, 일로의 두 전쟁에는 일본 악단의 원로들의 손에서 다수의 군가가 작곡되어서 황군의 사기를 고취하고 진작시키는 데 큰 공의 효과를 연주했으니, 이번 지나사변이 발발하자 황군 장병 송영(送迎)에 전국 남녀노소의 구분이 없이 열창되는 〈일본육군(天に代わりて不義を討つ)〉은 기실 명치 37, 38년 일로전쟁 당시에 작곡되었던 것이다.

그 후 일본 악단은 실로 경이적 급속도로 발달되고 레코드 업계가 또한 풍성을 극한 만큼 이번의 지나사변에 있어서는 백으로 더하고 천으로 합할 만큼 무수한 군가류와 시국 유행가가 작곡되었고 현재도 계속적으로 발표되고 있지마는, 그러나 음악은 문학이나 회화와도 달라서 전쟁이 계속되는 동안에는 예술적으로 이렇다 할 만한 대작이나 명곡은 산출되지 않는 것도 같다.

독일의 악성 베토벤의 대작인 〈영웅교향곡〉이나 러시아의 대작곡가 차이코프스키의 명작 〈1812년 서곡〉 등이 모두 전란에서 받은 인상이나 감격을 토대로 하여 작곡된 것이지마는, 그러나 이것이 세상에 발표되기는 전란이 종식된 후의 기념품으로 탄생되었으니, 이것으로 미루어 보더라도 이번 사변에서 어떠한 대작 명곡이 나온다면 이것은 차라리 성전의 목적이 관철된 후의 기념산물이 아니고는 가망이 없으리라고 봄이 타당할 것이다.

그러나 비록 예술적으로 대작품은 나오지 않았다 하더라도 과거에 있어서 국민가다운 국민가를 가지지 못했던 우리로서는 애국행진곡 같은 신국민가를 가지게 된 것만으로도 이번 사변이 1억 국민에게 보내 준 선물로 우리는 영원토록 언

4 1868년 무렵에 작곡된 일본의 사실상 최초의 군가.

5 일본의 국민가요 중 하나로, 1880년에 작곡하였다.

제나 이 노래를 높이 부름으로써 새로운 감격과 불타는 애국열을 고조시킬 것이 아닌가.

때는 바야흐로 기원 2600년! 성전도 이제는 제3단계에 들어가서 신동아 건설의 대업이 하루가 다르게 더욱 견실하게 실현되어 가는 이때에 총후에 있는 여러 음악가와 종군했던 음악인들의 뇌리에는 의당히 넘쳐흐르는 감격과 예술적 감흥이 성숙해 갈 것인즉 이번의 성업(聖業)이 성취되어 국위를 천하에 선양할 때에 그 서곡으로, 그 전주적 교향악으로 음악 일본의 존재를 뚜렷이 나타낼 날이 하루라도 속히 오기를 충심으로 비는 바이며, 우리는 우리의 모든 힘과 기량을 기울여서 총후 국민으로서 음악 보국 운동에 용왕 매진할 것을 스스로 기약하지 않으면 안 될 것이다.

주요 경력

생몰년: 1898-1941

1919: 관립 도쿄음악학교 예과 수료.

1920: 〈봉선화〉 작곡, 발표.

1922: 음악연구기관 '연악회' 설립.

1922: 우리나라 최초의 음악잡지 『음악계』 창간.

1938: 「전향성명서」 발표.

상훈

1965: 문화훈장(대한민국).

017

구본웅

1일 1인

사변(事變)과 미술인

구본웅(具本雄)

3년 전 노구교 위에서 일어난 사변은 금일의 신동아 건설에로 3년간 발전에 발전을 하였다.

3년째 황군은 북지로부터 남지(南支)[1]에 걸쳐 성업을 위하여 충성을 다하여 오고, 이에 감사하는 총후의 국민은 한마음으로 봉공에 힘써 오는 것이다.

미술인도 또한 뜻과 기술을 다하여 국민으로서의 본분을 다하여 온 것은 말할 바 없으니 혹은 종군화가로서 성전을 채색으로 취재하며 혹은 시국을 말하는 두건을 두름으로써 뚜렷한 성전미술을 낳게까지 되어 온 것이 금일의 미술계이며,

1 중국 남부. 북지에 대응하는 표현.

一日一人

事變과美術人

具本雄

三年前 蘆溝橋上에서 이러난 事變은 今日의 新東亞建設이로 三年間 發展에發展을하엿다

三年째 皇軍은 北支로부터南支로걸치여 聖戰을遂行하여忠誠을 다하여오고 이에感謝하는 銃後의國民은한마음으로奉公에힘써오는것이다

美術人도 또한 뜻과技를다하여 國民으로써의 本分을다하여온것은 말할바업스니 或은從軍畵家로써 聖戰을彩取하며 或은時局을말하는繪畵을지음으로써우려한 聖戰美術을낫케까지되여온것이 今日의美術界이며 三年間의美術動向이엿다

昔日의싸홈은 刀劍의싸홈이엿스나 今日의戰爭은宣傳戰이큰役을하는터이라 事變處理에잇서서도 宣傳工作이 또한重大한役割을하는것으로도 알수잇는바「이에잇서서는「포스터」를製作하는것은아니로되 美術의技能을 만히利用하게되여 美術의가진바手段이 곳一種의武器化하는感까지잇슴은 美術人으로써 多幸히역이는바이다 이에 우리들美術人은 積極的으로 技能을다하야 事變處理를爲하야 新東亞建設을爲하여 美術의武器化에힘쓸것이며 나아가 新東亞的美術의創生을 꾀할것이라하겟스나 美術이 決코一方的獨斷을擅하야 안된다는것은말할것도업거니와

그가진바技能을 利用함에따라서는 單히銃後陣의文化行動으로써만 職能이잇는것도 안니요 前線에서도 能히 加擔하여建設의役軍이될수잇스며 그리活動하고잇슴은 實로 美術의新事實이며 우리는 世紀의것을늣기는바이다

新東亞의前年—이는곳世紀의轉換이며 聖戰의經作이니 萬民이 東亞의東亞天地가 못하지안케라 敗戰의迷夢로 ...지음에 皇軍은聖戰을繼續하엿고 皇民은護光1心으로 皇軍의奮戰에呼應하여 敵性文除에오든지 힘을 다하는터이니 이는適所適業으로 1絲의亂함업시 도여서 步調를맛치는此時下에 美術界인들 그저리잇슬것이랴

美術界는 現實性으로 1線的加擔을하고 또한便으로는 新世紀의文化에 貢獻할만한新秩序的美術을찻기에 힘쓰는것이다

歷史는말하나니 美術은어느때이고 時代性을貢獻할뿐안이라 全的時代性의表象으로써 그自體의發展相을갓는 것이엿이라 이제 新東亞의創生은 곳新美術의誕生을말함과도가트니 우리美術人으로써는 明日을約束에가득찬心情으로 皇民으로써의 奉公을다하는1方 新東亞建設이주는 藝術的雰圍氣에 薰風을늣기는 바임을 말할것이다

七月七日의第三周年記念日이지나간지 몃칠되지안는다

七夕의平和를바란 生活의것봄을그려오든 우리는 三年째 새로운世紀的生活感을 우리에게주는 事變記念日로써 이날을 갓게된 眼前의表現하는市街의數字에서만이아니라 맘의속에가지고 武步의調子에맛치여 이날을 然銘할것이다

美術人이여!우리는皇國臣民이다 가진바技能을다하여 君國에報할것이다

1940. 7. 9.

3년간의 미술 동향이었다.

과거의 싸움은 활과 칼의 싸움이었으나 오늘의 싸움은 선전전이 큰 역할을 하는 터이라, 사변 처리에 있어서도 선무(宣撫민심을 어루만져 가라앉힘) 공작이 또한 중대한 역할을 하는 것으로도 알 수 있는 바, 이에 있어서는 포스터를 말하는 것은 아니로되 미술의 기능을 많이 인용하게 되어 미술의 가진 바 수단이 곧 일종의 무기화하는 감까지 있음은 미술인으로서 다행히 여기는 바이다. 이에 우리들 미술인은 적극적으로 기능을 다하여 사변 처리를 위하여, 신동아 건설을 위하여 미술의 무기화에 힘쓸 것이며, 나아가 신동아적 미술의 탄생을 꾀할 것이라 하겠으니, 미술이 결코 일방적 장식을 위함이 아닌 것은 말할 것도 없거니와, 그 가진 바 기능을 이용함에 따라서는 단순히 총후진의 문화 행동으로서만 직능이 있는 것도 아니요, 전선에서도 능히 가담하여 건설의 역군이 될 수 있으며, 그리 활동하고 있음은 실로 미술의 다행한 일임에 우리는 세기의 기쁨을 느끼는 바이다.

신동아의 탄생! 이는 곧 세기의 예술이며 성전의 걸작이니, 만민 태평의 동아 천지가 뜻하지 않게 적들의 악질적 모략으로 어려움을 지음에 황군은 성스러운 칼을 빼었고, 황민은 억조일심(億兆一心모든 사람이 한마음으로), 황군의 호기(豪氣)에 호응하여 적의 성질을 끊음에 오로지 힘을 다하는 터이니 이는 적절한 곳에서 적절한 일로 한 줄기 흔들림도 없이 보조를 맞추는 이 시국 아래 미술계인들 그 자리를 잊을 것이랴.

미술계는 현실성으로 일선에 가담을 하고 또 한편으로는 신세기의 문화에 공헌될 만한 신질서적 미술을 갖기에 힘쓰는 것이다.

역사는 말하나니 미술은 어느 때이고 시대성을 존중할 뿐만 아니라 시대성의

2 음력 칠월 초이렛날 밤. 견우와 직녀가 일 년에 한 번 오작교에서 만난다는 전설이 있다.

표징으로써 그 자체의 발전상을 갖는 감이 있는 것이라. 이제 신동아의 탄생은 곧 신미술의 탄생을 말함과도 같은 바로 우리 미술인으로서는 한없는 희망에 가득 찬 심정으로 황민으로서의 봉공을 다하는 한편, 신동아 건설이 주는 예술적 향기에 용의 기운을 느끼는 바임을 말할 것이다.

7월 7일의 제3주년 기념일이 지나간 지 며칠 되지 않는다.

칠석(七夕)[2]의 옛 전설로만 생활의 기쁨을 그려 오던 우리는 3년째 새로운 세기적 생활감을 우리에게 주는 사변기념일로서 이 날을 갖게 됨은 초연(硝煙)으로 채색하는 시가지의 환호에서만이 아니라 마음의 꽃을 가지고 굳센 걸음의 보조에 맞추어 이날을 감명한 것이다.

미술인이여! 우리는 황국신민이다. 가진 바 기술을 다하여 군국에 보답할 것이다.

주요 경력

생몰년: 1906-1953
1927: 조선미술전람회 특선.
1933: 다이헤이요미술학교 졸업.
광복후
1946: 미군정청 문교부 편수국.

018

송금선

여성 지도부

신체제와 여성의 미

송금선(宋今璇)

새로운 시대 새로운 체제 아래서 참된 여성미란 어떤 것일까? 지금은 그 새로운 여성미를 구하고 찾는 시대올시다.

첫째로 그 새로운 여성미가 지금까지의 그 향락적인 퇴폐한 여성미가 아닐 것만은 사실입니다. 보십시오. 지금은 일체의 모든 향락 생활을 퇴치하는 시대가 아닙니까? 파마넨트를 하고 사치한 치마를 걸치고 비싼 핸드백을 가지고 자랑을 하며 모양을 내고 다니던 생활, 그리고 그것을 오직 아름다운 현대미라고 생각하고 있던 시대는 이미 지나갔습니다. 벌써부터 독일의 여성들은 일체로 화장까지 금지된 지가 오래라고 하며 새로운 건강미를 건설했다고 하지 않습니까?

여성의 참된 미란 그 자연 그대로의 순미(純美)에 있습니다. 이제 우리들도 자기 몸 가진 그대로의 미! 건강의 미를 함양함에 노력합시다. 터질 듯한 육체는 우리들의 자랑거리요 동시에 그곳에 신시대의 미가 있습니다. 이 건강이야말로 장래 국가에 중요할 역할을 할, 떠메고 갈 우리 국민의 어머니로서 없어서는 안 될 것입니다.

하이킹도 좋고 수영도 좋고 건강을 위하여서는 무어나 좋겠지요. 향락을 떠나고 사치품을 버리고 진실한 여성으로서의 할 일을 다 하도록 합시다. 그리고 이제부터는 이렇게 생각합시다. '필요 이상으로 모양을 내는 사람은, 저런 사람은 내용이 없으니까…'라고. 그리하여 우리들은 새로운 신념과 새로운 각오를 가지고 새로운 미의 건설을 향하여 나갑시다.

女性指導部

新體制와 女性의 美

宋今璇

새로운時代 새로운체제아래서 참된女性美란어써것일가?지금은 그새로운女性美를 구하고찻는時代올시다 첫재로그새로운 女性美가지금까지의 그享樂的인 퇴쾌한女性美가 아닐것만은 事實임니다 보십시요 지금은 일제이모든향락生活을 退治하는時代가 아닙니까?파마넨트를하고 샤치한 치마를걸치고비싼핸드백을가지고 자랑을하며 모양을내고 단이든生活 그리고그것을 오직아름다운 現代美라고 생각하고잇든 시대는임이지나갓습니다 벌서부터 독일의女性들은 일체로화장까지금지된지가 오래라고하며 새로운건강미를 건설햇다고 하지안습니까?女性의참된美란 그自然그대로의 純美에잇습니다 이제우리들도자기몸가진 그대로의美!건강의美를 함양함에 노력합시다 터질뜻한육체는 우리들의자랑거리요 동시에 그곳에 新時代의美가잇습니다 이건강이야말노 장내 국가에 중요한 역활을할 써메고갈 우리국민의 어머니로서 업서서는안될것입니다 하이킹도조코수영도조코 건강을위하여서는 무어나 조켓지요 享樂을써나고 奢侈品을 버리고 진실한女性으로서의 할일을다하도록 합시다 그리고이제부터는 이러케 생각합시다『필요이상으로 모양을내는사람은 저런사람은 내용이업스니까……』라고 그리하야 우리들은 새로운 信念과 새로운 각오를가지고 새로운美의 建設을向하야 나갑시다

× × × ×

(談)

1940. 8. 6.

주요 경력

생몰년: 1905-1987

1925: 동경여자고등사범학교 졸업.

1934: 이화여자전문학교 교수.

1937: 조선부인문제연구회 발기인.

1937: 애국금차회 발기인 및 간사.

1940: 덕성여자실업학교 인수.

1943: 국민총력조선연맹 경성부연맹 이사.

광복후

1950: 덕성여자초급대학 초대학장 취임.

1952: 덕성여자대학교 학장.

1970: 한국여성단체협의회 부회장.

1972: 통일주체국민회의 대의원.

상훈

훌륭한 어머니상(대한민국).

대한민국 국민훈장 동백장(대한민국).

019

김연수

1억 1심 매진

만주국(滿洲國)[1] 명예총영사 김연수(金秊洙)

태양이 다시 떠오르니 이에 흥아(興亞)[2]의 상서로움이 넘치는 황기(皇紀)[3] 2601년(1941)을 맞아 삼가 황실의 미영(彌榮 널리 번영함)의 장수를 받들고 호국의 영령에 대하여 깊은 경조(敬弔 죽은 이를 존경하는 마음으로 조의를 표함)의 뜻을 표하고 아울러 방가(邦家)[4]를 위하여 동아공영권 확보를 위하여 제일선에서 건투하는 출정 황군 장사의 무운장구를 기원하여 마지않는 바다.

지나(支那)사변은 금일로써 벌써 제5년에 들었는데, 우리 황국신민은 이 의의와 황군 성전의 목적을 적확히 재인식하고 직역(職域)이 무엇임을 불문하고 1억 1심, 황국 최고의 이상을 달성하도록 전력을 다하지 않아서는 안 될 것이다. 작년

1 1931년 9월에 '만주사변'을 일으켜 중국 북동부를 점거한 일본 관동군은 1932년 3월 1일 괴뢰국인 '만주국' 성립을 선언하고, 청나라 황제 자리에서 쫓겨난 푸이(溥儀)를 집정(執政)에 임명했다. 수도는 신경(新京).

2 흥아(興亞) 또한 일본 제국주의가 자주 사용하던 표현인 바, '일어나는 아시아'라는 의미다.

3 일왕이 나라를 세운 기원. 일본의 왕은 초대 진무천황(神武天皇)이 기원전 660년에 처음 즉위하였다고 한다.

4 일정한 영토와 그곳에 살고 있는 사람들로 구성된 사회의 정치 조직.

凱後協力同心

(那派遣軍司令官 西尾壽造

의 前途에 如何한 障碍를 던저 올는지도 豫測키 어려운境況임으로 어듸까지排除突破함에는 全國民全國力으로써 이에當치안흐면안된다 內로는 國內新體制를整備하고 外로는抗日勢力의破推擊撲滅과새로운 外交의進展에依하야 事變處理에遺憾업기를期하지안으면안된다

勝敗의數는, 最後의五分間에서 決定되는것이다 我理想의成就되는것도안되는것도實로今後의全國民의努力如何에 달려잇는것이다

大陸에잇는 我將兵은如何한艱苦에도不屈하고 嚴冬의戰野에 或은져울에도 더운廣野의地에서 一意興亞의前衛로서 그本來의任務에邁進하고잇다 一億國民은이의推進力이되어 前線銃後모다最後의光榮으로向하야 協力同心하야 建國以來의 빗나는帝國의歷史에 다시光彩를加할것을 期하지안흐면안된다 끗트로 銃後의熱誠의 다시御後援에對하야 기피感謝의 뜻을表함과同時에 各位의多幸을 비는바이다

一億一心邁進

滿洲國名譽總領事 金季洙

一陽來復 玆에興亞의 瑞祥이 넘지는 皇紀二千六百一年을迎하야 삼가皇室의彌榮을 奉禱하고 盟邦의英靈에 對하야 深厚한敬弔의意를表하고 아울러 邦家를爲하며 東亞共榮圈確保를 爲하야 第一線에서健鬪하는 出征皇軍將士의 武運長久를祈하야 마지안는바다 支那事變은 今日로써 벌서第五年에드럿는데 我等皇國臣民은 此意義와 皇軍聖戰의目的을 的確히再認識하고 職域이무엇임을 不問하고 一億一心 皇國最高의理想을 達成하도록 全力을다하지안허서는 안될것이다 昨年十一月締結된 日華基本條約及 附屬議定書及 日滿華三國共同宣言은 東亞新秩序의建設에 一段階를前進함과共히 本事變의意義가 무엇인가를 明白히한것으로서 此目的의達成을 爲하야는 日滿華三國民은 今後其結成을 益々굿게하야 不退轉의努力을 하지안허서는 안된다

이제 世界의狀勢는 바른新秩序를建設하야 永久한 平和를 樹立하려는[illegible]인것과 이[illegible]한 [illegible]에逆行하야 [illegible]正한 秩序를維持하려는 不合理的인것과의 二大分野가 對立하게되엿는데 我日本은[illegible]이 [illegible] 日獨伊三國同盟을締結한것은 바른新秩序建設에, 邁進하는 帝國의 大方針을 表示한것이다 我帝國이 目的으로하는바는 지금까지의 無法한壓迫에 呻吟하고잇든 東亞의民族을解放하야 八紘一宇, 共存共榮의 原理를펴고 東亞의盟主인 我日本指導下에 大東亞共榮圈을確保하고 이에따러 大東亞의 新秩序를 建設하고 나아가 世界新秩序의議

邦에 參與하려는것이여서 帝國의使命은 實로重且大한것이라하겟다 그리고 이新秩序建設을圖謀코 世界情勢의展開는只今새로히맛는이해에잇서서 一層더有效適切한 動向을보일것을생각하면 新年의意義가 쟈못重大함을깨닷는다 即 我帝國의使命達成은 이新年에서의 擧國一致努力의 大小에 依하야 그關鍵가 決定되는것입으로 我等國民의 責務 實로重大한바가잇다 안으로는 人的物的總力을 기우려 高度國防國家體制의 完成을마추며 박그로는 國際情勢에對應하야 有效適切한 臨機의處置를講究하야 一億一心 滅私奉公 皇國目的의達成으로向하야 邁進치안허서는안될것이다

勝利가되는同時에 支那事變發生

1941. 1. 4.

11월 체결된 일화(日華)기본조약[5] 및 부속 의정서 및 일만화(日滿華) 삼국공동선언은 동아 신질서의 건설에 일 단계를 그음과 함께 본 사변의 의의가 무엇인가를 명백히 한 것으로서 이 목적 달성을 위해서는 일만화(日華滿)[6] 삼국민은 금후 그 결성을 더욱 굳게 하여 불퇴전 노력을 하지 않아서는 안 된다.

이제 세계의 상황과 정세는 바른 신질서를 건설하여 영구한 평화를 수립하려는 합리적인 것과 이 당연한 역사적 과정에 역행하여 불공정한 구체제를 유지하려는 불합리적인 것과의 2대 분야가 대립하게 되었는데, 우리 일본 황국이 지난날 일독이(日獨伊) 삼국동맹을 체결한 것은 바른 신질서 건설에 매진하는 제국의 대방침을 표시한 것이다.

우리 제국이 목적으로 하는 바는 지금까지의 무법한 압박에 신음하고 있던 동아의 민족을 해방하여 팔굉일우, 공존공영의 원리를 펴고 동아의 맹주인 우리 일본제국 지도 하에 대동아공영권을 확보하고 이에 따라 대동아의 신질서를 건설하고 나아가 세계 신질서의 조정에 기여하려는 것이어서 제국의 사명은 실로 중차대한 것이라 하겠다.

그리고 이 신질서 건설을 둘러싸고 세계 정세의 전개는 지금 새로이 맞는 이 해에 있어서 일층 더 유효적절한 동향을 보일 것을 생각하면 신년의 의의 역시 중대함을 깨닫는다.

우리 제국의 사명 달성은 이 신년에서의 거국일치 노력의 대소에 의하여 그 귀추가 결정되는 것이므로 우리 국민의 책무는 실로 중대한 바가 있다. 안으로는 인적 물적 총력을 통틀어 고도 국방국가체제의 완성을 마치며, 밖으로는 국제정세에 대응하여 유효적절한 임기의 처치를 강구하여 1억1심 멸사봉공 황국 목적의

5 1940년 11월 30일, 일본과 중국이 난징에서 체결한 조약. 일본특명전권대사 아베 노부유키와 중국 행정원장 왕조명이 체결하였다.

6 일본, 만주국, 중국.

달성으로 향하여 매진치 않아서는 안 될 것이다.

주요 경력

생몰년: 1896-1979

1935: 경성방직 사장 취임.

1939: 경성주재 만주국 명예총영사.

1942: 중추원 참의.

1945: 대화동맹 발기.

상훈

1940: 감수포장(일본).

1971: 금탑산업훈장(대한민국).

1979: 국민훈장 무궁화장 추서(대한민국).

020

정춘수

실천의 도

멸사봉공과 감사 생활

감리교 총리사[1] 정춘수 씨 담화

멸사봉공이란 문자는 요즈음에 와서 마치 시국 용어가 된 감이 있는데, 기독교에 있어서는 이것은 새로운 정신이 아니다. 성서를 보면 "너희들은 나라의 의를 위하여 전력을 다하라. 그러면 하나님께서 너희들에게 복을 주시리라."는 구절이 있는데, 이것이 즉 멸사봉공의 정신을 말한 것이다. 그런 고로 기독교 신자들은 벌써부터 멸사봉공을 실행하여 왔다고 할 수 있는데, 이러한 신체제 아래 있어, 우리 신자들은 기독교에 기초를 두고 황실에 멸사봉공을 하지 않으면 안 된다. 그리하여 신자는 모두 자기를 버리고 국가를 위하여 공중을 위하여 봉공하는 가운데 비로

1 오늘날 기독교대한감리교회의 행정 수반인 감독회장에 해당하는 초창기의 직책.

소 행복을 느끼고 있다.

그리고 사적 생활에 있어 항상 하나님에 감사하는 동시에 국가에 감사한다. 이렇게 감사 생활을 하는 것은 신자로서 또는 국민으로서 당연한 일이며, 이로써 모든 고통을 잊어버리게 된다. 일본적 기독교로 신출발을 한 우리 신자는 모두 신앙보국을 표어로 하여 멸사봉공과 감사 생활에 몸을 바치고 있다. (사진은 정춘수씨)

1941. 1. 9.

주요 경력

생몰년: 1873-1953
1911: 경성신학교 졸업.
1919: 독립선언서 서명.
1921: 3·1운동 관련 투옥 후 출옥.
1938: 흥업구락부 사건으로 구속.
1938: 「전향성명서」 발표 후 석방.
1940: 국민정신총동원 기독교조선감리회연맹 이사장.
1944: 일본기독교조선교단 고문.

021

장우식

저축보국에 총력전

전선 용사의 노고에 보답하자

장우식(張友植) 씨 담화

"뿌—" 하고 정오의 사이렌 소리가 소연한 은행 창구로 새어 들자 지금까지 사무에 몰두하고 있던 행원 일동은 주판과 장부를 잠깐 밀쳐놓고 숙연한 가운데 '정오의 묵도(默禱눈을 감고 말없이 마음속으로 기도함)'를 올린다.

여기에 끼어 머리를 같이 숙이고 경건한 묵도를 바치는 한성은행 지배인 장우식(張友植) 씨는 사이렌의 여운이 풀린 후에도 의연히 묵도에서 깨지 않은 듯 엄숙한 표정으로 "오는 7일이 바로 성전 4주년의 돌맞이임은 일억 국민이 어느 누가 기억치 않겠습니까마는 지금 올리는 이 묵도의 정신을 지표 삼아 우리 총후 반도

貯蓄報國에 總力戰

前線勇士의 苦勞에 報答하자

張友植氏談

「꾹!」하고 정오의 싸이렌 소리가소연한 은행창구로새여들자 젊음자지 사무에몰두하고잇든 행원(行員)일동은 주판과장부를 잠간 밀어제끼고 숙연한가운데에 「정오의묵도」를 올린다——여기에끼워 머리를 가다듬어고 정성끗묵도를밧치는 한성은행(漢城銀行) 지배인 장우식(張友植)씨는 싸이렌의 여운이 흐린후에도 의연히 묵도에서 깨이지안흘듯 엄숙한 표정으로 『오늘은일이 바루 성전(聖戰)四주년의 날을마지한 일억국민이 어느누가기억치안켓습니까만은 지금흘니는이 「묵도」의 정신을 지표(指標)삼아 우리총후반도동포들이한번다시 작쾌을 리해치안흐면아니되겟습니다』

『총후직책중에는 허다한일이 만치만은 그중에도 공익우선(公益優先)과 저축의련행 이것만은 누가나 실행해야할

겟고 「저축四주년」를마지여총후국민의저성은 파연 어느 정도이엇든가 지난네해동안 우리의 총후활동를 도마우에 노코 총결산을 한번해볼 조흔 기회가아니겟습니까』

『저축보국의표어에서 「저축실천」에로 재축진출하는듯한 장지배인의 설법(說法)은 다음과가치 더욱 게속된다

◇

『사변이래 멸사봉공(滅私奉公)은 공익우선의 정신을 발휘하여 총후의 가지가지 미담이 한두가지 가아니것 지마는 지금압은(前途)이 싸복한 국세정세는 변전무궁하여 압날의 예단을불허하는바입니다 이런정세에처하여 동아신질서건설이며 고도국방국가(高度國防國家)건설의 크나큰 리상과목적을달머지고잇는 총후국민으로서는 일층분발 전인지구의 정신으로 「국민저축」의 임무를 수행치안흐면아니되겟습니다』

『잠간 회고컨대 국민저축장려운동이 개시된이래 파거실적을보면 부끄러울정도는아니나 그러케 장쾌할정도도아니엇습니다 즉 수자상으로보아 소화十三년의 저축 목표액은 八十억원에대하여 반도배정액이二억원 소화十四년 백억원에대하며 三억원소화十五년一백二十억원에대하여 五억원으로서말하자면 반도배정액은최초二억원에서 五억원으로 루년증가되엇습니다 그런데그실적을보면 소화十三년의 저축실적은 二억六천八백만원 十四년도에 三억九천三백만원 十五년에 五억七十六만원으로 배정액에서 얼마쯤초과의수확을 어덧다고볼수잇습니다 이러케저축에나타난 반도민중들의총후적성은 어느정도까지 발휘되어잇스나 금후의국제정국은 방심할수업는정세로서 저축목표도이와함께 병행치안흘수업습니다

◇

『시국이 긴박하여감을짜라총후국민은 「공익우선」을목표로한 소비절약이며 복종구매(?)를억제하여 통화의 팽창을 흡수하는것은 물론이거니와 이러함으로써 물

가등귀를제압하고 악성인플레방지에다가티 협력해야할것입니다

제一선에서는 우리의 황군장병들이 고로를아끼지안코 용약결전하고 잇는이때우리반도민중으로부터 一선에나스는 병사가되지는못하드라도 총후를직히는 경제전사임을한번더각오해야하겟습니다』

『더욱이 우리반도에잇서는황국신민이된 행복이며 반도가병참기지로되여잇는 명예를생각할진대 황은에대한보답과황군의감사에 봉답하도록二천四백만동포는 가층적성을다 하지 안흘수업는바이지만 그중에도금년도의 저축목표액「六억원」달성에는 적성의 一층자발적세우도록해야할것입니다 六억원이라하면 「그러케만흔금액갓지만은 기실 二천四백만동포단 수로노는다면 그리파한 액수가아닙니다 이제한사람으로따저진다면 二十五원에난다한금액입니다 이정만은 갓치최이아하지안켓습니까』

◇

『물론 생활정도의 차이는잇겟지만 내지인 동포는 금년도 한아펴부단되는 저축목표액이 一백八十五원이라로서 우리보다 一백六十원이더부담되세음입니다 그나그만이겟습니까풍치의 소화에 잇서서도 내지인동포에비하면 우리반도동포의 공채구입상태는 저율(低率)을 계속하고잇는 형편입니다 사변四주년을 마지하는이때야말로 한번분발하시기가아니겟습니까』

『공채의 소화능력은 아즉도 여유가만흡니다 은총객들은 의례히 은총물에사로생각하지만 저 무리진의 「장구소리」에는 공채의 소화력이 풍부한줄여상히 종죄하고잇지안습니까 서울장안의 무리진에서 하루나장구소리로 살아지는 화대(花代)니 무리갑이니하는것하는 각금 신문에 발표되어 만반이잘알고잇거니와 이거 총후국민으로서 얼마나 부끄러운일입니까』

『공채적이아니라 저축방면도 반드시는 다거듭분발할여지가잇다고 생각됩니다 특히 부유층에서 더그런한 느낌을 주지안습니까……』

(사진은장우식씨)

1941. 7. 4.

동포들은 한 번 더 부여되어 있는 직책을 이행치 않으면 아니 되겠습니다."

"총후 직책 중에는 허다한 일이 많지만 그중에도 공익 우선과 저축의 이행, 이것만은 누구나 실행해야 하겠고, 성전 4주년을 맞아 총후 국민의 적성은 과연 어느 정도이었던가. 지난 네 해 동안 우리의 총후 활동을 도마 위에 놓고 총결산을 한 번 해 볼 좋은 기회가 아니겠습니까?"

"저축보국의 표어에서 '저축실천'에로 채찍질을 하는 듯한 장 지배인의 설법은 다음과 같이 더욱 계속된다.

◇

"사변 이래 멸사봉공 혹은 공익 우선의 정신을 발휘하여 총후의 갖가지 미담이 한두 가지가 아니겠지만, 지금 암운이 따북한 국제정세는 변천무궁하여 앞길의 예단을 불허하는 바입니다. 이런 정세에 처하여 동아 신질서 건설이며 고도 국방국가 건설의 크나큰 이상과 목적을 걸머지고 있는 총후 국민으로서는 일층 분발 견인지구(堅忍持久 굳게 참고 견디어 오래 버팀)의 정신으로 국민저축의 임무를 수행치 않으면 아니 되겠습니다."

"잠깐 회고컨대 국민저축장려운동이 개시된 이래 과거 실적을 보면 부끄러울 정도는 아니나 그렇게 장쾌할 정도도 아니었습니다. 즉, 숫자상으로 보아 소화 13년(1938)의 저축 목표액은 80억 원에 대하여 반도 배정액이 2억 원, 소화 14년(1939) 100억 원에 대하여 3억 원, 소화 15년(1940) 120억 원에 대하여 5억 원으로서 말하자면 반도 배정액은 최초 2억 원에서 5억 원으로 매년 증가되었습니다. 그런데 그 실적을 보면 소화 13년의 저축 실적은 2억 6천8백만 원, 14년도에 3억 9천3백만 원, 15년에 5억 76만 원으로 배정액에서 얼마쯤 초과의 수확을 얻었다고 볼 수 있습니다. 이렇게 저축에 나타난 반도민중들의 총후 적성은 어느 정도까지 발현되어 있으나 금후의 국제정국은 방심할 수 없는 정세로서 저축 목표도 이와 함께 병행치 않을 수 없습니다."

◇

"시국이 긴박하여 감을 따라 총후 국민은 '공익 우선'을 목표로 한 소비절약이며 충동구매를 억제하여 통화의 팽창을 흡수하는 것은 물론이거니와, 이러함으로써 물가 등귀를 제압하고 악성 인플레 방지에 다 같이 협력해야 할 것입니다.

제1선에서는 우리의 황군 장병들이 노고를 아끼지 않고 용약 결전하고 있는 이때 우리 반도민중은 모두 1선에 나서는 병사가 되지는 못하더라도 총후를 지키는 경제 전사임을 한 번 더 각오해야 하겠습니다."

"더욱이 우리 반도에 있어서는 황국신민이 된 행복이며 반도가 병참기지로 되어 있는 명예를 생각할진대 황은에 대한 보답과 황군의 감사에 봉부하도록 2천 4백만 동포는 갖은 적성을 다 하지 않을 수 없는 바이지만, 그중에도 금년도의 저축 목표액 6억 원 달성에는 적성의 금자탑을 세우도록 할 것입니다. 6억 원이라 하면 그렇게 많은 금액 같지만 기실 2천 4백만 동포란 수를 놓고 따진다면 그리 과한 액수가 아닙니다. 이제 한 사람으로서 따진다면 25원에 불과한 금액입니다. 이것만은 각자 책임져야 하지 않겠습니까?"

◇

"물론 생활 정도의 차이는 있겠지만 내지인 동포는 금년도 한 사람 앞에 부담되는 저축 목표액이 185원씩으로서 우리보다 160원이 더 부과된 셈입니다. 그나 그뿐이겠습니까? 공채의 소화에 있어서도 내지인 동포에 비하면 우리 반도 동포의 공채 구입 상태는 저율(低率)을 계속하고 있는 형편입니다. 사변 4주년을 맞이하는 이때야말로 한 번 분발할 시기가 아니겠습니까?"

"공채의 소화 능력은 아직도 여유가 많습니다. 유흥객들은 의례히 유흥을 예사로 생각하지만 저 요릿집의 장구소리에는 공채의 소화력이 풍부함을 여실히 증좌하고 있지 않습니까? 서울 장안의 요릿집에서 하룻밤 장구소리로 사라지는 화대(花代)니 요릿값이니 하는 숫자는 가끔 신문에 발표되어 일반이 잘 알고 있거니와 이거 총후 국민으로서 얼마나 부끄러운 일입니까?"

"공채뿐이 아니라 저축 방면도 반도 동포는 한걸음 분발할 여지가 있다고 생각됩니다. 특히 부유층에서 더 그러한 느낌을 주지 않습니까?…"

(사진은 장우식 씨.)

주요 경력

생몰년: 1886-?
1903: 순검 임명.
1919: 조선총독부 경시.
1923: 한성은행 문서과장.
1935: 한성은행 이사.
1941: 국민총력조선연맹 참사.
1943: 조흥은행 이사.

6억 원이라 하면 그렇게 많은 금액 같지만 기실 2천 4백만 동포란 수를 놓고 따진다면 그리 과한 액수가 아닙니다. 이제 한 사람으로서 따진다면 25원에 불과한 금액입니다. 이것만은 각자 책임져야 하지 않겠습니까?

022

김동환

문화

건국 영웅과 문화

조선 만주, 두 곳의 문화적 협력을 위하여

김동환(金東煥)

새나라 만주국을 처음 세우던 10년 전 그때의 청년들은 대다수가 아마 전장에 충성의 피를 뿌리고 신생하는 조국의 초석으로 영원히 저 세상에 가버렸으리라. 그 청년들 속에는 일본 남아도 있었겠고, 몽고나 한족(漢族)의 남아도 있었겠고, 또 더러는 반도 청년도 끼었을 것이다.

그러던 의분의 청년들이 모두 다 간 뒤 아무 공로가 없는 우리들만이 오늘날에 저 위대한 신흥 만주국의 10년제의 자태를 바라보게 되매 마음속에 한껏 송구한

文化

建國英雄과 文化
兩地의 文化的協助를爲하야

金東煥

병마다이를붓지기

題 海

題 芭蕉

七律則 一首
七絕則 二首
九月末日

民俗詩抄 남사당 ④

무동춤

趙□□

사람우에사람이 스고 사람우에사람이 서
아슬아슬한 꼭대기엔 노랑꼬깔이 나부」

넘어지면 하아얀 모래알
저승길이 보이지요

날나리 혀져 나어 노랑수건에 땀이 젖어
무동춤이 가 넘어지면 곱
님이 귀양을 가시오리

사람우에 코달린 버선
코달린 버선우에 별달린 하늘

세상이 무등을 스고
무등을 스고

그래서 남사당이 놀고간 밤엔
이 무등을 슨다고

라디오

十八日

晝

夜

定時放送

第一放送

생각을 금할 길이 없다.

생각건대 저 신경(新京) 황거(皇居)의 순백한 난꽃은 우리가 우러러 뵈옵기 전 건국 당시의 피 흘리던 젊은 그 영웅들이 먼저 우러러 뵈었어야 했겠고 또 가로 정연한 수도 신경의 모양이라거나 공업의 대표인 송화강 댐이라거나 ○○○의 부의 원천이라거나 모두 다 죽기 전 그네의 눈에 한 번 비추어 주고 싶었던 것이다.

그밖에도 어둡고 여위어 질서 없는 풍토 위에 교육과 산업과 군비가 정연히 들어선 오늘의 국토라든지 나태와 우매와 개인주의에 젖었던 민족적 성격이 오늘은 견실한 황가(皇家) 관념으로 일변하여 믿음직하게도 북방을 지켜 주는 강대한 제국 국민이 된 3천만 신흥 만주 국민의 그 모양도, 사변 초의 포연 속에 순국한 5민족 청년들에게 모두 다 간절히 보여주고 싶은 것이다. 이러한 생각을 하매 오늘날 우리들은 오직 건국대학에 위대한 족적을 남기고 간 젊은 저 영웅아들의 공적과 열정을 헤이면서 그 영혼에 부디 평안하라!고 진혼가나 소리 높여 불러 드리고 싶다. 그러나 진혼가를 부르고 앉아 있기 전에 우리들이 할 커다란 책무가 있는 것을 느끼는데, 그것은 동방에 새로운 커다란 문화를 건설하여 놓아야 하겠다 함이다. 만주에는 예전부터 천문학, 의학, 철학, 수학을 비롯하여 미술 공예와 전설과 야담(野譚)이 수없이 있어 왔으나 그러나 그것은 대부분이 과학의 세례를 받지 못한 채 중세기적 원시 족벌이 가지던 그 영향을 별로 벗어던진 것이 아니어서 고도의 문화를 가졌다고는 도저히 일컬을 수 없는 것이었다. 그러던 황량한 문화 지대에 새 나라가 들어서면서부터 이제 건국대학을 비롯하여 온갖 중소학교와 도서관과 인문과학의 연구소가 도처에 들어서고, 극장과 영화관이 또 곳곳에 설치되어 전면적으로 문화가 약진의 자태를 취하고 있게 되었으니 이 기회에 5족의 문화인들은 협력하여 학교 기예와 천분을 키우려 만주국 위에 위대한 동방 문화를 건설하여 놓아야 할 것이다.

더구나 우리 반도는 만주국과는 대륙을 접하고 있어 고대로부터 교섭이 많았던 곳이라, 만주사변을 계기로 크게 각성하여 국방 문화의 건설에 궐기한 반도 문화인의 눈동자는 반드시 이 만주 국토의 위에 돌려져야 할 것이다. 앞서도 말한 바와 같이 건국의 위업을 헤아리자면 반도 청년도 둘째 번이나 셋째 번의 위치에 서게 된 터이다. 그에 상응하게 우리들 뒷사람들은 문화를 통하여 이 맹방국가에 협조함이 있어야 할 바 아닌가 한다.

협조할 길은 여러 가지가 있겠지마는 손쉬운 예로 조선 만주, 두 곳 문화인의 교환, 학술 기예의 교류, 연극 영화 등 정서 문물의 교환 등등을 더욱 활발하게 할 바인 줄 아노라.

창과 방패를 잡고 포연 중에 총총히 가버린 건국 영웅들의 유언이 무엇인지 알 길이 없으나 우리들은 그것을 오로지 '만주 국토 위에 부국강병에 따르는 높고 굳센 새 국방 문화를 건설하여 달라'고 그러한 말로 이해하고서 이 10년제의 오늘을 기하여 더한층 빛나는 문화를 그 땅 위에 세우기를 힘써야 할 바인 줄 아노라.

주요 경력

생몰년: 1901-?

1924: 시 「적성(赤星)」으로 등단.

1924: 『동아일보』 사회부 기자.

1925: 장편서사시 『국경의 밤』 발간.

1929: 잡지 『삼천리』 간행.

1939: 조선문인협회 간사.

광복후

1950: 납북.

023

양주삼

문화

국민개로운동(國民皆勞運動)[1]과 기독교의 일요일

양원주삼(梁原柱三)

비상시국을 당면한 황국신민은 누구든지 국민개로운동을 무조건으로 찬성하며 절대로 지지할 줄 믿는다. 그중에도 기독교도들은 그 운동에 대하여 감격스러운 마음으로 찬성하며 성심으로 협력하여 그 운동이 비상시국을 당한 금일에만 시행될 것이 아니요, 영구적으로 일억만 민중에게 습관이 되어 유의유식(遊衣遊食하는 일 없이 놀면서 입고 먹음)하는 자가 도무지 없게 되도록 할 것이다.

역사가 증명하는 바와 같이 기독교는 노동을 천대하던 상고 천지에서부터 '노동 신성(神聖)'을 창도하여 온 것인데, 금일에 일반이 그것은 인정하고 실행하게

1 1941년 9월 국민총력운동의 일환으로 전개된 노동력 동원 운동. 국민총력조선연맹을 중심으로, '2,400만의 애국반원 전원' 즉 조선민중 전부가 '국가총동원상 필요한 업무'에 협력을 강제 당하였다. '개로(皆勞)'는 '모두가 노동을 한다'라는 뜻.

文化

國民皆勞運動과 基督教의日曜日

㊤ 梁原柱三

非常

生存

題海

謹守

라디오

讀史漫筆 前51編

獨享晚福

木春山人

1941.10. 2.

文化

國民皆勞運動과 基督教의日曜日

㊦ 梁原柱三

幸福

皆勞

題海

讀史漫筆 前52編

玉獸妖獸

木春山人

國民娛樂論

(1) 金管

勞働

娛樂

放置

國家

라디오

夜

第一放送

四日

國民劇戲曲募 當選發表

1941.10. 3.

되는 것은 기독교도로서 축하하지 않을 수 없다. 「요한복음」 5장 17절을 보면 예수께서 안식일에 병을 치료하여 준다고 비방하는 유태인들에게 말씀하시기를 "하느님께서 지금까지 일하시매 나도 일한다." 하사, 창세 이후로 신께서 계속하여 일을 하시매 인간도 계속적으로 일을 하여야 될 것을 표명하였으며, 「데살로니카 전서」 4장 11절과 「데살로니카 후서」 3장 10절을 보면, 사도 바울께서 신도들의 나태한 것을 책하며 근면하기를 권하면서 말씀하시기를 의식(衣食)을 너희들에게 요구할 권리가 있는 나도 남의 것을 공으로 먹지 않고 주야로 애써 노동하여서 먹었으니 "너희는 손으로 일하여 벌이하라" 하셨으며, 또 말씀하시기를 "누구든지 일하기 싫어하거든 먹지도 말게 하라" 하셨다. 이 말씀은 인류 생활의 원칙이요 '노동 신성'을 주창하게 된 근거이다. 그와 같은 교훈을 받아가지고 실행코자 하던 기독교인들은 국민개로운동을 대환영할 것이다.

그리고 노동이라는 것은 인류 전체에뿐 아니라 개인이 생존하는 데도 절대로 필요하다.

1. 개인의 신체 구조가 노동을 요구한다. 만일 사람이 조금도 움직이지 않고 먹기만 하고 가만히 앉아 있으면 그 사람의 신체가 약하여질뿐더러 얼마 되지 아니하여 병이 나서 죽고 말게 될 것이다. 누구든지 상식적으로 아는 바와 같이 일하지 않고는 인생이 건강의 행복을 향유할 수 없을 것이다.

2. 개인의 심리 상태가 노동을 요구한다. 만일 사적인 일이나 공적인 일이나 무엇을 막론하고 다른 사람이 모두 하여 줄 테니 가만히 앉아서 보기만 하라 하면 장년(壯年)은 물론이고 유년(幼年)들까지도 그리 할 수 없다고 하면서 모든 일을 자기가 하겠다고 할 것이다. 그런 고로 사람이 사실상으로는 유의유식할 수 없을

것이다. 누구든지 무엇을 생산치 않고 기생충 노릇만 하면 인간이 아니다. 인간의 심리는 놀기를 원치 않으며 사람이 일하지 않고는 만족을 얻을 수 없을 것이다.

국민개로운동은 국민 중의 일부일부(一夫一婦**한 남자 한 여자**)라도 허송세월하여 유의유식하는 자가 되지 말고 국가나 사회에 요구되는 일에 근면하여 안으로 국가의 행복을 증진케 하고 밖으로 세계의 존영(存榮)을 개척하자는 것인 줄 안다. 이 기회에 우리들은 나태성을 포기하고 이 운동에 협력하며 열심히 노동해야겠다. 노동은 신성하다. '근로보국' 할 때가 오늘이다.

기독교의 일요안식이 국민개로운동에 충돌이나 있지 않을까 하는 염려가 없지 않음으로 거기 대하여 간단히 몇 마디를 하고자 한다.

1. 첫째, 기독교에서 삼가 지키는 일요일에 대하여 그 의미를 명확히 해득하여야 할 것이다. 이슬람교에서는 금요일을 '성일(聖日)'이라 하고 유태교에서는 토요일을 '성일'이라 하고 기독교에서는 신구교파를 물론하고 일요일을 '성일'이라 또는 '주일(主日)'이라 하는데, 지금으로부터 96년 전에 예수의 재강림을 미신에 가깝게 만든 몇 백 명의 신도가 미국 동방에서 안식교회를 조직하여가지고 예수의 재강림을 고조하며 안식일이 기독교의 진수처럼 토요일을 지키지 아니하면 예수를 믿을지라도 구원을 얻지 못한다고 주장하여 기독교계에 토론을 일으켰고, 수십만의 신도를 얻었다. 그러나 그것은 오해요, 곡해라고 하지 않을 수 없다. 「사도행전」 15장 28, 29절에 밝힌 바와 같이 기독교가 유태교의 안식일을 지키라는 요구가 없다. 또 기독교의 일요일은 아무것도 하지 않고 휴식하는 '안식일'도 아니요, 직무를 정지하고 오락에 종사하는 '공일(空日)'도 아니요, 신도들이 특별히 회집(會集)하여 천주에게 예배하며 구주 예수를 모앙(慕仰)하는 주일이다.

2. 기독교의 '주일'은 사람의 영적 행복을 증진케 하는 것을 목적하였을 뿐이요, 유태교의 안식일처럼 사람을 법적으로 구속하는 것이 아니다. 구약시대에는 안식일에 일하면 사형에 처한다고 하였으며, 또 유태인들은 몇 천 년 동안 안식일에 아무 일도 하지 않은 것이 사실이다. 그런 고로 서력기원 166년경(지금으로부터 2107년 전)에 유태국 막카비왕조가 강국인 수리아를 배반하고 전쟁할 때에 백전백승하였다. 그러나 유태인들이 안식일을 당하면 싸움을 정지하고 휴식하매 수리아인들이 그것을 알고 특별히 안식일에 습격을 하였다. 그러나 유태인들은 그날이 일하지 않는 안식일이라고 방어도 하지 아니하여 대살육을 당하였다. 그 후에 유태인들이 상의하고 결정하기를, 안식일에 먼저 공격은 하지 않을지라도 적군이 공격하면 방어는 한다고 하였다. 기독교의 주일은 그와 같이 사람을 속박하지 않는다.

3. 기독교도들은 '주일'에 대하여 예수의 명시하신 원칙을 순종할 것이다. 유태인들이 예수를 핍박한 이유는 예수께서 안식일에 일하였다는 것이 대부분이었다. 그런 고로 「마가복음」 2장 27절을 보면 예수께서 "안식일은 사람을 위하여 있는 것이요, 사람이 안식일을 위하여 있는 것이 아니라"고 말씀하셨다. 기독교도들은 유태인이 물려받아 내려오는 것보다도 예수께서 친히 주신 만세불변의 원칙으로 생활의 기초가 되게 할 것이다. 좀 더 자세히 말씀하자면 '주일'을 지키는 것은 인간의 행복이 될 정도로 표준을 정할 것이요, 거기 구속이 되어서는 아니 되겠다.

4. 기독교도가 국민개로운동으로 인하여 '주일'에 예배를 못하고 노동하게 될지라도 그것은 그 사람의 신앙을 방해하는 것이 아니 될뿐더러 그 일이 신앙에는 아무 관계가 없을 것이다. 어떤 기독교인이든지 군인으로 출전하여 적군과 싸우다

가 일요일이라고 총을 참호에 던지면서 휴식하겠다고 하는 어리석은 자는 없을 것이다. 군인이 국가를 위하여 일요일에 싸웠다고 신앙이 없어졌다고 하지 못할 것이다. 어느 개인이나 어느 가정이 비상한 사건을 당하였으면 일요일에 예배가 아무리 신성한 일이라고 할지라도 그만 정지하고 그 비상한 사건을 보게 될 것이다. 국난이 있을 시에 어느 국민이든지 일요일이라고 노무하기를 주저하지 않을 것이다. 지금 국제정세는 매일 심각화해 가며 황군은 신동아 건설과 세계에 신질서를 건설키 위하여 혹 산악에서 혹 해면(海面)에서 혹 공중에서 한열(寒熱)을 불고하고 주야분투하고 있다. 이때에 총후 국민으로서 누가 노무하지 않겠느냐. 사도 바울이 말씀하시기를 자기 국가(동족)를 위하여서는 지옥에 타락(예수와 끊어져) 될지라도 사양치 않겠다고 하셨다. 국가가 있은 후에야 국민도 있고 신앙도 있게 될 것이다. 그런 고로 국민이 국가를 위하여서는 무엇이든지 희생하기를 사양치 못할 것이다. 우리 총후 국민들은 당국을 절대 신임하고 모든 지도를 순종하자.

주요 경력

생몰년: 1879-?
1919: 종교교회 담임목사.
1930: 기독교조선감리교회 초대 총리사 선출.
1932: 경성이화고등여학교 설립.
1938: 이세 신궁과 신사 참배.
1941: 조선임전보국단 발기인.
1945: 일본기독교조선교단 고문 선임.

광복후
1949: 대한적십자사 초대 총재.
1950: 납북.

024

신봉조

동서의 적은 '영국·미국'

일독이(日獨伊)[1]의 위대한 힘

세계 신질서는 이제부터

이화고여교장 신도순(辛島純)

여러분은 지난 12월 8일[2]에 우리나라가 미영(米英)에게 선전포고를 한 것은 다 아실 줄 압니다. 여기에 뒤이어 우리의 맹방 독이(獨伊)와 지난 11일 오후에 같이 협력해서 미영을 해 내자는 협정을 맺었습니다. 이 협정에 대해 여러분께 잠깐 말씀 드리겠습니다.

1 제2차 세계대전 당시 독일·이탈리아·일본이 연합국에 대항해 형성한 동맹을 가리켜 추축국(樞軸國, Axis Powers)이라고 하였다.

2 일본의 진주만 폭격은 1941년 12월 7일에 이루어졌으며, 미국과 영국에 대한 일본의 선전포고는 그 후에 행해졌다.

童謠

나는몰나요

任元鎬

이세상 넓은곳
몃명이나 되나
몰라몰라 몰라요
나는 몰라요

○

저하늘에 별애기
몃명이나 되나
몰라몰라 몰라요
나는 몰라요

(一六·十二月十日)

동서의적은 "영국·미국"

일독이의 위대한힘

세계신질서는이제부터

梨花女專校長 辛島純

여러분은 지난十二월八일에 우리나라가 미영(米英)에게 선전포고(宣戰布告)한것은 다 아실줄압니다 여기에뒤이어 우리의맹방독이(獨伊)와 지난十一일오후에 가치협력해서미영을해나가자는 협정을매젓습니다 이협정에대해여러분께 잠간 말슴드리겟습니다

일독이삼국협정

협정의중요한 것은 첫째 우리나라와 독일과이태리 세나라가 가튼적국인 영국과 미국에대해서 지금까지는 신전포고를 하지안코 서로 경제적으로 여러가지 수단으로 암암리에싸호왓든 것입니다 그런데 지금은 세나라가 무력을 가지고 미영을 적극적으로 부서트려가자는 것입니다 둘째는 단독히휴전이든지 강화하지 안켓다는 것이 요점인데 이것은 세나라중에서, 독일과 이태리가 불리해도 세나라가 끗까지 싸울것이 이지 중도에 배신하지안켓다는것입니다

셋재는 동양(東洋)에서는 우리나라가 중심이되여 신질서를 건설하고구라파(歐羅巴)에서는 독일과 이태리가 중심이 되여 신질서를 건설하고 잇스니까 서로 짜로짜로 할수는업는 것입니다 세나라가 세계 신질서 건설이라는 가튼목표를 가지고 잇스니까요 동서양에서 신질서건설을 방해하는 나라가 똑가티영국과 미국인 까닭입니다 이세가지가 이번조약중점이라생각합니다

우리나라가 미국이나 영국사람눈에는五년이나 지나사변으로 전쟁을해서 약하다 생각햇슬지는모르나 전쟁이 시작되자마자「하와이」를 폭격한다 비도(比島)의비행기를 폭격한다「푸린스 오브 웰스」를 격파해버린다든지 그 찬란한 전과는 그들이 상상하든것과 갓지가 안코 제일강하다고 생각하게 되엇습니다 그래서 독이도 우리나라와가치 싸우면 이기리라는 신렴을 더욱굿게하게되엿습니다

둘째는백지(白紙)도 맛늘면낫다는 격언이 잇는것과 마찬 가지로 우리 나라만으로도 영국과미국을 이길수 잇습니다만 힘을 합하야 태서양(太西洋)에서는 독일지중해(地中海)에서는이태리 태평양(太平洋)에서는 우리나라 이세군대서 영미의 세력을 동시에 부신면승리는 예기보다 속하고 적에게주는 정신적 타격도 큰것을 볼수잇슬 것입니다 그리게 이번 동맹은 이번 전쟁에잇서서 매우 큰힘이되는 것입니다 (사진은신도씨)

우리무적공군!

격침된영미거함

『웰스』호는물속에장사

대미영개전의 포화가 열린후 [illegible]「아메리카」와 영국의 연합으로서 우리나라 용감무쌍한 해군항공대에게 여지업시 산산히 깨어저버린 큰 주력함 [illegible]의 이름과 그성능을 여러분들에게 자세히알리여 드리겟습니다

▲최신식영국전함『푸린스·어브·웰스』호 一九三九년三월에 완성한 三만五천톤급 최신형영국전함을 지난五월『덴마-크』해협에서 째여진 四만톤급의 거함『후드』와함께 독일전함『비스막』호의 포화를받어 손상을입엇고그후 다시 수선하야 동아로순해하며 『필립푸스』제독(提督)과함께 신편제영국극동함대기함(旗艦)이되엿엇습니다 그군함은 十四인치 砲十門, 五·二五 砲十六門 飛行機四機를 실고 速力은 三十五節의 三萬五千톤의戰艦

▲미국전함『모크라호마』 一九一四년완성한 주력전함으로서 배수량은 二九、○○○톤 速力二一、五節 全長五七五呎 [illegible]一○七呎 乘員一、三○一名 主砲十四吋十門 五吋十二門 五吋高角砲八 小口徑砲三 發射[illegible]八 飛行機三

1941. 12. 14.

일·독·이 삼국협정

협정의 중요한 것은 첫째 우리나라와 독일과 이태리, 세 나라가 같은 적국인 영국과 미국에 대해서 지금까지는 선전포고를 하지 않고 서로 경제적으로 여러 가지 수단으로 암암리에 싸워 왔던 것입니다. 그런데 지금은 세 나라가 무력을 가지고 미영을 적극적으로 부서뜨려 가자는 것입니다. 둘째는 단독으로 휴전이든지 강화하지 않겠다는 것이 요점인데, 이것은 세 나라 중에서 독일과 이태리가 불리해도 세 나라가 끝까지 싸울 것이지 중도에 배신하지 않겠다는 것입니다.

셋째는 동양에서는 우리나라가 중심이 되어 신질서를 건설하고, 구라파에서는 독일과 이태리가 중심이 되어 신질서를 건설하고 있으니까 서로 따로따로 할 수는 없는 것입니다. 세 나라가 세계 신질서 건설이라는 같은 목표를 가지고 있으니까요. 동서양에서 신질서 건설을 방해하는 나라가 똑같이 영국과 미국인 까닭입니다.

이 세 가지가 이번 조약의 중점이라 생각합니다. 우리나라가 미국이나 영국사람 눈에는 5년이나 지나사변으로 전쟁을 해서 약하다 생각했을지는 모르나, 전쟁이 시작되자마자 '하와이'를 폭격한다, 비도(比島필리핀)의 비행기를 폭격한다, '프린스오브웰스'[3]를 격파해 버린다든지 그 찬란한 전과는 그들이 상상하던 것과 같지가 않고 제일 강하다고 생각하게 되었습니다. 그래서 독일도 우리나라와 같이 싸우면 이기리라는 신념을 더욱 굳게 하게 되었습니다.

둘째는 "백지(白紙)도 맞들면 낫다"는 격언이 있는 것과 마찬가지로 우리나라만으로도 영국과 미국을 이길 수 있습니다만 힘을 합하여 태서양(太西洋대서양)에서는 독일, 지중해(地中海)에서는 이태리, 태평양(太平洋)에서는 우리나라, 이 세 군데서

3 영국 해군의 전함.

영미의 세력을 동시에 부수면 승리는 예상보다 빠르고 적에게 주는 정신적 타격도 큰 것을 볼 수 있을 것입니다. 그러하여 이번 동맹은 이번 전쟁에 있어서 큰 힘이 되는 것입니다. (사진은 신도 씨.)

주요 경력

생몰년: 1900-1992
1919: 3·1운동 참여로 6개월 옥고.
1930: 일본 도호쿠제국대학 졸업.
1938: 이화고등여학교 교장.
1939: 국민정신총동원조선연맹 참사.
1940: 황도학회 발기인 겸 회장.
광복 후
1945: 이화여자고등학교 교장.
1954-1991: 학교법인 상명학원 이사 및 이사장 역임.
1963-1989: 학교법인 이화학원 이사장.

상훈

5·16민족상 교육부문 본상(대한민국).

025 박마리아

내가 본 미국 여성, 적국 여성의 비판

개인주의의 화신

박마리아

개인 사이에나 국가 사이에나 피차에 평화롭게 의좋게 살 때 서로가 그 장점과 단점을 알고서 서로 비판하고 배우는 것이 보통으로 보는 현상이라고 할 수 있습니다만, 좀 더 깊이 생각해 보면 서로 싸우게 되어 적대시하게 될수록 그 적국의 여성들의 습성을 아는 것이 우리 국민의 상식으로도 필요하다고 봅니다. 그래서 나는 지금 우리 일본제국의 큰 적이 되어 대동아전쟁으로 되어 있는 이때에 적국인 미국과 영국, 그중에서도 미국 여성의 특질 몇 가지를 들어서 비판해 보렵니다.

첫째 그들의 장점이란 것이 있다면 그들의 향학열이 풍부한 것뿐이고, 그들은

내가본米国女性
敵国女性의批判 (三)

개인주의화신

朴마리아

개인사이에나 국가국가사이나 피차에 평화롭게 의좃케살때 서로가 그장점과단점을알고서 서로비판하고 배호는것이 보통으로보는 현상이라고할수잇습니다만은 좀더깁피 생각해보면 서로싸오게되여 적대시하게될사록 그적국(敵國)의여성들의 習성을아는것이 우리국민의 상식으로도 필요하다고봅니다 그래서 나는 지금우리일본제국의 큰적이되여 대동아전쟁으로 되여잇는이때에 적국인 미국과영국 그중에서도 미국여성의특질 몃가지를드러서 비판해보렵니다 첫재그들의장점이란것이잇다면 그들의 향학열(向學熱)이 풍부한것뿐이고그들은너무감정적인 동시에몹시흥분을하고향락적인것을 조하합니다 남보다다른것 전에 보고듯지못하든것들을 조와하며 어쩌한사물을보고듯고 깁히생각하는것보다는 한번잘웃고지날만한것을 즐김니다 그리고 그들은 허영심이만습니다부(富)와 명예에 너무욕심이만습니다 결혼에도 부가첫조건이요 절대조건이며 결혼결혼후에라도 현재보다 더호화로운생활을할수잇슬만한 조흔남자를 발견하는때는 어썬계획이나 수단으로라도 그남편을떼여버리고 다시혼인을합니다 그리고 부요한자로서 과부가 될때는 흔히 구라파의 빈한자라도 귀족이면 그와인연맷기를즐겨합니다 이상말한것은 무엇보다도 그들은 너무개인주의 어긔주의적임니다 저혼자 잘살고 편히살기위하야 부모는 양로원으로보냄니다 제몸자유롭고 편키위하야 자녀는 둘, 셋만되어도 벌서다산으로여기고 산아제한이나 유모를 구해드립니다 부모가 자녀를위해 자녀가부모를위해 희생할줄 모르는 그들에게 국가에대한관심 애국열이잇슬리업습니다 충군애국이란 그들에게는 이해키어려운 문구라고해도 과언이아닐것입니다 이러한종류의 여성을가진 국가를상대로한 우리일억일심 국가총력전 기빨아래는 어느날인가 그들의빳々한 개인주의, 이기주의, 자존심은 머리를 굽힐날이단연코잇슬줄압니다

1941. 12. 19.

너무 감정적인 동시 몹시 흥분을 하고 향락적인 것을 좋아합니다. 남보다 다른 것, 전에 보고 듣지 못하던 것들을 좋아하며, 어떠한 사물을 보고 듣고 깊이 생각하는 것보다는 한 번 잘 웃고 지낼 만한 것을 즐깁니다. 그리고 그들은 허영심이 많습니다. 부와 명예에 너무 욕심이 많습니다. 결혼에도 부(富)가 첫 조건이요 절대 조건이며, 설혹 결혼 후에라도 현재보다 더 호화로운 생활을 할 수 있을 만한 좋은 남자를 발견하는 때는 어떤 계획이나 수단으로라도 그 남편을 떼어 버리고 다시 혼인을 합니다. 그리고 부유한 자로서 과부가 될 때는 흔히 구라파의 가난한 자라도 귀족이면 그와 인연 맺기를 즐겨 합니다.

이상 말한 것은 무엇보다도 그들은 너무 개인주의, 이기주의적입니다. 저 혼자 잘살고, 편히 살기 위하여 부모는 양로원으로 보냅니다. 제 몸 자유롭고 편하기 위하여 자녀는 둘, 셋만 되어도 벌써 다산(多産)으로 여기고 산아제한이나 유모를 구해 들입니다. 부모가 자녀를 위해, 자녀가 부모를 위해 희생할 줄 모르는 그들에게 국가에 대한 관심, 애국열이 있을 리 없습니다. 충군애국(忠君愛國)이란 그들에게는 이해키 어려운 문구라고 해도 과언이 아닐 것입니다.

이러한 종류의 여성을 가진 국가를 상대로 한 우리 1억 1심, 국가총력전 깃발 아래는 어느 날인가 그들의 빳빳한 개인주의, 이기주의, 자존심은 머리를 굽힐 날이 단연코 있을 줄 압니다.

주요 경력

생몰년: 1906-1960

1928: 이화여자전문학교 졸업

1954: 이화여자대학교 영문학과장, 학장, 부총장

1960: 4·19 혁명 발발 후 남편 이기붕, 아들 이강석 등과 집단 자살

좀 더 깊이 생각해 보면 서로
싸우게 되어 적대시하게 될수록
그 적국의 여성들의 습성을 아는
것이 우리 국민의 상식으로도
필요하다고 봅니다. 그래서 나는
지금 우리 일본제국의 큰 적이 되어
대동아전쟁으로 되어 있는 이때에
적국인 미국과 영국, 그중에서도
미국 여성의 특질 몇 가지를 들어서
비판해 보렵니다.

026

박인덕

정전(征戰[출전하여 싸움])을 뒤에 지키는 맹세

필승의 신념으로 희망을 향하여 나아가자

영하인덕(永河仁德)

경주하는 사람이 경주장에 설 때에는 한 목표를 향해 달아날 것입니다. 그는 어떻게 하면 제1착을 할 수가 있을까를 늘 마음에 두고 그것을 얻기 위해 노력할 것입니다. 경주자가 이 마음이 없으면 경주는 안 되는 것입니다.

승리하는 사람의 첫 조건은 1착하겠다는 마음만을 가질 것입니다. 이러한 마음의 준비가 된 후 신호에 따라 달아난다면 1등 할 마음은 먹었으니까 빨리 달아나는 데 일심 정력을 기울이는 것밖에는 없습니다. 그런데 뛰면서 뒤를 돌아다본다든지 나를 갈채를 하나 안 하나를 생각한다든지 다 뛰고 나서는 무엇을 하겠다고

征戰을 뒤에 지키는 盟誓 (二)

필승의 신념으로
이마음을향하야나아가자

永河 仁德

경주하는사람이 경주장에설때에는 한목표를향해 다라날것입니다 그는어떠케하면 제一착을할수가잇슬가를 늘마음에두고 그것을 엇기게노력할것입니다 경주자가 이마음이업스면

★…경주는…★ 안되는것입니다 승리하는사람의 첫조건은일착하겟다는마음만을 가질것입니다 이러한마음의준비가된후 신호에따라 다라나다면일등할마음은떠엇스니까 빨니다라나는데일심정력을 기우리는것박게는 업슴니다 그런데뛰면서 뒤를돌아다본다든지 나를갈채를하나안하나를 생각한다든지 다뛰고나서는 무엇을하겟다고 생각을한다든지하면 자연히 속력이줄게될것입니다 그다음은 뛰는사람이 몸을 간편히차려야 하겟습니다 경주장에서는

☆…보통때…☆ 입는옷을입어서는안되겟습니다 의복이든지신이든지 모두 간단히차려야합니다 이러케준비가되면 다라나는사람에게는 문제가업는것입니다

지금우리제국은 경주마당에슨것과마찬가지입니다 그것은한부분만이뛰는것이아니라 一억국민이 다가치경주장에 나슨것입니다 우리반도의여성은一억국민이경주하는마당에서지장이되지안하야겟습니다 지장이된다면 자기만 못할뿐이아니라 남도못가게되는것입니다 이경주마당에서 달리는 경주자는 지금 적국영미입니다 그럼말을 잠간바구어 우리는 대체왜영미하고

★…싸우게…★ 되나?를 잠간 생각하십시다 역사적으로보면 물론 그파거에 큰이유가만켓스나 그중에도 중대한것중에하나는 남의구역에 영미가침범을하는것입니다 내가먹을것을 쌔서가고 내자손이입을옷을 가저가니까 그냥둘수업는것입니다 그것이 우리 한개인의 문제가아니라 대동아에 사는전민족에게 끼치는 일이니까 우리는 정의를위하야굿게싸우는것입니다 이것을달성하려면오로지 한마음을가지고 달리는경주자가 꼭일착을하리라는 신념을 우리국민이가저야할것입니다 이세상에는

☆…세가지…☆ 타입의 사람이 잇습니다 하나는 일을당할때에 이것은 할수업다는 사람 또하나는 고만두겟다는 사람도 하나는 이겻하겟다는사람이 잇습니다 우리는 이결전체제하에 이것은 이기고야말겟다는 마음을 철저히먹는타입의 사람들이 되서야겟습니다 또하나는 무엇이든지 우리는정부와지도자의말슴을절대로 신임하고 다만입을 다물고 압흐로 달리는경주자의 태세를가질것입니다 그리고 여러분이말슴드린 의식주의 개선을 지금이야말로 꼭실행할때가 왓다고생각합니다 침착하고정확하게사물을생각하시기 바람니다 혹시

☆…나무가…☆ 부족하면 성냥속에 들어가고 책상을 쌔겨쓰는일이잇서도 견디여나갈 마음이잇서야겟습니다 초파람이부족하면 부지깽이래도 들고나갈마음이 필요한것입니다

오늘 이제 皇軍이 陸海에攻略되여 皇國이 目下에잇사오며

나의貯蓄訓

나의貯蓄訓은 어느때든지이런標語를 가지고 살어갑니다

티끌 모아 태산 되고
방울 물이 바다 된다
손임 업시 하여 가면
공은 절로 이뤄 진다

여러분도 이런標語를 熱心으로 實行해보시면 남는것이 잇스리다

朝鮮語學會 李克魯

文化 生活

國民詩壇의展望
日獨詩人의豫言的指示 (三)

金村龍濟

現代國民의目標는 아마도北

…歌謠界…

原白秋氏가 압설까한다 氏의無數한作詞는 曲에올너서 大衆에게普及되엿다 國民의情緖와 士氣를高揚식힌 功績은 클것이다 氏의『紀元二千六百年頌』은 그의構成과內容이 壯大함은勿論이거니와 注意할點은『朗讀詩』라는새로운 國民詩의集團的行動性을 가진形式이다 古典的인『謠』의 表現手法을 새로살니려는意圖의 祝典詩이다 十節中의第一章만을 읍기여본다

『솟아올으고 솟아오르는 國民의意志와感動을가지고 솟아올으고 솟아올으는民族의血과肉을가지고 個의 十의 百의 千의 萬의 億의 底力 가지고 이제이다 이제이다 어제야 奉祝하자 紀元二千六百年 아아 드듸여 이날이왓다』

○

『明治代表詩人』의 著者인河井醉茗氏는 明治詩壇의 元老이며 現在에 帝國

（藝術院） 文藝部員의 地位에 잇다 氏의 近作『皇天之下』는 精撰된 詩想으로 君國에奉答하는 至情을 吐露하고잇다

大君을
奉戴하는 나라에 살아잇서
紅蓮의 火焰
長空에 쏘다저 와도
萬峰의 波濤
닥치여 올러라도
徒安히
山과 들에
國難을 對할 마음 잇슬소냐
(中略)

그와가치 現實을 對할수는업다 엇지 國民된사람뿐이랴 生잇는 모든萬象 國土와 君國을 삼가 守衛치안흐면안된다

내 한가지 하야
한늘을 날으리
●짱을 달니리
모든 生잇는 者와 함쑤

米英敵性을指摘
全鮮에文…
第二放送部

米英게대한開戰이되자 朝鮮文

생각을 한다든지 하면 자연히 속력이 줄게 될 것입니다.

그 다음은 뛰는 사람이 몸을 간편히 차려야 하겠습니다. 경주장에서는 보통 때 입는 옷을 입어서는 안 되겠습니다. 의복이든지 신이든지 모두 간단히 차려야 합니다. 이렇게 준비가 되면 달아나는 사람에게는 문제가 없는 것입니다.

지금 우리 제국은 경주마당에 선 것과 마찬가지입니다. 그것은 한 부분만이 뛰는 것이 아니라 1억 국민이 다 같이 경주장에 나선 것입니다. 우리 반도의 여성은 1억 국민이 경주하는 마당에서 지장이 되지 않아야겠습니다. 지장이 된다면 자기만 못할 뿐 아니라 남도 못 가게 되는 것입니다. 이 경주마당에서 달리는 경주자는 지금 적국 영미(英美)입니다.

그럼 말을 잠깐 바꾸어 우리는 대체 왜 영미하고 싸우게 되나를 잠깐 생각하십시다.

역사적으로 보면 물론 그 과거에 큰 이유가 많겠으나 그중에도 중대한 것 중에 하나는 남의 구역에 영미가 침범을 하는 것입니다. 내가 먹을 것을 빼앗아가고 내 자손이 입을 옷을 가져가니까 그냥 둘 수 없는 것입니다. 그것이 우리 한 개인의 문제가 아니라 대동아에 사는 전 민족에게 끼치는 일이니까 우리는 정의를 위하여 굳게 싸우는 것입니다. 이것을 달성하려면 오로지 한마음을 가지고 달리는 경주자가 꼭 1착을 하리라는 신념을 우리 국민이 가져야 할 것입니다.

이 세상에는 세 가지 타입의 사람이 있습니다. 하나는 일을 당할 때에 이것은 할 수 없다는 사람, 또 하나는 그만두겠다는 사람, 또 하나는 이건 하겠다는 사람이 있습니다. 우리는 이 결전 체제 하에 이것은 이기고 말겠다는 마음을 철저히 먹는 타입의 사람들이 되어야 하겠습니다.

또 하나는 무엇이든지 우리는 정부와 지도자의 말씀을 절대로 신임하고 다만 입을 다물고 앞으로 달리는 경주자의 태세를 가질 것입니다. 그리고 여러분께 말씀드린 의식주의 개선을 지금이야말로 꼭 실행할 때가 왔다고 생각합니다. 침착하고 정확하게 사물을 생각하시기 바랍니다.

나무가 부족하면 땅광 속에 들어가고 책상을 빠개 쓰는 일이 있어도 견디어 나갈 마음이 있어야 하겠습니다. 총과 칼이 부족하면 부지깽이라도 들고 나갈 마음이 필요한 것입니다.

주요 경력

생몰년: 1897-1980
1916: 이화학당 졸업.
1919: 3·1운동 당시 시위운동 선동죄로 투옥.
1923: 조선여자기독교절제회 회장.
1939: 녹기연맹 가입, YWCA 부회장.
1941: 덕화여숙 설립.
광복후
1962: 학교법인 인덕학원 설립.
1972: 인덕예술공과전문학교 설립.

027

김억

전쟁시

두들겨라, 부숴라, 정의의 사(師)여!

김안서(金岸曙)

두들겨라, 부서라, 정의의 사(師)여
손꼽아 기다린 날 지금 왔나니
저 '양키' 이 '작크[1]'를 그저 둘 것가

큰 동아(東亞)의 거룩한 명일(明日)을 위해
깨끗한 희생으로 마음을 닦고

1 영국을 이르는 말. 영국 국기 명칭인 유니온 잭에서 '잭'의 일본식 표현.

戰爭詩

뚜둘겨라、부서라、正義의師여!

金岸曙

뚜둘겨라 부서라 正義의師여
손꼽아 기두든날 멋숙햇나니
저「양키」와「작크」를 그저 둘것가

★

큰東亞의 거룩한 明日을위해,
壯烈한 희생으로 마음을닥고
天命을 고이고이 받든우리를
다가치 劍을들라 行軍을하자

★

正義의 큰旗빨이 번득는곳에
꿇지어다 邪惡은 아츰이슬가
밝은볕에 그대로 슬지고말아
그림자라 자최가 없는 안다니

★

저「양키」이「작크」야 말을들으라
엉례발님 대人道 大道인어냐—

★

「阿片으로 元氣를모라죽이고
들어서선 조화라 손벽을치며
피를빨아 비배를 채우는거냐

★

四海同胞 이人類 갓다면서도
가즌差別맘대로 하는놈이야
거지라도 白人은 關係치안코
黃色만은 아니라 머리흔들며
大國조차 制限을 하는것이냐

★

이世上 올흔일은 모다하는체
「나사렛」의사랑을 앞세우고서
아름다운 이름의 그늘속에서
가즌橫暴 맘대로 하는것이냐」

★

뚜둘겨라 부서라 正義의師여
저「양키」이「작크」를 그저둘것가

★

心誠을 듣고들며 멀々얼는의
두고두고멧々해 별너왓든고

불뚝불뚝 義憤에너지라는맘
이以上 참을길을 하마잇으랴

★

大東亞 가튼民族 손을잡고서
共存共榮 큰길을 고이밟으며
즐거운 樂土를 지으랴하건
이惡獸야 무어라 離間질이냐

★

뚜둘겨라 부서라 正義의師여
저「양키」이「작크」야 칼을바드라」

★

精悍이 저하늘에 가득찻거니
正義의칼 그어이참々할거랴
싸울대는 너이들 노란머리에
벼락인양 내리는 엄숙한구슬
생각하면 모도다 自業自得의
뉘웃침을 이제야 미치것이랴

★

뚜둘겨라 부서라 正義의師여
아름다운 世界를 불우어놋는
저「양키」이「작크」를 뚜둘겨버려」

（끝）

1941. 12. 25.

천명을 고이고이 받든 우리들
다 같이 검을 들라 행동을 하자.

정의의 큰 깃발이 번득이는 곳에
볼지어다 사악은 아침이슬가
밝은 별에 그대로 스러지고 말아
그림자랴 자취가 얼른 안 나니

저 '양키' 이 '작크'야 말을 들으라
입에 발린 네 인도(人道) 대체 무어냐 —

"아편으로 원기를 몰아 죽이고
돌아서선 좋아라 손뼉을 치며
피를 팔아 네 배를 채우는 거냐

사해동포 이 인류 같다면서도
갖은 차별 맘대로 하는 꼴이야
거지라도 백인은 관계치 않고
황색만은 아니라 머리 흔들며
입국조차 제한을 하는 것이냐

이 세상 옳은 일은 모두 하는 체
'나사렛'의 사랑을 앞세우고서
아름다운 이름의 그늘 속에서
갖은 악덕 맘대로 하는 것이냐."

두들겨라, 부서라, 정의의 사(師)여
저 '양키' 이 '쟉크'를 그저 둘 것가

심장을 돌고 돌며 펄펄 끓는 피
두고두고 몇몇 해 별러 왔던고
불뚝불뚝 의분에 터지려는 맘
이 이상 참을 길을 하마 있으랴

대동아 같은 민족 손을 잡고서
공존공영 큰길을 고이 밟으며
즐거운 꽃동산을 지으랴 하건
이 악덕아 무어라 이간질이냐

두들겨라, 부서라, 정의의 사(師)여
저 '양키' 이 '작크'야 칼을 받으라

적악(積惡)이 저 하늘에 가득 찼거니
정의의 칼 그 어이 잠잠할 거냐
까불대는 너희들 노란 머리에
벽력인 양 내리는 엄숙한 천벌
생각하면 모두 다 자승자박의
뉘우친들 이제야 미칠 것이랴

두들겨라, 부서라, 정의의 사(師)여
아름다운 세계를 들추어 놓는
저 '양키' 이 '작크'를 두들겨 대라

주요 경력

생몰년: 1895-?
1919: 『창조』 동인 활동.
1920: 『폐허』 동인 활동.
1921: 우리나라 최초의 현대 번역시집 『오뇌의 무도』 간행.
1923: 우리나라 최초의 현대 창작시집 『해파리의 노래』 간행.
1939: 조선문인보국회 발기인.
1941: 조선임전보국단 발기인.

광복후
1950: 납북.

두들겨라, 부서라, 정의의 사(師)여
손꼽아 기다린 날 지금 왔나니
저 '양키' 이 '작크'를 그저 둘 것가

큰 동아(東亞)의 거룩한
명일(明日)을 위해
깨끗한 희생으로 마음을 닦고
천명을 고이고이 받든 우리들
다 같이 검을 들라 행동을 하자.

028

서은숙

정전을 뒤에 지키는 맹세

희생의 정신

이것으로 국가에 봉공

서성은숙(徐城恩淑)

남자들은 군복에 칼을 차고 용감히 싸움터에서 싸워서 매일 이겨 나가는 소식을 듣고 우리는 기뻐 마지않습니다, 이러한 용사가 아닌 우리 여성들은 뒤에 있어 '붉은 적성' 붉은 마음을 진심으로 기울여 우리가 할 수 있는 일을 최선을 다해서 노력하는 싸움을 해야 할 줄 압니다. 전시를 당한 우리 여성들은 깨어 정신을 가다듬고 분발할 때가 돌아온 것입니다. 신문지상으로, 라디오로 귀가 젖으시도록 들으신 일이나 우리는 듣고 마는 자가 아니라 실행하자는 의미를 가지고 뒤풀이하는

女專生의壯行記 ③

국가의새일꾼
청춘의희망은크다

梨專家事科卒業生 梁賢淑

징병을뒤에지키는 여성 (八)

희생의정신
이것으로국가에봉공

徐城恩淑

나의貯蓄訓

朝鮮銀行 李允宰

년말년시와허례

文化

國民文學과題材
戰時의國家와作家 ①

金東仁

宣傳味臺

軍人生活

征戰下新春映畫
邦畫各社力作陣

1941. 12. 27.

것인 줄 압니다.

1) 전시 생활에 처한 우리의 의무

가. 개로운동: 내가 할 일은 내가 합니다.

나. 절약: 폐물을 이용하시기 바랍니다. 공연히 물건을 사서 쌓아 두려는 욕심을 버릴 것. 의식주에 대하여 간단히 살기를 꾀할 것.

다. 저축에 대한 관념을 기를 것: 먹고 입고 무엇이나 하고 싶은 대로 다하고 저축하자는 것은 아닙니다. 평상시에도 자기와 가정, 사회, 국가를 위하여 국민된 의무를 하는 것입니다. 더군다나 전시를 당한 여성은 우리의 붉은 참마음으로 결단할 수 있는 일입니다. 국채를 사는 일에 대하여 물건, 즉 의복류, 화장품을 다투어 사듯이 이 국채를 그와 같이 사면 우리나라의 국고는 염려할 일이 없을 것입니다. 사만 준다면, 마음만 있으면 성사는 저절로 되는 것입니다.

라. 세금을 바치는 일: 나라는 당신네들을 위해서 만반의 안전을 도모하고 있습니다. 자기네들 스스로가 노력해서 잘사는 줄 아는 이가 있다면 비국민인 동시에 여성 전체의 수치인 것입니다. 이러한 분자가 있는 까닭에 일의 장애가 많은 것을 피할 도리가 없습니다.

2) 실행하자

남이 나보다 낫게 하면 어찌하나. 감히 나보다 명예가 더 나으면 어찌하나. 우리들의 명예가 있다면 그것은 우리가 가지고 있는 성명밖에는 없다. 바람에 부는 갈대와 같이 이리 밀리고 저리 밀리고 유명무실한 두 사람이 모였어도 입을 모으고 남의 이야기 험담으로 눈이 벌게서 덤빌 것이 아니라 남보다 좀 더 좋은 일 좀 더 이상한 일을 해야 하겠습니다.

'해야 된다.' 전차에 오다가 이러한 문구를 읽었습니다. 일하자, 일하자 조용히 일만 하자. 내 실력대로 내 정성대로 실행하시기 바랍니다.

3. 언제나 긴장한 태도를 가지자

지금 우리가 앉은 자리에 폭탄이 떨어지고 비행기가 날아와서 우리를 엄습한다 하여도 우리는 정신을 반짝 차리고 다음에 어떻게 해야 할 것을 생각해야 할 것입니다. 산 것같이 활기 있게 무엇이 닥쳐오든지 내 지킬 자리를 굳게 지켜야 합니다. 호랑이에게 물려 가도 정신만 바짝 차리면 죽지 않는다는 말이 있습니다. 허둥지둥 천지분간을 제대로 못하고 날뛰는 이가 우리 중에 있느냐? 이는 평시에 훈련이 부족하고 유언비어에 속고 정부가 지시하는 대로 믿지 못하고 돌아가는 국민이요, 남에게 해독을 주는 자밖에는 못 되는 것입니다.

4. 희생적 생활을 기쁘게 하자!

바치자. 있는 것을 다 바치자. 즐겁고 활발하게 하자. 있는 힘, 있는 시간, 있는 정성, 있는 돈, 있는 자녀, 있는 가정, 나라를 위하는 일이면 내 있는 모든 것을 다 바친다 하는 생각이 있어야 됩니다.

누가 전쟁을 좋아하겠습니까? 그러나 이번의 전쟁이야말로 싸우지 않으면 안 될 우리나라의 전쟁입니다. 동양 즉 세계의 평화를 위하여 영미의 불의의 행동에 대항하는 것입니다, 이러한 원대한 포부를 끝까지 실현, 성공시키게 함에는 우리 여성의 정성과 붉은 마음으로 아낌없이 바치는 데서 될 것입니다. 여러분의 책임이 그만큼 큰 것을 잊지 마시기 바랍니다.

주요 경력

생몰년: 1902-1977
1923: 이화학당 졸업.
1927: 이화여자전문학교 교수.
1939: 애국금차회 발기인.
1942: 조선임전보국단 부인대 지도위원.
광복후
1948: YWCA 연합회 이사.
1965: 이화여자대학교 총장서리.
1970: 이화학당 이사장.

029

유홍순

명랑 아세아 건설

간도성 차장 중원홍순(中原鴻洵)

이에 광휘 있는 신춘을 맞이함에 당하여 삼가 일본 황실, 우리 제실(帝室)의 두루 융성함을 기도하며 왕위의 무궁을 기리는 동시에 국위의 융창을 경축하여 받드는 바이다.

팔굉일우의 건국 정신에 기반하여 대동아공영권 확립에 매진하고 있는 맹방 일본제국은 동아에 대한 미, 영의 착취적, 침략적인 여러 해의 화근을 제거하려고 작년 12월 8일[1]에 황공하옵게도 대원수폐하께옵서는 선전(宣戰)의 조서를 널리 알리시어 건국 유구 2600여 년의 황국은 궐연히 일어나 공전의 국난을 돌파하려고 국운을 걸어 세계의 패자와 싸워 동아 영원의 안정을 확보하고 서구의 독일, 이탈

1 일본의 진주만 습격이 있던 날.

여 其他모든當局의方針에遵由하야 戰時經濟政策 運營에最大協力을 하지안흐면안된다 이러케하는것이 宏大無邊한 聖旨에率應하는所以이며 同時에皇國臣民으로서 다할바責務이다 이決意로써 時局에對處하면 一切의戰時國策 遂行은勿論이고 高度國防力은 自然整備되고 決戰體制亦是 完璧하게될것이다

我帝國이 崇高한八紘一宇의 肇國精神에則하야 大東亞共存共榮의 道義的共榮圈을 建設하려함에 對하야 盟邦滿華兩國이 帝國과의 一心同體를 더욱굿게하야 帝國에對하야 온갓協力을하고잇슴은 一衣帶水滿洲國에 接壤하야 多數의滿洲僑民同胞를有擁하고잇는 本道로서 特히感激한마음을깁게하는바이다 今後一層緊密한協和 關係를 維持하야 新秩序建設에 互相邁進하기를 이機會에 切望하여마지안는다

親善

玆에皇國興隆의 年頭에際하야 一段의發奮과 不退轉의 決意로써 擧道一致 各々其職場을堅守하는同時에 益々滅私奉公의誠을 다하야 聖業完遂 國運伸長에貢獻하기를盟誓하는바이다 (寫眞은白石平北知事)

明朗亞細亞建設

間島省次長 中原鴻洵

玆에光輝잇는 新春을迎함에當하여 삼가日本皇室, 我帝室의彌榮을禱하며 寶祚의無窮을 祈念하는同時에 國威의隆昌을 慶祝하여 마지안는바이다

八紘一宇의 肇國精神에基하여 大東亞共榮圈確立에 邁進하고잇는 盟邦日本帝國은 東亞에對한 米, 英의 攬取的, 侵略的인 積年의禍根을 芟除하려고 昨年十二月八日에 惶恐하옵게도 大元帥陛下께옵서는 宣戰의詔書를渙發하옵시어 皇國悠久二千六百餘年皇國은 毅然히起하여 從前의 國難을 突破하려고 國運을賭하여 世界의覇者와싸워 東亞永遠의安定을確保하고 西歐의獨伊와 提携하여써世界新秩序의大理想을爲하여 敢然히 正義의利劍을빼처 世界史上에 光輝잇는 一大巨步를내여노케됨에至하엿다 玆에其責務의 重大함을 痛感하는同時에 感奮을禁치못한다

그래서 我忠勇한皇軍將兵은開戰劈頭猛烈果敢히行動하여 廣汎한太平洋의水域에서 敵의主力을粉碎殲滅하여 萬古의大捷을得하고 爾來今日에이르는사이에絶大한戰果를獲得하여 無敵皇軍의眞價를發揮하여 赫々한威武를 中外에顯示하엿다 方今戰爭을開始하여 最後의勝利를得할것은 斷히御稜威下에我軍에 確保될것임을我等은굿게信賴하고잇다

然이나今次「大東亞戰爭」은東亞의興亡을決할有史以來 未曾有의禍亂으로서反樞軸國家群의現狀과 그地理的特殊性等에 鑑하여相當한長期에直할것을覺悟하지안으면안된다 即最後의勝利를獲得하기까지싸워내여設或十年에及할지라도 堅忍持久로 그가屈伏을보이지안으면 斷然鉾를收함을許하지안는다

惶恐하옵게도 我皇帝陛下께옵는 日을同하시와 詔書를渙發하옵시어 國民의趨向할바를 明示하여주시와 우리는 이聖旨를體하여 盟邦日本과 運命을가치하게된 兩國不可分關係를 益々强化하여 日滿共同防衛의 本義에則하여 斷乎한決意로써 國家의總力을擧하여 盟邦의聖戰完遂에協力하지안으면안된다 即深히國防國家體制를 確立하여 北邊의防備를 盤石의安에置하여 微動도되지안케함은 日本의後顧의憂를斷하여 大東亞戰爭에 專心케하는 緊要한所以를 굿세게銘記하지안으면안된다

如斯한時局에直面하야 國民精神의緊張과 團結强化는 特히高度로 要請케됨에至하엿다 日滿一德一心의 建國精神을 顯現하여 官民이 渾然一體가되여 民族協和를 日常의生活에 具現함으로써 剛健不拔辛苦缺乏에견듸낼수잇는 精神을鍊成하여 必勝의信念을 堅持하지안으면안된다

我滿洲國은 廣大한 沃野를擁하여 農業生產이 頗히良好할뿐不啻라 鐵 石炭과가튼地下資源도 자못豊富함으로써 此等資源力으로 盟邦日本에 對하여戰時諸物資를無限히 補足하여 東亞共榮圈內에對한 經濟의堅實한展開 興隆에寄與하여야할것이다又我等國民은 各自의地位職分에對하야 엇까지 私利追求를 排除하여 참된滅私奉公의 誠을다하여 戰場英靈에 感謝하며將兵의心을心으로하여 銃後에잇서서의戰士로서의 本分을 다하고各人이其職域에서 最善의 努力을傾注하여國力의 飛躍的伸展에 精勵하여써 明朗亞細亞의 建設에 協力하는同時에 我國의理想으로한道義世界의 創建에邁進하여야할것이다 (寫眞은中原間島省次長)

1942. 1. 3.

리아와 제휴하여 세계 신질서의 대예상을 위하여 감연히 정의의 이로운 칼을 떨쳐 세계 역사상 광휘 있는 일대 거보를 내어놓게 됨에 이르렀다. 이에 그 책무의 중대함을 통감하는 동시에 감분(感奮)을 금치 못한다.

그래서 우리 충용한 황군 장병은 개전 벽두부터 맹렬하고 과감히 행동하여 광범한 태평양의 수역에서 적의 주력을 분쇄 격멸하여 전에 없던 대첩을 얻었고, 오늘날에 이르는 사이에 절대적인 전과를 획득하여 무적 황군의 진가를 발휘하여 혁혁한 위무를 중외(中外)에 드러내었다. 방금 적국을 제압하여 최후의 승리를 득할 것은 기히 어릉(御稜황제의 위용) 위엄 아래 아군에 확보할 것임을 우리는 굳게 신뢰하고 있다.

그러나 이번 '대동아전쟁'은 동아의 흥망을 결정할 유사 이래 미증유의 신업(神業)으로서 추축국가들에 반하는 나라들의 현실과 그 지리적 특수성 등에 비추어 상당히 장기에 걸칠 것을 각오하지 않으면 안 된다. 즉 최후의 승리를 획득하기까지 싸워 내어 설혹 10년에 미칠지라도 견인지구로서 그가 굴복을 보이지 않으면 단연 칼끝을 거두어들임을 허락하지 않는다.

황공하옵게도 우리 황제폐하께옵서는 같은 날 조서를 널리 알리시어 국민의 향할 바를 명시하여 주시와, 우리는 이 성지를 받들어 맹방 일본과 운명을 같이 하게 된 양국 불가분의 관계를 더욱 더 강화하여 일만(日滿) 공동방위의 본의에 따라 단호한 결의로써 국가의 총력을 다하여 맹방의 성전 완수에 협력하지 않으면 안 된다. 조속히 국방국가체제를 확립하여 북변의 방비를 반석의 안전에 두어 미동도 되지 않게 함은 일본의 뒷날의 걱정을 끊어 대동아전쟁에 전심케 하는 긴요한 까닭을 굳세게 명기하지 않으면 안 된다.

이와 같은 시국에 직면하여 국민정신의 긴장과 단결 강화는 특히 고도로 요청케 됨에 이르렀다. 일만(日滿) 일덕일심(一德一心아래 윗사람 모두가 마음을 하나로 뭉쳐 협력함)의 건국 정신을 현현하여 관민이 혼연일체가 되어 민족 협화(協和)를 일상의 생활에 구현함으로써 강건, 불발(不拔), 신고(辛苦) 결핍에 견뎌낼 수 있는 정신을 단련하여 필승의 신념을 견지하지 않으면 안 된다.

우리 만주국은 광대한 옥토를 지켜 농업 생산이 극히 양호할 뿐 아니라 철, 석탄과 같은 지하자원도 자못 풍부함으로써 이러한 자원력으로 맹방 일본에 대하여 전시물자를 무한히 보충하여 동아공영권 내에 대한 경제의 견실한 전개, 흥륭(興隆)에 기여하여야 할 것이다. 또 우리 국민은 각자의 지위, 직분에 대하여 끝까지 사리 추구를 배격하여 참된 멸사봉공의 정성을 다하여 전몰 영령에 감사하며, 장병의 마음을 우리 마음으로 하여 총후에 있어서의 전사로서의 본분을 다하고, 각 사람이 그 맡은 분야에서 최선의 노력을 경주하여 국력의 비약적 신장에 힘써 명랑 아세아의 건설에 협력하는 동시에 우리나라의 이상으로 한 도의세계의 창건에 매진하여야 할 것이다.(사진은 중원(中原) 간도성 차장.)

주요 경력
창씨명: 나카하라 코우준(中原鴻洵).
생몰년: 1889-1950
1910: 충청북도 도서기 임명.
1925: 함경남도 산업과장.
1934: 만주국 간도성 실업과장.
1937: 간도성 민정청장.
1940: 간도성 차장.
1943: 강원도지사.

상훈
1912: 한국병합기념장(일본).
1941: 국세조사기념장(만주국).

030

임숙재

전시의 생활 이대로 좋을까

화장을 하면 고상하게!

연지 찍고 머리 노랗게 하는 버릇 오늘부터 그만둡시다

풍천숙재(豊川淑宰) 씨 담화

생활에서 영미 양풍(洋風서양풍)을 쫓아내자

영미의 양풍이 들어온 후 가장 보기 싫은 것은 덜 된 화장입니다. 화장이란 보기 좋게 하자는 것인데 도리어 보기 흉한 화장을 하고 다니는 것을 볼 때 자연 개탄하지 않을 수 없습니다. 그것도 이만저만한 것이 아니라 너무 심한 정도이거든요. 왜 화장을 하면 좀 고상하게 못하고 천한 꼴을 하는지 모르겠어요. 입에다가 연지는 왜 그렇게 칠하는지 그 입술이란 망측해 볼 수 없고 머리는 검은 것을 일부러

戰時의生活 이대로조흘까 ③

화장을하면 고상하게!

연지찍고머리노라케하는 버릇 오늘부터그만둡시다

豊川淑宰氏談

生活에서英米 洋風을조치내자

영미의양풍이 드러오후가장보기실흔것은 떨된화장입듸다 화장이란 보기조케하자는것인데도리어 보기흉한화장을하고 다니는것을볼때 자연 개탄하지안흘수업습니다 그것도이만저만한것이아니라 넘우심한정도이거던요웨화장을하면 좀고상하게못하고천한짓을하는지 모르겟세요 입에다가연지는 웨 그러케칠하는지 그입들이란 망칙해볼수업고

☆……머리는……☆

검은것을일부러 물드려서 노라케 해놋는지대체알수업는일입니다그소위「파마네트」란지를하여거지만아직물칠을하는것이잇는데이것은퇴폐적을숭상하는양풍이될수업습니다다 하기야양풍에도전혀못쓸것만잇는것은 아니지마는동양여성은 동양여성으로서의 가지는바 아름다움이잇는것입니다

(사진은豊川씨)

도대체영미의그것은 적국이라고해서 그러는것이아니라 퇴폐해가는화장법이라고할수잇습니다 그것은천박한중에도 천지천격의 모양이지 어듸귀부인이나 숙녀로서 본바들일이겟습니까 독일의여성을볼때 이런점은하나도업는것입니다 일즉이 불란서가그러케퇴폐적인사치나하고 화장이화려하게하더니 그여쿠저꼴이되더군요 지금은초비상시의 대동아전쟁이 이러난때인만큼 다소이런천박한화장이 덜해지기는해지만 아즉도자각이업는여성이거나 생각이천박한여성은 그대로에는 새빨가케연지칠을하고 머리를찌저서 노라케하고다니는군요 오늘 무심코 종로를나가다가역시 그러한광경을보고 긴한숨을금하지 못하엿습니다 모든것은아즉 나히가어리어 모양을내고십허서 그러것이리라하고눌러봅니다만은 모양을내더래도 자긔의체격에 맛고자긔의모양이어써케해야조흘까를모를가요 압흐로는눈섭거리는일과연지칠하는일과「웨이브」는 말엇스면합니다

★……진실로……★

여호목도리와이런화장은 아리조케해석하고하여도 천격의모양이라고밧게 해석이되지안흐며 화장의본의를 모르는자의 행동이라고밧게 보지안습니다 화장은자긔몸을 고상하게보히기위하야하는것인만큼 깁히 생각해하지안흐면 안될것입니다 하여간 이시국에는 화장이란것이 그러케중요한것이안인것인만큼 수수하게 덕성스럽게채리고 다니엇스면합니다

(사진은화장하는모양)

머리를정케하자면

겨울에는 치운관계로 가정부부들은 머리를잘안비는일이잇는데 이래서는못씀니다 겨울일스록자조머리를 비서야합니다 그것은 방안이나 기타실내가 난로라든가 화로때문에 먼지가만코 먼지는 곳때가됩니다 먼지가머리에 만히잇게되면 머리는 누른빛이 나게됩니다 그리고겨울에는 머리를일주간에 한번씩은감어야합니다 그런치안흐면머리에 비듬이생기기쉽습니다

나의新生活

一、[illegible] 사람은쓴것을참는것보다는 단것을참는것이더어렵다 너무조하서싸불고 덤비는것은 못쓴다 그러

文化生活

國民劇의創作

—作家의立場에서—

㊄ 宋影

國民劇提唱以後 四五의作品이 上演이되엿다 柳致眞氏의「黑龍江」林仙圭氏의「人間設計」「終拓[illegible]마을」金[illegible]氏의「白馬江」朴英鎬氏의「街頭」와「[illegible]史」等이다「黑龍江」은滿洲建國以前의 在滿朝鮮農民들의開拓史를그린作品이다 [illegible]

農民 파의軌跡 舊軍閥에게 밧는 迫害을거러가면서 結局은朝鮮人과滿洲人의[illegible] 그들自身들의敵意들이아니요 [illegible]게몰느는 舊軍閥에게잇엇다 이래서두곳農民들은日本軍의 正義的[illegible]으로 舊軍閥이 消散되고 새로히五族協和의精神밋테 建國된新興滿洲國이 나타낫다——라는이약이다 이作品은 첫재 主題의結論이 機械的으로 맷처저서 全般의[illegible]性을일어버린 概念的作品

俗된所謂新派形式으로라도좋타는 高潮밋테서 製作되엿다 하기때문에 모두가 偶然이며 不自然이며 人爲的悲劇의强行이다

志願兵이되기까지의 두男妹의 不遇만은 잇슬법한現實이다 그러나 北支方面에서 동생(志願兵)이 누이([illegible]婦)를 누인줄알고서 차저가서도 너무 奈落햇다고 八年만에맛난누이도 누이라고불느지도 안엇다는것은아모리생각해도

現實 파는거리가멀다 또누이가 새女人이되여가지고 故鄕에돌아와서 戰線에서 잠간보고「비가만일재사람이된다면 내가 비明便이되여주마」하는소리를 던지고간사나이(志願兵)의집을 차저왓다는것이라든지 또 自己의가정을돈과 또眞心

酌婦以가 志願兵집을 거듭한家庭에는 붓처두면안된다고 逐放決議까지한 靑年團員들이라지 모두가 實在할수업는事實

國民最低生活이

③ 高

웨그런가하면 國民最低生活의問題는 우에서와가치 直接的인面과 間接的인面의 두가지面을 갓고잇는것인데 農民的生活에만 或은上流生活에만 焦點을둔다는것은 問題의半分面에만 그關心을局限하는것이고 더구나 最低生活의目標가 戰爭力의增强에잇다는觀點에서볼때 國民生活全般에對해서의 最低限度가 高調되여야 하기때문이다

다음에 從來에잇어 「生活

1942. 1. 20.

물들여서 노랗게 해 놓는지 대체 알 수 없는 일입디다. 그 소위 '퍼머넌트'란 지금은 적어졌지만 아직 물감 칠을 하는 것이 있는데 이것은 예절을 숭상하는 동양풍이 될 수 없습니다.

하기야 양풍에도 전혀 못 쓸 것만 있는 것은 아니지만 동양 여성은 동양 여성으로서 가지는 바 아름다움이 있는 것입니다. (사진은 풍천 씨.)

도대체 영미의 그것은 적극이라고 해서 그러는 것이 아니라 퇴폐해 가는 화장법이라고 할 수 있습니다. 그것은 천한 중에도 천한 모양이지 어디 귀부인이나 숙녀로서 본받을 일이겠습니까.

독일의 여성을 볼 때 이런 점은 하나도 없는 것입니다. 일찍이 불란서가 그렇게 퇴폐적인 사치나 하고 화장을 화려하게 하더니 기어코 저 꼴이 되더군요. 지금은 초비상시의 대동아전쟁이 일어난 때인 만큼 다소 이런 천박한 화장이 덜해지기는 했지만 아직도 자각이 없는 여성이거나 생각이 천박한 여성은 그대로 입에는 새빨갛게 연지 칠을 하고 머리를 지져서 노랗게 하고 다니더군요. 오늘 무심코 종로를 나갔다가 역시 그런 풍경을 보고 긴 한숨을 금하지 못하였습니다.

모든 것은 아직 나이가 어려 모양을 내고 싶어서 그러는 것이리라 하고 눌러 봅니다마는 모양을 내더라도 자기의 체격에 맞고 자기의 모양이 어떻게 해야 좋을까를 모를까요. 앞으로는 눈썹 그리는 일과 연지 칠하는 일과 '웨이브'는 말았으면 합니다.

진실로 여우목도리와 이런 화장은 아무리 좋게 해석하려고 하여도 천격(賤格)의 모양이라고밖에 해석이 되지 않으며 화장의 본의를 모른 자의 행동이라고밖에 보이지 않습니다. 화장은 자기 몸을 고상하게 보이기 위하여 하는 것인 만큼 깊이 생각해 하지 않으면 안 될 것입니다. 하여간 이 시국에는 화장이란 것이 그렇게 중요한 것이 아닌 것인 만큼 수수하게 덕성스럽게 차리고 다녔으면 합니다. (사진은 화장하는 모양.)

주요 경력

생몰년: 1891-1961
1939: 숙명여자전문학교 교수.
1941: 조선임전보국단 부인대 지도위원.
1942: 대일본부인회 조선본부 이사.
광복후
1955: 숙명여자대학교 초대 총장.

031

주요한

싱가폴 함락가

주요한(朱耀翰)

1.
깨어졌다 싱가폴 물러서라 영국아
정의가 승리하는 날이 왔구나
이날부터 동양백성 활개를 벗고
옛 터전에 새살림을 세워보리라

싱가폴陷落歌

朱耀翰

一、깨어젓다 싱가폴 물러서라 英國아
正義가 勝利하는 날이 왓고나
이날부터 東洋百姓 활개를벗고
옛터전에 새살림을 세워보리라

二、깨어젓다 싱가폴 물러서라 英國아
어젯날 可憎하던 원수의 據點
오늘부터 亞細亞의 믿븐 문직이
이름조차 장하도다 獅子港口여

三、깨어젓다 싱가폴 물러서라 英國아
거만한 英米함대 단숨에깨고
장랑삼든 香港城도 겨우十八日
馬來戰線 千키로가 두달도못가

四、깨어젓다 싱가폴 물러서라 英國아
獅子城 성문우에 서어 日章旗
太平洋의 아츰해요 印度洋저녁
두바다를 지키어라 永遠無窮히

五、깨어젓다 싱가폴 물러서라 英國아
蘭印의 남은섬들 참새멧마리
비르마가 [illegible]기고 印度가벌떡
런던사는 紳士淑女 胆이 서늘해

六、깨어젓다 싱가폴 물러가라 英國아
無敵의 要塞보다 더욱 强하고
百十度 쓸른볕도 서늘하다할
侵略者의 모진학대 물러가거라

七、깨어젓다 싱가폴 물러서라 英國아
너이들 百年榮華 시드는곳에
왼世界의 새로봄이 싹터오나니
萬歲소리 東西洋을 振動하도다.

1942. 2. 18.

2.

깨어졌다 싱가폴 물러서라 영국아
어젯날 가증하던 원수의 소굴
오늘부터 아세아의 미쁜 문지기
이름조차 장하도다 사자항구여[1]

3.

깨어졌다 싱가폴 물러서라 영국아
거만한 동양함대 단숨에 깨고
자랑 삼던 홍콩성도 겨우 18일
말레전선[2] 천킬로가 두 달도 못가

4.

깨어졌다 싱가폴 물러서라 영국아
사자성 성문 위에 저어 일장기
태평양의 아침해요 인도양 저녁
두 바다를 지키어라 영원무궁히

5.

깨어졌다 싱가폴 물러서라 영국아
난인(蘭印)[3]의 남은 섬들 참새 몇 마리

1 싱가포르는 산스크리트어로 '사자의 도시'를 가리킨다.

2 말레이시아 전선.

3 네덜란드령 동인도라는 뜻으로, 현재의 인도네시아.

버마가 꿈틀대고 인도가 벌떡
런던 사는 신사숙녀 간이 서늘해

6.
깨어졌다 싱가폴 물러가라 영국아
열대의 독충보다 더욱 독하고
백십도 끓는 볕도 서늘하다 할
침략자의 모진 학대 물러가거라

7.
깨어졌다 싱가폴 물러서라 영국아
너희들 백년영화 시드는 곳에
온 세계의 새로봄이 싹터 오느니
만세소리 동서양을 진동하노다

주요 경력
생몰년: 1900-1979
1927: 『동아일보』 학예부장, 편집국장.
1932: 『조선일보』 편집국장.
1934: 수양동우회 이사장.
1937: 수양동우회 사건으로 검거 후 전향 선언.
1940: 황도학회 발기인.
1944: 국민동원총진회 발기인.

광복후
1946: 한국무역협회 부회장.
1960: 상공부 장관.

상훈
국민훈장 무궁화장(대한민국).

032

홍양명

북방 방위의 철벽

만주국이 부하한 임무 갈수록 가중

건국제를 맞이하고

신경특파원 홍양명(洪陽明)

대동아성전 하 일본제국과 일덕일심(一德一心)의 불가분의 관계를 가진 만주제국은 3월 1일의 역사적 건국 선언의 날로서 건국 10주년을 맞이한다.

세계 신질서 건설의 경종을 난타한 만주사변이야말로 구주(歐洲) 및 동아에 있어서의 불합리한 현상 타파 운동의 큰 시동으로서, 금일의 남방에 있어서 황군의 혁혁한 무위에 따른 동아공영권의 실현이나 지나 대륙에 있는, 일면 전쟁 일면 건설의 위대한 작전이나 그 어느 것이나 모두 천황의 뜻에 바탕한 민족 협화, 왕도

北方防衛의鐵壁

滿洲國이負荷한任務去益加重

建國祭를마지하고 新京特派員 洪陽明

大東亞戰爭下、日本帝國과 一德一心의 不可分關係를가진 滿洲帝國은 明三月一日의 **歷史**的建國宣言의날로서 建國十周年을마지한다 世界新秩序建設의戰端을亂打한滿洲建國이야말로 歐洲및東亞에잇서서의 不合理한 現狀打破運動의大胎動으로써 今日의南方에잇서서 皇軍의赫々한武威에싸른東亞共榮圈의實現이나 支那大陸에在한 一面戰爭一面建設의 偉大한作業이나 그어느것이나 모다 建國에對한 民族協和、王道樂土의理想을 目標로하야 世界에誇示한獨特한 政治機構를 樹立한 滿洲國建國宣言에서 出發된것이라는것을 想到할때에 今三月一日의 滿洲國建國十周年祭典은歷史的으로紀念할 東亞諸民族의一大盛事라고할것이다 滿洲五千키로에亘하야 赤色蘇聯과 國境을接하고잇는 滿洲國은 또한共産主義侵略을 一步도 東亞에드려오지못하게하는 一大防波堤로써 日滿共同防衛協定에 依하야 零下四十度의 酷寒下、北方防衛의鐵桶陣을치고잇는 關東軍및 精鋭滿洲國軍의 嚴然存在야 말로 無敵皇軍의 支那大陸및南方에在한 赫々한 戰果에對한 保障이 되는것이다 現實의싸홈없는 戰爭인 北方共同防衛陣의 一大據點」 滿洲國이 複雜微妙한 國際動亂中에在한 東亞의一大安定勢力이라는 **重要** 關心이 南方에在한 燦然한勝利때문에 忘却되기쉬운 感이잇는것은 遺憾스러운일로써 此際一般은 南方에傾倒된 視角을 北으로向하야酷烈한寒氣와 風雪을 克服하기十年間 日夜粉骨碎身하야 北方鐵壁陣을完成한 關東軍將兵및 滿洲國軍의勞苦를感謝하여야할것이다

◇

思想的으로 東亞諸民族協同社會建設의典型이되고 國防上으로 念慮가업게하는北方據點이된 滿洲國은 事變前後의 混沌과建國宣言以後의 秩序잇는 建設의一路의過程을通하야 國家自體로써도 堂々한 近代國家로서의 實力을가짐에니르럿스니 于先治安狀態를 보드래도建國當時三十萬으로 指稱되는 匪賊은今日에는 全然그그림자를 감추어 舊軍閥時代『馬賊』의橫行하는 荒野와가튼 感을滿語人에게주는 滿洲는 文字그대로살기조흔 王道樂土로一變하엿다 鐵道、道路、港灣其他交通機關과 電信電話、無線等의 驚異的인發展이治安의確立과 地方産業開發文化敎育의 普及에 크게 貢獻한것은 特記할點으로 이러한施設에 日本의科學과 技術에依한超人的努力으로써 完遂된事實은 現代日本의建設的才幹을 滿洲國家로서도 稱讚치아니치못하리만큼 世界를瞠目케한것이다 産業에잇서서는昭和十二年부터 開始된重工業五個年計畫은그동안支那事變의勃發 第二次歐洲戰爭의 擴大로인 **獨蘇**戰 最近은 大東亞戰爭의勃發等모든外部的으關係가發生하야 預定計畫의一部變更을하지아니치못하는 情勢에逢着하면서도모든艱難을突破하야 六十億圓의尨大한資金과日本側의積極的援助에따하야大體로그所期成果를收함에이르럿스니 이建設의結果는野生的인産業滿洲를近代産業國家의軌道우으로올려노앗다 南方資源의大獲得에依한日滿産業立地計畫의確立에따라 滿洲國의豐富한電氣動力、石炭은또한大東亞共榮圈內에 産業的으로도不拔의地位를 保持할것이다食糧基地로서의役割을加味한 第二次産業五個年計畫은 今年度부터設定되는바 今後數年後의實現는實로驚異할實績을나타낼것이다

◇

昭和十二年부터開始된日滿兩國政府의重要國策인 開拓政策은滿洲의廣野를 開拓하는同時에東北大陸防共基地로써의 人的要素를確保하려는 國家百年大計에서出發한것으로 內地人開拓民二十年間百萬戶朝鮮人開拓民十五年間十五萬戶入植計畫의 第一次五個年計畫은 昨年度로써 終了하엿는데 여러가지關係로 豫定目標그대로는 進捗되지못하엿다 今年度부터始作된 第二次開拓五個年計畫에 잇서서는 그것까지를補足하고 第二次豫定計畫을 오히려조곰도縮少함이업시 擴充强化하야實行하는것을 確立한것은周知하는바이다 이는大東亞戰爭勃發後南方에對한關心이 急激히昂揚되고잇슴에不拘하고 日滿兩當局이日滿을 **核心**으로한共榮圈確立을不動의國是로하고잇는바를 再確認한것으로 優秀한大和民族이 北方에大量移動되여 民族協和의中樞로써 容興國으로써비로소東亞永遠의平和와安定感이確保되는것을 要求하는信念의發露라할것이다 大和民族의傳統과矜持를保持하고 近距離에잇서서 一定한人的資源을確保함에잇서서는蘇聯國土의相似性이 北方보담 一層優한南方보담依然히人은北에物은南에서라는『北人南物』의口號가 滿洲國內의 識者間에서 唱出하는것은偶然한일이아니다 南方經營은新秩序破壞者에依하야 漸次具體化하야 米英의侵略主義 舊體主義를 一掃하고 道義에依한南方新秩序가 確立되고잇는이때그 先驅者인滿洲國建國十年의貴重한經驗은 모든 建設에잇서서活敎訓이 될것이다 滿洲國의 建國精神인 日滿一體不可分關係民族協和道義世界確立의 不動의國是는 南方共榮圈 地域에서 充分攝取될것은 말할것도 업거니와 이러함에도不拘하고 日滿이中核임은 이또한말할必要도업는不動의信念이될것이다 **南方**熱에 對한冷水 一盃가되기를希望하면서 滿洲國의 價値를그려보는것이다

1942. 1. 20.

낙토의 실현을 목표로 하여 세계에 가장 뛰어난 독특한 정치체제를 수립한 만주국 건국 선언에서 퍼져 나간 것이라는 것에 생각이 미칠 때 이번 3월 1일의 만주국 건국 10주년 제전은 역사적으로 명기할 동아 여러 민족의 일대 성사라고 할 것이다.

빛나는 5천 킬로미터에 걸쳐 적색 소련과 국경을 접하고 있는 만주국은 또한 공산주의의 화를 한 걸음도 동양에 들어오지 못하게 하는 일대 방파제로서 일만 공동방위협정에 의하여 영하 40도의 혹한 하, 북방 방위의 철통진을 펴고 있는 관동군[1] 및 정예 만주군의 엄연한 존재야말로 무적 황군의 지나 대륙 및 남방에 있는 혁혁한 전과에 대한 보장이 되는 것이다.

현실의 싸움 없는 전쟁인 북방 공동방위진의 일대 거점인 만주국이 변화무쌍한 국제동란 중에 있는 동아의 일대 안정 세력이라는 중요 관심이, 남방에 있는 찬연한 승리 때문에 망각되기 쉬운 감이 있는 것은 유감스러운 일로서, 차제에 일반은 남방에 경도된 시각을 북으로 향하여 혹렬한 한서(寒暑)와 만난을 극복하기 10년간 밤낮으로 분골쇄신하여 북방 철벽진을 완성한 관동군 장병 및 만주국군의 노고를 감사하여야 할 것이다.

◇

사상적으로 동아 여러 민족 협동사회 건설의 전형이 되고 국방상으로 염려가 없게 하는 북방 거점이 된 만주국은 사변 전후의 혼돈과 건국 선언 이후의 질서 있는 건설의 일련의 과정을 맞아, 국가 자체로서도 당당한 근대국가로서의 실력을 가짐에 이르렀으니 우선 치안 상태를 보더라도 건국 당시 30만으로 지칭되는 비적(匪賊)[2]은 금일에는 전연 그 그림자를 감추어 옛 군벌시대 마적(馬賊)의 횡행

1 러일전쟁에서 승리한 일본은 관동주를 설치한 후 관동도독부를 두고 관동주와 남만주철도의 경비를 위해 병력을 주둔시켰는데, 이것이 관동군의 시작이다. 관동군은 일본의 대륙 진출 교두보로서 큰 비중을 차지하였다. 관동군 병력은 1941년 무렵 최대 70만 명까지 늘어났는데, 그 무렵 동북지방의 중국과 한국인으로 구성된 항일무장세력의 암살에도 적극적이었다.

2 만주 일대에서 횡행하던 도적 무리를 가리킨다. 일본의 침략과 봉건주의체제의 수탈로 발생하였다.

하는 황야와 같은 감을 우리에게 주는 만주는 문자 그대로 살기 좋은 왕도 낙토로 일변하였다.

철도, 도로, 항만, 기타 교통기관과 전신전화, 무전 등의 경이적인 발전이 치안의 확립과 지방 산업 개발, 문화 교육의 보급에 크게 공헌한 것은 특기할 점으로, 이러한 시설에 일본의 과학과 기술에 의한 초인적 노력으로써 완수된 사실은 현대 일본의 건설적 재간을 적성국가로서도 칭찬하지 아니치 못할 만큼 세계가 눈을 휘둥그레 뜨고 보게 한 것이다.

산업에 있어서는 소화 12년(1937)부터 개시된 중공업 5개년계획은 그동안 지나사변의 발발, 제2차 세계대전의 확대 혹은 독소전, 최근은 대동아전쟁의 발발 등 모든 외부적으로 장애가 발생하여 예정 계획의 일부 변경을 아니치 못하는 정세에 봉착하면서도 모든 간난을 돌파하여 60억 원의 방대한 자금과 일본 측의 적극적 원조에 따라 대체로 그 소기 성과를 이룸에 이르렀으니, 이 건설의 결과는 야생적인 산업 만주를 근대 산업국가의 궤도 위로 올려놓았다. 남방 자원의 대량 획득에 의한 일만 산업 입지 계획의 확립에 따라 만주국의 풍부한 전기동력, 석탄은 또한 대동아공영권 내에 산업적으로도 든든한 지위를 갖출 것이다. 식량기지로서의 역할을 가미한 제2차 산업5개년계획은 금년도부터 발족되는 바, 금후 수 년 후의 변모는 실로 경이로운 실적을 나타낼 것이다.

◇

소화 12년(1937)부터 개시된 일만 양국 정부의 중요 국책인 개척 정책은 만주의 광야를 개척하는 동시에 동북 대륙 방공(防共) 기지로서의 인적 자원을 확보하려는 국가 백년대계에서 출발한 것으로, 내지인 개척민 20년간 백만 호, 조선인 개척민 15년간 15만 호 입식(入植) 계획의 제1차 5개년계획은 작년도로써 종료하였는데, 여러 가지 관계로 예정 목표 그대로는 진척되지 못하였다.

금년도부터 시작된 제2차 5개년계획에 있어서는 그것까지를 보충하고 제2차 예정 계획을 오히려 조금도 축소함이 없이 확충 강화하여 실행하는 안을 확립한 것은 주지하는 바이다.

이는 대동아전쟁 발발 후 남방에 대한 관심이 급격히 앙양되고 있음에 불구하고 일만 양 당국이 일만을 핵심으로 한 공영권 확립을 확고한 국시(國是)로 하고 있는 바를 재확인한 것으로 우수한 대화민족이 북방에 대량 이동되어 민족 협화의 중추로서 기여함으로써 비로소 동아 영원의 평화와 안정감이 확보되는 것을 추구하는 신념의 발로라 할 것이다.

대화민족의 전통과 긍지를 보유하고 가까운 거리에 있어서 일정한 인적 자원을 유지함에 있어서는 기후풍토의 닮음이 북방보다 한층 현격한 남방보다 의연히 사람은 북에, 물건은 남에서라는 '북인남물(北人南物)'의 구호가 만주국 내의 식자(識者) 사이에서 나오는 것은 우연한 일이 아니다. 남방 경영은 싱가폴 함락에 의하여 점차 구체화하여 미영의 침략주의, 금권주의를 일소하고 도의에 의한 남방 신질서가 발족되고 있는 이때, 그 선구자인 만주국 건국 10년의 귀중한 경험은 모든 건설에 있어서 산 교훈이 될 것이다.

만주국의 건국 정신인 '일만일체 불가분 관계 민족 협화 도의 세계 확립'의 움직일 수 없는 국시는 남방공영권 지역에서 충분히 섭취될 것은 말할 것도 없거니와, 이러함에도 불구하고 일만이 중핵임은 이 또한 말할 필요도 없는 확고한 신념이 될 것이다.

남방열에 대한 냉수 한 그릇이 되기를 희망하면서 만주국의 참모습을 그려 보는 것이다.

주요 경력

생몰년: 1896-?

1925: 조선사회주의자동맹 상무위원.

1927: 조선프롤레타리아예술동맹(KAPF) 결성 참여.

1928: 조선공산당 사건으로 일본경찰에 검거.

1942: 『매일신보』 신경특파원.

광복후

1949: 공보처 고문.

1950: 납북.

033

배상명

하루에 한 가지

제 옷은 제가 짓자

상명실천여교장 배상명(裵祥明)

옛날 우리 할머니나 우리 어머니들은 도포[1]나 창의[2] 같은 것을 짓느라고 퍽 애쓴 시대도 있건마는 현대에 이르러서는 소위 신여성이란 분은 자기 옷도 변변히 짓지 못하는 것은 물론이고 더 나아가서는 도무지 자기 옷을 자기가 지어 입으려 아니하고 값을 주어 입는 경향이 너무 많습니다. 하기야 가정 살림에 바쁜 때 자기가 지어 입을 수가 없는 때도 많겠지마는 거개는 집에 피둥피둥 놀면서도 자기 옷을 자기가 지어 입으려 하지 않을 뿐 아니라 심한 경우에는 귀여운 자기 어린애의 옷까지도 값을 주는 일이 많습니다. 이래서 최근에 느는 것은 거의 재봉소뿐이라고

1 선비들이 예복으로 입던 겉옷. 소매가 넓고 길며 길이도 길어서 발목까지 닿는다.

2 벼슬아치가 평소에 입는 옛 웃옷. 소매가 넓고 뒤 솔기가 갈라져 있다.

할 만치 되었는데, 이것은 아무래도 우리가 비난하지 않으면 안 될 그런 일입니다. 역시 한때 우리 할머니나 우리 어머니가 바느질 하느라고 고생한 것이 역현상(逆現象)으로 나타나고 있는 것이라고 할 수 있습니다마는, 우리가 바느질을 하는 것을 너무 모른다고 하는 것은 아무래도 여성의 자랑거리는 못됩니다.

1942. 4. 7.

여성은 가정을 갖게 하고 이 가정의 모든 일을 처리하는 만큼 가정에서 할 수 있는 일은 죄다 해야 합니다. 곧 밥을 짓는다거나 옷을 만든다든가 어린애를 기르는 것은 어느 때든지 여성의 천직이 아닐 수 없습니다. 다소 집안일이 바빠서 혹은 직업여성이 되어 자기 옷을 못해 입을 경우에는 어찌할 수 없는 일이나, 그렇더라도 시간이 허락하는 한에서 자기 옷은 자기가 해 입을 것은 물론이고 자기 옷을 자기가 못해 입더라도 만드는 법만은 잘 알고 있어야 합니다. 이런 일은 화장에 힘쓰는 시간과 '데파트백화점' 식당에 가는 시간을 절약하면 얼마든지 할 수 있는 일입니다. 화장이나 '데파트'를 잘 돌아다니어 나쁜 별명을 사느니보다는 집에서 헌 옷가지라도 고쳐 짓고 꿰매는 것이 훨씬 효과적인 것을 깨달아야 합니다.

주요 경력

생몰년: 1906-1986
1923: 동덕여학교 졸업.
1937: 상명고등기예학원 설립.
1941: 조선임전보국단 발기인.
광복후
1951: 상명여자중고등학교 교장 취임.
1965: 상명여자사범대학 설립, 초대 학장 취임.

상훈

1964: 문화훈장 국민장(대한민국).
1976: 대통령 표창(대한민국).
1982: 국민훈장 모란장(대한민국).

034

유각경

어머니 자신부터 가질 '야마토다마시'[1]

여자기독청년회 유각경(兪珏卿) 씨 담화

조선에도 징병제도가 실시된다는 소식을 듣고 이보다 감격하기는 처음입니다. 어머니된 사람으로서 두 어깨가 무거워짐을 느낍니다. 조선의 어머님들로서 내지의 어머님들을 근본적으로 본받을 때가 이때라 생각합니다.

우리의 아이들은 우리 개인의 아이가 아닙니다. 나라의 아이가 된 것입니다. 그러려면 어떻게 잘 길러서 국가에 바칠까 우리 어머님들은 노력하여야 할 것입니다. 내 사랑하는 아들이 국가를 위하여 목숨을 버릴 수 있다. 그리고 빛나는 무훈을 세울 수 있다. 이 얼마나 기쁜 일입니까? 얼마나 영광스러운 일입니까? 우리는 이런 영광스런 의무를 차지하게 된 것만 좋아 날뛸 것이 아닙니다. 군인의 어머니

1 한자로 대화혼(大和魂)으로, 일본 민족 고유의 정신을 가리킨다.

로서 갖출 점을 마음속 깊이 마련해 놓아야 할 것입니다. 어머님 자신들이 우리나라의 '야마토다마시'를 몸소 인식하지 않으면 안 될 줄 압니다. 그 다음 이 정신을 직접 장래 군인이 될 어린아이에게 뼈가 되고 살이 되게 교육시켜야 될 줄 압니다.

어머니자신부터가질
「야마도다마시히」

女子基督青年會 兪珏卿氏 談

조선에도 징병제도가 실시된다는 소식을듯고 이보다 감격하기는 처음입니다 어머니된사람으로서 두어깨가 무거워짐을 늣깁니다 조선의 어머니들로서 내지의 어머니들을 근본적으로 본바들때가 이때라 생각합니다 우리의아이들은 우리개인의 아이가 아닙니다 나라의 아이가 된것입니다 그러타면 어떠케잘 길러서 국가에 바칠가 우리어머님들은 노력하여야할것입니다 내 사랑하는 아들이 국가를위하야 목숨을 버릴수잇다 그리고 빗나는 무훈을 세울수잇다니얼마나 기뿐일입니까 얼마나 영광스러운일입니까 우리는 이런 영광스런 의무를 차지하게 된것만 조하날뛸것이 아닙니다 군인의 어머니로서 가추울 점을 마음속기퍼 마련해노아야할것입니다 어머님자신들이 우리나라의「야마도다마시히」를 몸소인식하지안흐면 안될줄압니다 그다음 이정신을 즉접장래군인이될 어린 아이에게 뼈가되고 살이되게 교육시켜야될줄압니다

1942. 5. 12.

주요 경력

생몰년: 1891-1966

1910: 정신여학교 졸업.

1922: YWCA 창립, 회장 취임.

1937: 조선예수교장로회 여전회 회장.

1937: 애국금차회 발기인 겸 간사.

1941: 국민총력조선예수교장로회 총회연맹 여자부 중앙위원.

광복후

1945: 한인애국부인회 창립, 위원장.

1949: 대한부인회 부회장.

1956: 자유당 중앙위원.

035

조기홍

가정과 문화

여름새 겨우새 두 벌이면 그뿐

간복은 폐지하자

자숙해야 할 혼수 흥정

성신가정여학교

조기홍(趙圻烘) 씨 담화

일본 피복성에서는 국민의 의복을 전국적으로 통일하려고 남자는 국민복, 여자는 부인복, 학생복으로 남학생복, 여학생복 네 가지를 발표하였습니다. 이 뜻은 자원이 부족한 현 비상시에 감을 통일하자는 것과 형형색색의 다른 모양을 만드는 수고를 절약하기 위해서 같은 모양으로 만들게 된 것입니다. 그래서 이후로는 어디

家庭과 文化

여름새 겨우새 두벌이면 그쁜 간복은 폐지하자

◇자숙해야할 혼수흥정

淑明家政女學校 趙圻烘氏 談

일본고복성에서는 국민의의복을전국적으로통일하려고 남자에는 국민복 여자는부인복학생복으로 남학생복 여학생복비가지지를 발표하엿습니다 이주지는자원이 부족한비상시에간복들입하자는것과 형형색색의 다른모양을맨드는 수고를 절약하기위해서가튼 모양으로 만들게된것입니다 그래서 이후로는 어듸나가든지 여자의 국민복남자의 국민복을 입어서 단체에서는오히려 단제미를볼수잇게되엿습니다 이러한 국가의주지와정신으로 보아도 우 조선가정부인들은솔선해서 의복에대한시국하의지식을가지서야된다고생각합니다 남자양복은 이후 새로만들려도 감이업거니와 그러나 구태만들려고 시내를 전부 돌아단이며 수고를하는 비시국적인분들은 자중해야할것입니다 이제까지는 춘추복과 동복 하복을 꼭루마첫스나 양복으로는 동복과 하복 두가지뿐만 입도록하서야할것입니다 그리고 국민복우에도 [illegible] 단이는 분을 만이봅니다 그런데 나는 어떤 판청에 단이는분중에서저 울외투를 흔한에도 간입고 저들을나는분을 보앗습니다 이것은 건강을 위해서의 목적이겟지만 건강뿐만이아니라 불자적으로 보아도 몸의루라는것을잃은의 사치가아닌가 합니다 될수잇스면 잇는것은그대로입고새로지지말도록노력하시기바랍니다

여자의복에 대해서는 십여년전부터 색의장려로 춘추마다비상수단을쓰다십히강조해나오는바레로보아 여전히흰옷이만타고볼수잇는데 이것은강제로해도안될것이고 여러분께스스로의자각에서 나오지안흐면안될줄압니다 흰옷이시간과 노력의피로움이 만타는것은 남이입너주는것보다 당사자 부인들이 먼저깨달을것입니다 그리고 여전히포목점마다는혼수 흥정가지수로보아 대단하고 싸님을가시키는어머니는 이시국에 도불고하고 가지수를만히채워줄려고하는마음과 그옷을가지고시가의부인들이 역시수를가지고비평해서 수가만흔수록칭찬하는 이어리석은판습을내버리지안흐면 현시국하에너머나 부끄러운일이다 생각합니다 그리고 불자가 부족할이때에 외출할때는 색진솔옷을 입어야만 하는 습관을 버리서야 할것입니다 남앞에나 갈때는깨끗하면제일입니다 한번 입은후에는 다시 외출할때업고 심하면간을댄다든가하는「제이싸구」를하는데 전시가아니드래로 이런일은 추라고말할수업습니다 애국반상회마다 살림사리의여러가지문제가 만이나옵니다 이런한문제 의론할때마다 각가정에서실행만하면 이런한부끄러운일은 업슬것이라생각합니다

파리의습성

이걸아라야잘재펴

파리잡는 종이 즉「끈끈이」와 파리잡는 그릇도 파리의습성을 안뒤에 노흘 자리를 가려서 노치안흐면 아모소용도업습니다 파리는 환한곳만 조와하지 컴컴한곳은 조와하지안습니다 그리고 냄새를 퍽잘맛는고로 여러가지 구수한 냄새가 나는 부엌은 조아하지만 가튼 냄새래도「크레조ー루」 비누나 「호르마린」냄새는 조하하지를 안습니다

파리잡는 그릇에 너허둘것으로는어류를 썩은것이 조흔것가터 생각키지만 사실은 파리도 썩은것보다는 신선한생선을 썩이기를 조하합니다 이러한 습성을안후에 부엌문엽페나 또는 창에서 얼마간 떠러저잇는곳에 파리잡이를 만드러두면 이상하게도 만히 모여들어 잘잡을수가잇습니다

詩壇時評 「海棠花」를中心하야 ①

朱耀翰

最近에 [illegible]詩人의詩集「海棠花」를 中心하야詩壇時感을 써오려고한다

「海棠花」라는 題目이 얼투당투안타 못해 비긴다면「해바라기」가아니면「木蓮」이라할까 두서운 거친운 [illegible]키어려운 [illegible]—이것이 巴人의 作品이다 어찌 [illegible]한 海棠花로 비기리오

그러나 구태여「海棠花」라고 命名하는데 亦是巴人의 稱號가 잇다고 할까

「아아 그대는 내마음속 海棠花의 언덕으로 오서주실단 한분인 이인저」

(海棠花의 언덕의 [illegible])

이것이 [illegible]의 出典인듯하다 마는 果然「海棠花의언덕」이 어떠한 典型的 自然風景인지는 凡

孝石을追悼하며 그의容貌와가…

約한달쯤에 [illegible]이잇서 平壤 잇가을제 作家金永錫 [illegible]順元 두분의 주선으로 오래간만에 李孝石氏와 數時間會食을 談笑를 가젓섯다 麥酒잔을 아페노코채 「술맛보다는 술빗이조코 술빗보다는 술냄새가 더욱조쿠요」 하면서 가만히 눈을감는 氏엿다 그래서 나는 요새 [illegible] 새습니다하고웃엇드니 요새는나 自然도 [illegible] 感謝합니다하고 미듬성잇는말을 들려주엇다 나는 [illegible]하여가는 文壇[illegible]

1942. 5. 30.

나가든지 여자의 국민복, 남자의 국민복을 입어서 단체에서는 오히려 단체미를 볼 수 있게 되었습니다. 이러한 국가의 뜻과 정신으로 보아도 우리 조선 가정부인들은 솔선해서 의복에 대한 시국 하의 지식을 가지셔야 된다고 생각합니다.

남자 양복은 이후 새로 만들려도 감이 없거니와, 구태여 만들려고 시내를 전부 돌아다니며 수고를 하는 비시국적인 분들은 자중해야 할 것입니다. 이제까지는 춘추복과 동복, 하복을 고루 맞췄으나 앞으로는 동복과 하복 두 가지로만 입도록 하셔야 할 것입니다. 그리고 국민복 위에도 흔히 봄 외투를 입고 다니는 분을 많이 봅니다. 그런데 나는 어떤 관청에 다니는 분 중에서 겨울 외투를 혹한에도 안 입고 겨울을 나는 분을 보았습니다. 이것은 건강을 위해서의 목적이겠지만 건강뿐만이 아니라 물자적으로 보아도 봄 외투라는 것은 일종의 사치가 아닌가 합니다. 될 수 있으면 있는 것은 그대로 입고 새로 짓지 말도록 노력하시기 바랍니다.

여자 의복에 관해서는 십여 년 전부터 색의 장려로 촌촌마다 비상수단을 쓰다시피 강조해 나오는 비례로 보아 여전히 흰옷이 많다고 볼 수 있는데, 이것은 강제로 해도 안 될 것이고 여러분들 스스로의 자각에서 나오지 않으면 안 될 줄 압니다. 흰옷이 시간과 노력의 괴로움이 많다는 것은 남이 일러 주는 것보다 당사자 부인들이 먼저 깨달을 일입니다.

그리고 여전히 포목점마다는 혼수 흥정 가짓수로 보아 대단하고, 따님 출가시키는 어머니는 이 시국에도 불구하고 가짓수를 많이 채워 주려고 하는 마음과 그 옷을 가지고 시가(媤家)의 부인들이 역시 수를 가지고 비평해서 수가 많을수록 칭찬을 하는 이 어리석은 관습을 내버리지 않으면 현 시국 하에 너무나 부끄러운 일이다 생각합니다.

그리고 물자가 부족한 이때에 외출할 때는 꼭 진솔옷한 번도 빨지 않은 새옷을 입어야만 하는 습관을 버리셔야 할 것입니다. 남 앞에 나갈 때는 깨끗하면 제일입니다. 한 번 입은 후에는 다시 외출할 때 입고 심하면 안을 댄다든가 하는 사치를 하는데 전시가 아니더라도 이런 일은 좋다고 말할 수 없습니다.

애국 반상회마다 살림살이의 여러 가지 문제가 많이 나옵니다. 이러한 문제를 들을 때마다 각 가정에서 실행만 하면 이러한 부끄러운 일은 없을 것이라 생각합니다.

주요 경력

생몰년: 1908-1997
1929: 동경여자고등사범학교 졸업.
1937: 애국금차회 간사.
1940: 성신여자중학교 부교장.
광복후
1965: 성신여자대학교 부학장.
1982: 성신여자대학교 초대 총장.

상훈

1959: 서울특별시 교육공로자 표창(대한민국).
1987: 춘강상 교육 부문 수상(대한민국).

036

조택원

무용

반성과 새출발

–무용협회 결성의 제창

무용가 조택원(趙澤元)

지난해의 조선 무용계를 회고하여 볼 때에 그것이 얼마나 침체하였다는 것을 우선 느끼게 된다. 무용회다운 무용회는 물론 하나도 없었을 뿐 아니라 내지에서 온 무용가들조차 이시이(石井漠) 씨 무용단 이외에는 아무도 없었으니 너무나 빈약한 1년을 헛되이 보낸 감이 적지 않다. 만일 이런 상태를 금년에도 거듭한다면 우리네 조선 무용계는 문화전선에서 자연 소멸되고 말 것이니 탄식하며 반성하지 않을 수 없다.

反省과 新出發

—舞踊協會結成의 提唱—

舞踊家 趙澤元

舞踊

1943. 1. 7.

그러나 지난해에도 활자로는 무용에 대한 글이 적지 않았으나 그 내용이란 교육무용(율동), 흥행적인 오락무용, 창작무용(예술무용) 등으로 나누어 볼 수 있는데 첫째로, 각 보육학교나 여학교의 음악무용회(음악은 제외하고)를 볼 때에 나는 교육자로서 너무나 이 무용에 대하여 무반성함에 놀라지 않을 수가 없었다. 교육을 위한 이런 학교의 교육무용이란 완전히 흥행가들이 입장료를 목표로 한 저속한 오락무용과 똑같은 방향으로 민중의 호기심을 끌고자 한 데 지나지 못하였음을 대단히 유감으로 생각하고 있다.

비록 거기에는 시국적인 경향은 농후했으나 그것도 시국을 정확히 깨닫지 못한 데 약점이 잠재해 있는 것인데, 국민가요에 맞추어 도약만 하면 그 내용은 여하튼 시국적인 율동인 줄 오해한 데 있다고 생각한다. 어린아이도 아닌, 커다란 여학생들이 무용의 수법도 모르고 자기 몸 하나도 바로 동작하지 못하고 우왕좌왕하는 무대 위는 가관이라면 가관이라고 할 수 있었다. 이것을 만일 음악에 비한다면 마치 도레미파도 칠 줄 모르는 사람이 피아노를 두드리는 형상과 같은 것인데, 지도자는 여기에 대하여 신중히 반성함이 있기를 바란다. 그리고 율동이란 동심을 연구하며 건전한 예술적인 무용에 토대가 되어야 한다는 것을 깨달아 주기 바란다.

둘째로는 소위 악극단의 무용인데, 이 역시 이름만이 무용이지 무엇을 하는 것인지 정의를 내릴 수 없을 지경이었다. 무용이 언어의 해석이 아닌 이상 절대로 무용적이 아니면 안 되는 것만은 이해해야 할 터인데 세련되지 못한 수법으로 무대에 횡행하는 그들은 대중을 너무 얕잡아 보고 하는 행위가 아닌가 생각한다. 이념과 의욕은 제쳐 놓고라도 기교만이라도 체득한 무용술을 갖춘 것을 무대에서 보여주면 흥행적으로도 성적이 올라갈 것이니 맹성하기 바랄 뿐이다. 문제는 양심적이냐! 아니냐! 이 두 가지에 있을 뿐이다.

셋째로는 발표회라는 미명 하에 예술무용(창작무용을 말함)을 하겠다는 선남선녀의 무용회인데, 이 사람들의 태도도 실로 한심할 뿐 크다면 너무나 큰 무용도(舞踊道)에 대하여 도의에서 벗어나는 일종의 죄를 범하고 있다고 보였다. 정신적으로나 기교로나 성인이 되지 못한 그들이 무책임하게도 그때뿐의 행사로서 대중을 기만하는 태도는 도의상으로 보아도 용서할 수가 없다. 출세에 급급하기 전에 우선 마음과 기술, 태도를 충분히 연마하기를 무용을 사랑하는 한 사람으로서 권하고 싶다.

이렇게 말한 것은 필자가 남의 결점만을 지적하는 것 같이 보이나 결코 그런 것이 아니고 먼저 지난해 일에 대한 반성 없이는 성스러운 대동아전쟁 하 제2년의 무용은 말할 수 없는 것이다.

일반적으로 보아 조선 사람들은 무용을 대단히 즐겨 하는 편인데, 그 비례로 보아 무용의 발달이 없음은 무용에 대한 확실한 이념과 의욕이 없기 때문이 아닐까 한다. 무용도 예술이라면 예술적인 양심을 가져야 할 것은 물론일 것이다. 그런데 전해 오는 조선무용(고전과 민속을 합하여)은 이것이 몹시 부족 희박하므로 나는 이것을 고도의 예술이라고는 보지 않는다. 이에 대한 긴 이야기는 다음 기회로 미루기로 하고 간단히 제일 알아듣기 쉬운 말을 쓴다면 현재까지의 조선무용은 너무 민속적이어서 지방색 이외에는 취할 것이 적다고 나는 본다. 민속적으로는 우수할지 모르나 정신적인 예술로는 가치가 대단히 적다는 것이다. 우리가 자기도취를 떠나 냉정히 비판한다면 이런 말 이외에는 별다른 말이 없으리라고 나는 생각한다.

시대를 따라 문화란 발전하는 것이며, 발전함에 따라 향상하는 것인데, 시대와 문화적 거리가 긴 유산에 참된 시대적인 예술이 탄생할 수 있다. 만일 전해 오는 조선무용을 높이 평가하며 그것이라야 예술이라는 사람이 있다면 그들은 시대와 문화를 모르는 어리석은 사람들이라고 할 것이다.

지금 조선무용을 바로잡지 않는다면 조선무용이란 놀고 타락한 자의 취흥이나 유희에 지나지 못한 저속한 것이 되고 말 것이니, 무용에 관심을 갖는 우리들은 금년부터 정신을 차려 새로운 생각으로 조선무용을 예술적인 것으로 인양하지 않으면 안 될 것이다. 다시 말하면 조선무용도 지방적인 특색을 가진 일본 무용계에 한 자리를 차지하자는 것이다. 그래야 생명이 있을 것이요, 조선무용도 국민총력전에 참가할 수가 있을 것이요, 무용가도 총력전사가 될 수가 있을 것이다.

무용은 노는 때에나 즐거운 때에만 하는 것이 아니다. 가장 아름답고도 씩씩한 것이 무용이니 국민에게 사기를 돕고 총후 국민에게 아름다운 정서를 나누어 주는 고귀한 정신을 가진 예술이라는 것을 잊지 말고 우리 무용계는 새로운 출발로 대진군하지 않으면 대동아문화에 낙오자가 되고 말 것이다. 현재에 전쟁이 전차와 비행기는 물론이요, 높은 화학문화를 필요로 하는 것과 같이 예술문화도 이와 정비례하여야 될 것은 덧붙일 필요가 없을 것이다.

서양적인 기교를 가진 것이나 일본적인 기교를 가진 것이나 조선적인 기교를 가진 것이나 일본정신을 가진 창작 의도에서 구성된 무용이라면 그것은 다 일본의 새로운 현대무용에 도움이 되리라고 믿는다. 이 점에 있어서 조선무용의 수법으로 조선무용을 예술화시키자는 무용인에게 나는 특별한 반성을 바라는 것이다.

이상과 같은 의미에서 조선 내에도 강력한 무용협회가 시급히 필요하다고 생각한다. 금년에는 기어이 무용협회를 조직하여 문화선전전에 다른 예술 부문과 종횡으로 연락을 취하여 국민총력전에 참가할 것은 물론이요, 무용 자체를 위하여서도 모순되고 무질서한 일이 없게 창작무용, 교육무용, 오락무용 등 부서를 나누어 각각 양심을 가지고 탈선하지 않는 건전한 무용예술을 건설하는 첫해가 되기를 나는 충심으로 바라는 바이다.

(사진=무용 〈춘향전〉의 한 장면.)

주요 경력

생몰년: 1907-1976
1928: 이시이 문하에서 무용 수련 시작.
1932: 조택원 무용연구소 설립.
광복후
1962: 한국무용협회 이사장.
1969: 한국민속무용단 설립 및 단장.
1972: 예술원 회원.

상훈

1964: 한국무용협회 공로상(대한민국).
1966: 서울특별시 문화상(대한민국).
1974: 예술원 공로상(대한민국).
1974: 금관문화훈장(대한민국).

037

김종한

신춘의 기원

조양영발(朝陽暎發아침 햇살이 반짝이며 빛남)

김종한(金鍾漢)

햇살 다사로이 피어 피어
네 머리카락에 내 머리카락에 물들었다
누이야 동생아 사촌형제야
내 어깨에 네 어깨에 어른거린다

햇살 다사로이 피어 피어

네 눈동자 내 눈동자에 별이 돋는다
누이야 동생아 사촌형제야
내 귀에 네 귀에 불이 붙는다

먼 남쪽 바다엔 전쟁이 있고
어정정 추석 동지 정월 초하루
밥 한 그릇 죽 한 그릇이 별미더라
양력설이 몇 번 지나야 우리도 자라 싸우나

햇살 다사로이 피어 피어
우리 집 초가지붕에 김이 서린다
여동생아 아우야 사촌형
제야
너의 집 청기와 지붕에 무
지개 선다

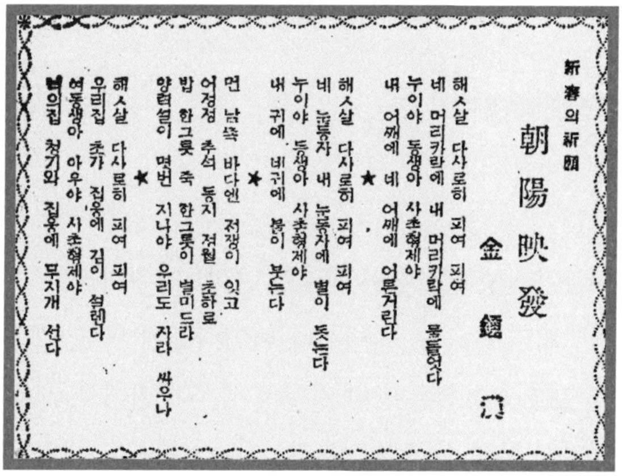
新春의 新詩

朝陽映發

金鍾漢

해ㅅ살 다사로히 피여 피여
네 머리카락에 내 머리카락에 물들엇다
누이야 동생아 사촌형제야
내 어깨에 네 어깨에 어른거린다

★

해ㅅ살 다사로히 피여 피여
네 눈동자 내 눈동자에 별이 돗는다
누이야 동생아 사촌형제야
내 귀에 네귀에 불이 붓는다

★

먼 남쪽 바다엔 전쟁이 잇고
어정정 추석 동지 정월 초하로
밥 한그릇 죽 한그릇이 별미드라
양력설이 몃번 지나야 우리도 자라 싸우나

★

해ㅅ살 다사로히 피여 피여
우리집 초가 집웅에 김이 서린다
여동생아 아우야 사촌형제야
네의집 청기와 집웅에 무지개 선다

1943. 1. 9.

주요 경력
생몰년: 1916-1944
1935: 『조선일보』 신춘문예 당선.
1944: 『매일신보』 입사.

038

유진오

동양과 서양
—동아 문예부흥에 관한 일 단상

유진오(兪鎭午)

[1]

대동아전쟁이 일어난 뒤로는 '동아 신질서', '동양 정신', '동양 문화' 등의 어휘가 범람하고, 누구의 입에서나 튀어나오게 되어, '서양'에 대하여 '동양'이 따로 존재해 있다는 것쯤은 이미 기정의 사실이 되어 버린 감이 있다. 학자들 사이에도 지금 동양의 본질을 구명하며 그 고유의 정신을 천명하려는 노력이 성행되고 있는 것은 주지의 사실이다.

東洋과西洋

—東亞文藝復興에關한一斷想—

俞鎭午

【1】

大東亞戰爭이이러난뒤로는「東西新秩序」「東洋精神」「東洋文化」等의語句가 거리에 氾濫하고 누구의 입에서나 튀어나오게되어「西洋」에對하야「東洋」이 따로 存在해 잇다는것等은 이미 旣定의事實이 되어버린 感이잇다。學者들사이에도 지금東洋의 本質을 究明하며 그固有의 精神을 闡明하랴는 努力이 繼行되고 잇는것은 周知의 事實이다。

그러나 도리켜 보건대 西洋에對하야 東洋이라는것이 잇느나 업느냐 하는것은 그러케自明한問題가아니라 바루 요몃해前까지 學者들사이에 여러가지로 論議가 反復되든 問題다。著名한東洋思想史의 專攻家인津田左右吉氏가 ——即 누구보다도 먼저 東洋의 存在를主張하여야될 立場에잇는이가 도리혀 이를 否定하야 西洋과 本質的으로 區別될수잇는 東洋이라는것은 存在치아니한다고 主張하야 讀者의 耳目을 聳動하엿든것은 記憶에 새로운바다。東洋과西洋의區別을 否認하다니 그것은 웬까닭인가。東洋이나 西洋이나 하는것을 地理學的 또는 人種學的概念으로서가 아니라 한 文化的約體로서 또는한 歷史的約體로서 把握하기때문에 그런 立論도 나올수잇는것이다 地圖를 펴보면 東洋과 西洋은 海陸幾萬里의 距離에 멀리 써러저잇고 거리를 거닐면、요새는 대단 드믈어지기는 하엿스다 그래도 간々히 樞軸國側의 所謂 西洋사람들——우리들보다 키도 크고 몸집도크고한、碧眼紅毛의 사람들을 볼수잇는것이 또한 事實이니 津田氏가튼이도 무어 이러한 區分의存在를 否認하는것은 아니다。東洋이라는것이 西洋史를 論할때에 우리 區別되는 原始 古代 中世 近代等의歷史的 文化的約體와 對立되는 한約體를 構成할수잇는가 업는가 하는것이 그들의問題의 對象인것이다 簡單하게말하면 西洋精神이라는것에 對하야 固有의 東洋精神이라는것이 잇느냐 업느냐 하는것이 論議의 焦點인것이다。

이問題가 學者들의 思索에서 決定的結論을 짓지못한채 歷史는 지금鮮烈한現實로써 이에對答하라하고잇스니 이것을 지금 다시 써내는것은 時機에適當치 아니한일이오 또나는 그適任者도아니다 그러나나는이 問題가 論議되든 그째부터 좀더다른角度로부터—지금까지 西洋文化를 吸收하기에 全精力을 기우리고 잇든 東洋이 一種의自己反省을 始作한것이라는 角度로부터이것을 보아왓다 歷史的文化的約體로서의 東洋이잇슬수 잇는가업는가 하는것을 밝히는것은 그 方面의 思想家와 學者의일이겟지만 西洋文化에 對한 東洋人으로서의 反省이런것은 이問題의 解決을 前提삼지안트라도東洋人인以上 누구나 해볼수잇는것이 아닐까。假令 東洋이라는것이 한개의特異한歷史的文化的約體가 못된다 假定하더라도現實의 東洋과 西洋사이에、顯著한 差異가 잇는것은 누구나否認할수업는바이오、따러서 가튼 西洋文化、西洋精神에 對하야서도 東洋人에겐 東洋人으로서의 立場과 批判이잇슬수잇는것이다。

【2】

東洋과西洋——이러케 對比해노코 볼때에 누구나 우선 머리에 써오르는것은 東洋에對한 西洋의侵略 이것일것이다 大東亞戰爭勃發以後 政府는 한층힘을들여 國民의 머리속에 백혀잇는 이러한 西洋崇拜의 思想을 一掃하기에 努力하고 잇거니와 事實 이러한努力은 아무리 强力하야도 오히려 不足할만치 國民 아니 東洋人의 拜西思想은 뿌리깁흔바 잇는것이다 無識한 사람은 無識한대로 有識한 사람은 有識한대로…나 自身의 經驗으로 보드라도 어렷슬때 或 거리에서라도 西洋사람을 보든지하면 대단히 崇高한 人格을 對한것처럼 저절로히 敬畏의 念이 솟아올르는것이엇다 그들은 우리를 보다 類가 달른 사람 의레 우리들보다 잘먹고 잘입고 조흔 待遇를 밧어야할사람 이런생각이 언젠지모르게 머리속에백여버린것이엇다 巴里講和會議에 牧野全權이 人種平等案을 提出한記事가 新聞에 낫슬째에는 어린 속에도 도리혀 異常스런 느낌을 밧은것이事實이다

차차 커진後 西洋文化에對한 認識이 생겨감을따러 나의 이러한 拜西思想은 점점더 强해갓다 그리해 歐州보다 아데네가 그리웟고 退溪나 栗谷보다 루소나 칸트가 그리웟고 孟子論語를 그째쯤은 보다 油畵가조왓스며 伽倻琴이나 短歌보다 바이올린이나 프룻이 조왓다 一言以蔽之하면 내가나고 자라고 살고하는 이짱보다는 나의 精神의 故鄕은 차라리 西洋에잇거니하고 스스로 생각하게까지 된것이엇다

그러나 이런傾向은 決斷코 나한사람만의일이 아니엇다 아니 나가튼 사람은 도리혀 輕微한便에 屬하는 患者엿스니 그甚한 例로는 가령 谷崎潤一郞氏의젊엇슬째 作品等을 보면 [illegible]이다「癡人의愛」라는 小說에는「그것은 日本東京이엇든듯도 하지만 어쩌면 또 南洋이나 南米의 植民地거나 또는 支那나 印度等地의 배닷는곳 이엇든듯도하다 좌우간 그것은 文明의 中心地인 歐羅巴로부터멀리써러진 地球의한쪽 구석에잇는 나라의 都會여서……」라는 文句가잇다 지금 眼目으로보면 國賊的인 이러한 言辭를 그째쯤은 自他가 아무러케도 생각지안엇든것이다「獵探」이라는 小說에는 江戶時代의 拜唐主義者 荻生徂徠를 불쉬어지불만한 極端의 言辭가나오나 그것은 이곳에 引用하기를 躊躇하거니와 左右間 이作家가 作中人物에게「조-지」(讓治)베「나오미」하는類의 이름을 부처가면서까지 그西洋癖을 謳歌하든것은 記憶하는 사람은 아즉도 똑々히 記憶하고잇슬것이다

그러면 한편 西洋사람은 東洋을 어써케 생각하고 잇섯는가 東洋사람自身이 스스로 이러케 卑下하게쯤 卑屈이되어잇섯스니 그들이 스스로 尊大하엿슬것은 當然한노릇아닌가 勿論 그들은 東洋의 가지가지不滅의古文化를 賞讚하엿고 그影響도 만히 밧엇다 그러나 現實의 東洋에關한限 그들은 侮蔑以外의 아무것도 가지지는아니하엿다 假令 映畫「上海特急」에서 우리는 歐米人의 中國에關한評價가 어써한것인가를보앗거니와 그것은 決코 中國에만 關한것이 아님을 알어야된다。日本의 印象을 말할째에도 그들은 으레 サクラ와フジヤマ와 ゲイシヤ의 세가지를 들어 日本을 禮讚(?)해왓는데 이것은 決斷코 日本이나日本文化를 尊崇하는 사람의 言辭는 되지못하는것이다。

1943. 1. 9.

그러나 돌이켜 보건대 서양에 대하여 동양이라는 것이 있느냐 없느냐 하는 것은 그렇게 자명한 문제가 아니라 바로 요 몇 해 전까지 학자들 사이에 여러 가지로 논의가 반복되는 문제다. 저명한 동양사상사의 전공자인 츠다 소키치(津田左右吉)[1] 씨가—즉 누구보다도 먼저 동양의 존재를 주장하여야 될 입장에 있는 이가 도리어 이를 부정하여, 서양과 본질적으로 구별될 수 있는 동양이라는 것은 존재치 아니한다고 주장하여 식자의 이목을 충동하였던 것은 기억에 새로운 바다.

동양과 서양의 구별을 부인하다니 그것은 웬 까닭인가. 동양이네 서양이네 하는 것을 지리학적 또는 인종학적 개념으로서가 아니라 한 문학적 범주로서 또는 한 역사적 범주로서 파악하기 때문에 그런 입론(立論)도 나올 수 있는 것이다. 지도를 펴보면 동양과 서양은 해륙(海陸) 수만리의 거리에 멀리 떨어져 있고, 거리를 거닐면 요새는 대단히 드물어지기는 하였으나 그래도 간간이 추축국[2] 측의 소위 서양 사람들—우리들보다 키도 크고 몸집도 큰 벽안홍모(碧眼紅毛)[3]의 사람들을 볼 수 있는 것이 또한 사실이니 츠다 씨 같은 이도 무어 이러한 구분의 존재를 부인하는 것은 아니다. 동양이라는 것이 서양사를 논할 때에 으레 구별되는 원시, 고대, 중세, 근대 등의 역사적·문화적 범주와 대립되는 한 범주를 구성할 수 있는가 없는가 하는 것이 그들의 문제의 대상인 것이다. 간단하게 말하면 서양 정신이라는 것에 대하여 고유의 동양 정신이라는 것이 있느냐 없느냐 하는 것이 논의의 초점인 것이다.

이 문제가 학자들의 사색에서 결정적 결론을 짓지 못한 채 역사는 지금 격렬한 현실로써 이에 대답하라 하고 있으니, 이것을 지금 다시 꺼내는 것은 시기에 적당치 아니한 일이요, 또 나는 그 적임자도 아니다. 그러나 나는 이 문제가 논의되는

1 일본의 역사학자인 쓰다 소키치(津田左右吉, 1873-1961)는 만주철도주식회사에 근무한 적이 있으며, 후에는 조선사편수회에서 활동하며 실증주의 사학에 입각한 조선 식민사학 이론을 만들어 낸 인물로 알려져 있다. 한반도 남부에 임나일본부가 있었다는 임나일본부설을 주장했으며, '진단학회'를 창립한 이병도가 그의 제자다.

2 제2차 세계대전 때, 연합국에 대항한 나라들 가운데 특히 독일, 이탈리아, 일본의 세 나라를 가리킨다. 추축국이라는 명칭은 이탈리아의 무솔리니가 "유럽의 국제 관계는 로마와 베를린을 연결하는 선을 추축으로 하여 변화할 것이다."라고 연설한 데서 유래한다.

3 파란 눈에 붉은 털. 즉 서양인을 가리킨다.

그때부터 좀 더 다른 각도로부터—지금까지 서양 문화를 흡수하기에 전 정력을 기울이고 있던 동양이 일종의 자기반성을 시작한 것이라는 각도로부터 이것을 보아 왔다. 역사적·문화적 범주로서의 동양이 있을 수 있는가 없는가 하는 것을 밝히는 것은 그 방면의 사상가와 학자의 일이겠지만, 서양 문화에 대한 동양인으로서의 반성, 이런 것은 이 문제의 해결을 전제 삼지 않더라도 동양인인 이상 누구나 해 볼 수 있는 것이 아닐까. 가령 동양이라는 것이 한 개의 특이한 역사적·문화적 범주가 못 된다 가정하더라도 현실의 동양과 서양 사이에 현격한 차이가 있는 것은 누구나 부인할 수 없는 바요, 따라서 같은 서양 문화, 서양 정신에 대하여도 동양인에겐 동양인으로서의 입장과 비판이 있을 수 있는 것이다.

[2]

동양과 서양—이렇게 대비해 놓고 볼 때에 누구나 우선 머리에 떠오르는 것은 동양에 대한 서양의 우월, 이것일 것이다. 대동아전쟁 발발 이후 정부는 한층 힘을 들여 국민의 머릿속에 박혀 있는 이러한 서양 숭배의 사상을 구축하기에 노력하고 있거니와, 사실 이러한 노력은 아무리 강력하여도 오히려 부족할 만큼 국민, 아니 동양인의 서양 숭배 사상은 뿌리 깊은 바 있는 것이다. 무식한 사람은 무식한 대로, 유식한 사람은 유식한 대로… 나 자신의 경험으로 보더라도 어렸을 때 혹 거리에서라도 서양 사람을 보던지 하면 대단히 숭고한 인격을 대한 것처럼 저절로 존경의 생각이 솟아오르는 것이었다. 그들은 우리들보다 유(類)가 다른 사람, 으레 우리들보다 잘 먹고 잘 입고 좋은 대우를 받아야 할 사람, 이런 생각이 언제인지 모르게 머릿속에 박혀 버린 것이었다. 파리강화회의[4] 때 목야전권(牧野全權)[5]이 인

4 제1차 세계대전이 끝난 후, 전쟁에 대한 책임과 유럽 각국의 영토 조정, 전후의 평화를 유지하기 위한 조치 등을 협의한 회의로, 파리에서 1919년에서 1920년에 걸쳐 열렸다.

5 일본의 정치인 마키노 노부아키(牧野伸顕, 1861-1949). 파리강화회의에 일본전권대사로 참석했다. 후에 총리를 지낸 요시다 시게루는 사위, 내각총리대신을 지낸 아소 다로는 그의 증손자에 해당할 만큼 일본의 유력 정치인 가문 출신이다.

종평등안을 제출한 기사가 신문에 났을 때에는 어린 속에도 도리어 이상스러운 느낌을 받은 것이 사실이다.

차차 커진 후 서양 문화에 대한 인식이 생겨감에 따라 나의 이러한 서양 숭배 사상은 점점 더 강해 갔다. 그리하여 경주보다 아테네가 그리웠고, 퇴계나 율곡보다 루소나 칸트가 그리웠고, 묵화(墨畫)보다 유화가 좋았으며, 가야금이나 단소보다 바이올린이나 플루트가 좋았다. 일언이폐지(一言以蔽之 한마디로 말한다)하면, 내가 나고 자라고 살고 하는 이 땅보다는 나의 영혼의 고향은 차라리 서양에 있거니 하고 스스로 생각하게까지 된 것이었다.

그러나 이런 경향은 결단코 나 한 사람만의 일이 아니었다. 아니 나 같은 사람은 도리어 경미한 편에 속하는 환자였으니, 그 심한 예로는 가령 곡기윤일랑(谷崎潤一郎)[6] 씨의 젊었을 때 작품들을 보면 좋을 것이다. 『마술사』라는 소설에는 "그것은 일본 동경이었던 듯도 하지만 어떤 때는 또 남양(南洋)[7]이나 남미의 식민지거나 또는 지나나 인도 등지의 배 닿는 곳이었던 듯도 하다. 좌우간 그것은 문명의 중심지인 구라파로부터 멀리 떨어진 지구의 한쪽 구석에 있는 나라의 도회여서…"라는 문구가 있다. 지금 안목으로 보면 국가적 치욕인 이러한 언사를 그때쯤은 자타가 아무렇게도 생각지 않았던 것이다. 『독탐(獨探)』이라는 소설에는 강호(江戶)시대[8]의 배당주의자(拜唐主義者)[9] 적생조래(荻生徂徠)[10]의 볼을 쥐어 꼬집을 만한 극단의 언사가 나오나, 그것은 이곳에 인용하기를 금하거니와 좌우간 이 작가가 작중인물에게 '조-지'네 '나오미' 하는 종류의 이름을 붙여 가면서까지 그 서양 취미를 발휘하던 것을 기억하는 사람은 아직도 똑똑히 기억하고 있을 것이다.

그러면 한편 서양 사람은 동양을 어떻게 생각하고 있었는가. 동양 사람 자신이

6 일본의 소설가 다니자키 준이치로(1886-1965)를 가리킨다.

7 태평양의 적도를 경계로 하여 그 남북에 걸쳐 있는 지역을 통틀어 이르는 말. 마리아나, 마셜, 캐롤라인 따위의 군도와 필리핀 제도, 보르네오 섬, 수마트라 섬 따위를 포함한다.

8 에도시대. 일본 역사의 시대 구분 가운데, 1603년 도쿠가와 이에야스가 대장군이 되어 에도(江戶)에 막부를 연 때부터 1867년 도쿠가와 요시노부가 정권을 일왕에게 돌려준 때까지의 시기.

9 중국 당나라를 숭배하는 이념의 소유자.

10 에도 중기의 유학자이자 사상가인 오규 소라이(1666-1728)를 가리킨다.

스스로 이렇게 비하하게끔 사정이 되어 있었으니 그들이 스스로 존대하였을 것은 당연한 노릇 아닌가. 물론 그들은 동양의 가지가지 불멸의 옛 문화를 존중하였고 그 영향도 많이 받았다. 그러나 현실의 동양에 관한 한 그들은 모멸 이외의 아무것도 가지지는 아니하였다. 가령 영화 〈상해특급〉에서 우리는 구미(歐美)인의 중국에 관한 평가가 어떤 것인가를 보았거니와, 그것은 결코 중국에만 관한 것이 아님을 알아야 된다. 일본의 인상을 말할 때에도 그들은 으레 사쿠라(サクラ)와 파자마(フヅヤマ)와 게이샤(ゲイツヤ기생)의 세 가지를 들어 일본을 예찬해 왔는데 이것은 결단코 일본이나 일본 문화를 존숭하는 사람의 언사는 되지 못하는 것이다.

주요 경력
생몰년: 1906-1987
1929: 경성제국대학 졸업.
1933 보성전문학교 전임강사.
1939: 조선문인협회 발기인 및 간사.
1945: 조선문인보국회 평의원.
광복후
1952: 고려대학교 총장.
1954: 대한민국 학술원 회원.
1958: 서울특별시 교육회 회장.
1960: 대한교육연합회 회장, 한일회담 수석대표.
1961: 국가재건국민운동본부 본부장.
1967: 제7대 국회의원 선출.

상훈
1958: 대한민국 학술원 공로상(대한민국).
1962: 문화훈장(대한민국).

039

이석훈

영예의 유가족을 찾아서

굳센 '일본의 아내'

두 딸을 키워가는 이세 히사코 부인

조선 문인 협회 목양(牧洋)

국가의 초석으로 불후의 무훈을 세우고 산화한 영령은 우리 총후 국민의 가슴에 영원한 감격을 아로새겨 주었다. 조선문인협회(朝鮮文人協會)에서는 대동아전 개전 1주년을 기념하여 이 존귀한 호국의 영령 앞에 감사의 향불을 올리고 그 가족들을 위문하고자, 현역 작가 평론가들로 하여 고인의 가정을 찾게 하였다. 영령들의 옛집의 그 아버지, 그 어머니, 그 아내, 그 자녀들의 오늘의 불붙는 결의를 들어 이것을 총후 국민에 전달하여 전장 정신을 앙양하는 전승신녀의 선물로서 이바지

榮譽의遺家族을차저서 ①

굿세인"日本의안해"

두딸을키워가는伊世久子夫人

朝鮮文人協會 洋牧

국가의忠誠으로 奉公의무훈을세우고 산화한 영령은우리총후국민의 가슴에영원한 감격을 아로색여주엇다 조선문인협회(朝鮮文人協會)에서는 대동아전개전일주년을 기념하야 이존귀한 호국의영령아페감사의 향불을올니고 그가족들을위문하고저 현역작가 평론가들로하야 고인의가정을 찻게하엿다 영령을 의예전의 그아버지 그어머니 그안해 그자녀들의 오늘의봉공는결의를 드리이것을 총후국민에 전달하야 저장정신을앙양하는 전승신년의 선물로서이바지하고저 이방문기를 연재하기로한다。

차창에비치는 저울풍경은 오직一만목소조(萬目蕭條)함이엇다 기차가 국경에가까워질수록 차안에는긴장한비치비쳣다 드디어 이동장찰이 나허테도왓다

『어듸가오』

『신의주 전몰용사 유가족위문갑니다』

한즉 그는 비상히 존경하는 눈초리로 나를보는것이엇다 나는 오히려 황송스러웟다 동시에나는 내자신을 자랑스레 생각햇다 이번파가를 광영스런소임은 생애를통해서 그리 흔치 안흔일일것이다 과장이아니라이러한 영광스런임무를위하야 조고만정성을 드리고잇는이날을 나는 사는보람잇시 여기엿다

기차는 어느듯신의주역에 다엇다 역을나서착 호리한 겨울한늘아래노힌 국경의거리는 황량하고도 무시 차거웟다 이국경의거리를 대체나는 몃해만에 차젓는고? 생각하니 어언 십오년의세월이흘럿섯다 이 거리에는 여러가지 슬프기도하고 행복스럽기도한 깁흔 추억이지니어잇는것이엿다

그러나 그리한감명으로써 지금의내자랑스럽고도 겻결한마음을 울난케하고잇지안헛다 경건한마음으로 나는 영령(英靈)의집을 찻지안흐면 안되리라생각하엿다

우선평북도청사회과로 군의원호회지부를차저 이미추천되바른 앵정정(櫻井町) 고욕군상등병 이세히로미쓰(伊世廣光)의 유족으로 그의 부인되는 히사코(久子)상댁으로 인도를차저햇다 도청에서 한오분가량 걸어갓다 요리집뒤모퉁이로『나가야』가잇고 가운데 『이세히사코』상댁은 잇섯다 나는 그부인을맛나기전까지는 어디지 쓸쓸한비치 서름고 생활에쫏들려서 겸은그림자가 양미간에비낀 열펼빗 조치못한 젊은부인을 머리속에 그려보앗다 그것은 조선의 가난한미망인들을 만히보아온 나의상상적판단이엇섯다

그러나 겨작 두리두리한몸집에 어글어글한두눈이 쾌활하게빗나는 명랑한젊은부인이 마주나와서

『이런 누추한데 멀리서 모처럼차저오셔서 참감사합니다』

하고 얌전하게 인사를하는것을 보고 나의상상이 퍽으나 천박하고 감상적(感傷的)이엇섯음을 스스로 부끄러워햇다

『히사코』부인의 안내로 방안에 드러갓다 나즈막한『나가야』의한방이라 그리밝지는못하고 비좁은곳이엇스나『스토ー브』가 따뜻하게 피어잇고 깨끗하고 규모잇게 정돈되어 아담한기분을 주엇다

순서대로 나는 영령의아페조선문인협회로부터보내는 위문품봉투지를바쁘러노코 인사를하엿다 『히사코』부인은 두눈에눈물이 핑 돌며감동스러운말투로『고맙습니다 늘이웃에서와관청에서 적지안흔 애호를밧잡고잇는터에 또 이러케 위문품까지 주시니 얼마나 고맙고 황공한지 알수업습니다』

그째의『히사코』부인의 그감동적인모양을 나는 오래 이를수업슬것이다

『얼마에올시다 그래 살어가시기가 얼마나고생스러웁닛가』

나는 아까 도청에계신『오가와히지무』(小川ー)씨와 걸어오는동안『히사코』부인은 박게나가일하고 시어머니께서는 바느질가튼 삯일을해서 근근이생활해간다는 기마킨이야기를 들엇슴으로 이러케물엇다

『네 다행이 몸이건강해서 씩씩하게일하며 살어갑니다 딸아이가둘잇는데 하나는 국민학교일학년이고 하나는 유치원에 다녀요 그애들이 무럭무럭자라나는걸 낙으삼고 살어가지요 저는본래 성격이낙천적이되서요 과히 근심걱정안하고그날그날을 어서그러는지아케살고잇세요』

자칫하면 감상적으로 생각하기쉬운 나의상상은『히사코』부인을만나 이야기를 듯는사이에 부끄럽스러지고 도리어 무슨인생교훈(人生敎訓)을밧는것가튼 그러한생각이들엇다 그의 다부지고 씩씩한태도는 과시『일본의안해』다운 미덕인것이엇다 이런 굿세인안해임으로해서 그남편되는사람도 마음노코 전장(戰場)에나가군국(君國)을위하야 장하게싸워죽을수잇섯슬것이라생각햇다

고 이세상등병이 장렬한전사에대하여서는 여기 자세히소개할수업스나 그가 호국의영령으로 돌아진뒤에 여러창이우서가 나왓는데 그것을보면 그의 젊젊한 애국지성과 탐탐하엿던 어머니와 처들에게 기른 인간애를 바친 늠름지냈고도 비단결가치 고흔 그의마음씨를 엿볼수잇섯다 『히사코』부인은남편의거룩하고 활게맑히는 가운데 훌쩍고 다부진 『일본의안해』『일본의어머니』로의 젊게노픈신념을 발휘주엇다 나는 그이들의 행복을빌며 가치 사진을박고 해어젓다 역으로나오며 나는 기쁜감동으로 마음이푸근함을 느끼면서 반도의여성들도 『히사코』부인처럼러케 다부지고 겸손스럽고 상냥하고 훌륭치이다 하고 속으로 빌엇다。(끗)

(사진은 히사코미망인과 필자 마키씨)

1943. 1. 13.

하고자 이 방문기를 연재하기로 한다.

차창에 비치는 겨울 풍경은 오직 보이는 것 모두가 아득할 뿐이었다. 기차가 국경에 가까워 갈수록 차 안에서는 긴장한 빛이 비꼈다. 드디어 이동 경찰이 나한테도 왔다.

"어딜 가오."

"신의주 전몰용사 유가족 위문 갑니다."

한즉 그는 비상히 존경하는 눈초리로 나를 보는 것이었다. 나는 오히려 황송스러웠다. 동시에 나는 내 자신을 자랑스레 생각했다. 이번과 같은 광영스런 소임은 생애를 통해서 그리 흔치 않은 일일 것이다. 과장이 아니라 이만 정성을 드리고 있는 이날을 나는 사는 보람 있이 여기었다.

기차는 어느덧 신의주역에 닿았다. 역을 나선즉 흐릿한 겨울 하늘 아래 놓인 국경의 거리는 황량하고도 몹시 차가웠다. 이 국경의 거리를 대체 나는 몇 해 만에 찾았는고? 생각하니 어언 15년의 세월이 흘렀다. 이 거리에는 여러 가지 슬프기도 하고 행복스럽기도 한 많은 추억이 지니어 있는 것이었다.

그러나 그러한 잡념으로써 지금의 내 자랑스럽고도 정결한 마음을 문란케 하고 싶지 않았다. 경건한 마음으로 나는 영령의 집을 찾지 않으면 안 되리라 생각하였다.

우선 평북도청 사회과로 군인원호지부를 찾아 이미 추천을 받은 앵정정(櫻井町) 고 육군 상등병 이세 히로미쓰(伊世廣光)의 유족으로, 그의 부인되는 히사꼬(久子) 상 댁으로 인도를 청했다.

도청에서 한 5분가량 걸어갔다. 요릿집 뒷모퉁이로 '나가야'가 있고 가운데 '이세 히사꼬' 상 댁은 있었다. 나는 그 부인을 만나기 전까지는 어딘지 쓸쓸한 빛이 떠돌고 생활에 쪼들려서 검은 그림자가 양미간에 빗긴 얼굴빛 좋지 못한 젊은 부인을 머릿속에 그려 보았다. 그것은 조선의 가난한 미망인들을 많이 보아 온 나의 상식적 판단이었다.

그러나 정작 두리두리한 몸집에 어글어글한 두 눈이 쾌활하게 빛나는 명랑한 젊은 부인이 마주 나와서 "이런 누추한 델 멀리서 모처럼 찾아오셔서 참 감사합니다."라고 얌전하게 인사를 하는 것을 보고 나의 상상이 퍽이나 천박하고 감상적이었음을 스스로 부끄러워했다.

'히사꼬' 부인의 안내로 방 안에 들어갔다. 나지막한 '나가야'의 한 방이라 그리 밝지도 못하고 비좁은 곳이었으나 '스토-브'가 뜨뜻하게 피어 있고 깨끗하고 규모 있게 정돈되어 안락한 기분을 주었다.

순서대로 나는 영령의 앞에 조선문인협회로부터 보내는 위문금 봉투지를 받들어 놓고 인사를 하였다. '히사꼬' 부인은 두 눈에 눈물이 핑 돌며 감동스런 말투로 "고맙습니다. 늘 이웃에서와 관청에서 적지 않은 애호를 받잡고 있는 터에 또 이렇게 위문금까지 주시니 얼마나 고맙고 황공한지 알 수 없습니다."

그때의 '히사꼬' 부인의 그 감동적인 모양을 나는 오래 잊을 수 없을 것이다.

"천만에올시다. 그래 살아가시기가 얼마나 고생스럽습니까."

나는 아까 도청에 계신 '오가와 하지무'(小川一) 씨와 걸어오는 동안 '히사꼬' 부인은 밖에 나가 일하고 시어머니께서는 바느질 같은 삯일을 해서 근근이 생활해 간다는 기막힌 이야기를 들었으므로 이렇게 물었다.

"네에. 다행히 몸이 건강해서 씩씩하게 일하며 살아갑니다. 딸아이가 둘 있는데 하나는 국민학교 1학년이고 하나는 유치원에 다녀요. 그애들이 무럭무럭 자라나는 걸 낙을 삼고 살아가지요. 저는 본래 성격이 낙천적이 돼서요. 과히 근심 걱정을 안 하고 그날그날 벌어서 그리 군색치 않게 살고 있어요."

자칫하면 감상적으로 생각하기 쉬운 나의 상상은 '히사꼬' 부인을 만나 이야기를 듣는 사이에 불현듯 스러지고 도리어 무슨 인생교훈을 받는 것 같은 그러한 생각이 들었다. 그의 다부지고 씩씩한 태도는 가히 '일본의 아내'다운 믿음직한 것이 있다. 이런 굳센 아내임으로 해서 그 남편 되는 사람도 마음 놓고 전장에 나가 군국을 위하여 장하게 싸워 죽을 수 있을 것이라 생각했다.

고 이세 상등병의 장렬한 전사에 대하여는 여기 자세히 소개할 수 없으나 그가 호국의 영령으로 흩어진 뒤에 여러 장의 유서가 나왔는데, 그것을 보면 그의 절절한 애국지성과 또 아내와 어머니와 딸들에게 깊은 인간애를 바친 눈물겹고도 비단결같이 고운 그의 마음씨를 엿볼 수 있었다. '히사꼬' 부인은 많이 겸손하고 짧게 말하는 가운데 힘차고 다부진 '일본의 아내', '일본의 어머니'로의 절개 높은 신념을 밝혀 주었다.

나는 그이들의 행복을 빌며 같이 사진을 박고 헤어졌다. 역으로 나오며 나는 깊은 감동으로 마음이 푸근함을 느끼면서 반도의 여성들도 '히사꼬' 부인처럼 저렇게 다부지고 겸손스럽고 싹싹하고 힘차지이다 하고 속으로 빌었다.

(사진은 히사꼬 미망인과 필자 마끼 씨.)

주요 경력

생몰년: 1907-?

1929: 『조선일보』로 등단.

1936: 경성방송국 방송주임.

1939: 조선일보사 출판부.

1941: 조선문인협회 상무간사.

1943: 조선문인보국회 소설희곡부회 간사장.

광복후

1950: 한국전쟁에서 인민군에게 체포,
서대문형무소 투옥 후 행방불명.

조선문인협회(朝鮮文人協會)에서는
대동아 전개전 1주년을 기념하여
이 존귀한 호국의 영령 앞에
감사의 향불을 올리고 그 가족들을
위문하고자, 현역 작가 평론가들로
하여 고인의 가정을 찾게 하였다.
영령들의 옛집의 그 아버지, 그
어머니, 그 아내, 그 자녀들의
오늘의 불붙는 결의를 들어 이것을
총후 국민에 전달하여 전장 정신을
앙양하는 전승신년의 선물로서
이바지하고서 이 방문기를
연재하기로 한다.

040

정비석

영예의 유가족을 찾아서

충효일본(忠孝一本 충과 효가 곧 하나의 뿌리임)의 산 표본

아들의 훈공을 겸손하는 가와시마 씨

조선문인협회 정비석(鄭飛石)

병역의 의무를 갖지 못한 사람들은 전몰 유가족이라는 명예를 차지할 자격이 없다. 한 나라의 국민된 자로 그 나라의 은혜 밑에서 살아가면서 제 나라를 위하여 정의의 칼을 뽑을 자격을 못 가졌다는 것은 얼마나 큰 비극일까.

한 번 주먹을 들어 내려 갈기면 무쇠라도 부숴 버릴 만한 끓어오르는 정열과 억센 힘을 가진 청년으로서는 그것은 다시없을 수치일 것이다.

대동아전쟁이 포발되자 남방 전선의 제일선에서 청년답게 장쾌하게 싸워 많은

榮譽의遺家族을차저서 ③

忠孝一本의活標本

아들의勳功을謙遜하는川島氏

朝鮮文人協會 鄭飛石

병역(兵役)의 의무를 갖지 못한 사람들은 전몰유가족(戰歿遺家族)이라는 명예를 차지할자격이업다 한나라의 국민된자로 그나라의 은혜밋테서 살어가면서 제나라를 위하여 정의의칼을 잡을 자격을 못가젓다는것은 얼마나 큰 비극일까 한번주먹을들어 내리갈기면무쇠라도 바서버릴만한, 끌허오르는 정열과 억센 힘을가진 청년으로서는 그것은 다시 업슬수치일것이다

대동아전쟁이 폭발되자 남방전선의 제일선에서 청년다운장렬한[illegible] 만분지일을 갑지노코 스물세살에 호국의 혼령이 된 고 육군병장 가와시마(陸軍兵長川島(淳[illegible]郞))씨의 유가족을 방문하며 나는 청년의 청년다운 명예라는것을 다시한번 생각해보지 안을수업섯다 당스물세살로 국가를 위하여 목숨을 바첫다는것은 얼마나 숭고한일인가

소화십칠년십이월십일일 나는 경북도청 국자원총회의 쓰지오카(辻岡)씨와 함께 대구부내대봉정으로 가와시마유가족을 차저갓드니 반백이 다된 고인의 양친이신 두분은 매우 반갑게 우리를 마저주엇다

갑옷국방복을 막뜻시 입고 단정히 안젓는 품이 아버님은 어디로 보나 고담한 노지사엿고 어머님되신분은 몸이 뚱뚱한데, 얼굴에 항상 상냥한 우숨을 씌우고잇서 대하는데 영서이라도 부리고집을만치 친숙함을 느끼게하는분이엇다

불단(佛壇)압에 무릎을 꿀코 경건한 마음으로 분향을하고나니 자연 머리가 수그러저서 나는 오랫동안무아(無我)의경에서 오직 고인만을 앙모하엿다

이욱고 두분께로 도라안즈며 『감사합니다』하고 나는 심히 막연한말을 중얼거렷다 가슴속에 사뭇치는감동을 나는 적절하게 표현할도리가업섯든것이다 그리자 아번님되시는분이

『모처럼 차저오섯지만 제자식은 이러타는일을 하지못하고죽어서 뭐라고엿숩기조차부끄럽습니다』

하고 겸손하며 공손히 머리를 조아리신다

나는 노지사의 겸손함에 다시한번 머리가 수그러젓다

우리들이 오늘날 총후에서 이러케 평화롭게 살어갈수잇는것도 모두당신의 아드님과갓튼 충용용사들의 덕택이 아니고무엇이겟습니까 가와시마병장의영웅적인 전투행동에 대해서 나는 다음과가튼 부대장의 기록을 읽엇다

『…십이월말(十六年) 모-광(土助)적전상륙에 참가하야 완적을 구축하고 진흥파스를 -을 무릅쓰고 다시 산파록부근의 전투 피-스부근의전투 록광의 전투등 각지의추격전에 항상부대의 선두에서 용전분투하며 끈고절진을 참고 백수십도의 무더위를무릅쓰고 마니라에 입성하여 쉬일새업시 다시 난공불락을자랑하는 바타안공략전에 참가하야 기우나만(灣)적전상륙에 성공하여 수십배의 강적파 피전하기 실로 십수회최전선에서서 역전분투중 소화십칠년 이월오일 바탄주(州)기나우반도에서 적탄을밧어장렬한 최후를 마추엇다

이기록으로도 짐작할수 잇지만 서전이래 연속적으로 거두어지는 찬란한 전과라는것도 결국 제일선장병들의 피의대가라는것을우리는 한시라도 어저서는안될것이다 총후의우리들이 전파에대해축하의 기할뿐을하고 잇는 동안에도 전선의 장병들은다음에서 다음으로 공략전을 계속치 안흐면안된다 전선의장병들에게는 한성을 못찌른다는것은 동시에 다음전투의 개시를의미하는데 지나지 안는다는것을 나는 이제서야 깨달은듯하엿다

나는 가와시마병장의 중학교졸업기념사진을 보앗다 거기에는『혼으로산다』는문구가 고인의손으로 씨여저잇섯다

『혼으로 산다!』 혹은『정신으로산다!』 얼마나 대담하고도 숭고한 생활태도인가 가튼 사람이면서 각자의 살어가는생활태도는 모두 달을것이다 진리에살고 명예에 살고 사욕에살고…실로 생활태도는 천태만상일것이나 혼으로 정신으로산다는것처럼 굿세고 거룩한태도는 다시 업슬것이다 그것은 선악파 생사를 초월한대오(大悟)의 길일것이다 어린나이에 임이크길을 깨달엇든 가와시마병장은 훌륭한인물이엇슴에 틀림업섯다

그가 정도(征途)에 오르기직전에 어머님에게보낸글월(이것이 최후의 서신이엇다)은이엇다

『어머님 안녕하십니까 오랫동안 기다리고 기다렷든 날이 드디여왓습니다 그럼길을써나겟습니다 아모것도효도함이업지만 너무 근심 드리지안흐면근심하실까싶허 되는대로몃자적을뿐입니다』

이얼마나간단한가나는이최후의서신에서 수정체와가치 아름다운영혼을본듯하엿다 죽엄의길을써나면서이처럼용감할수잇섯다는것은혼으로 살리는 사람이아니고는도저히안될일이엇다 복잡다기한심리의 분별도요지부동하는결심압헤서는 간단하게해결되는모양이엇다 그러나간단한 그글속에서도굿세인생의와 무르녹는물욕지정을 우리는절실히깨다를수잇섯다

『충성이 지극하신 분이여섯군요?』

하고 겻헤 안젓는 어머님에게 물엇드니

『네 어렷슬때부터 이르는말도 잘듯고 동생들도 퍽헤가렷습니다』

하고 대답하는 어머님의눈에는 눈물이 어리어잇섯다

부모에게 효도 할줄아는 자만이, 임군에게 충성할수잇고또 나라를 참으로 사랑할수잇다이른바 충효일본(忠孝一本)의정신을 이때 새삼스럽게 깨닷고 그러한 충신을 키워낸 가와시마유족의 영원한 행복을 빌며 나는바람찬 대구의거리를나섯다

【사진은가와시마씨부처와필자】

1943. 1. 15.

훈공을 남겨 놓고 스물세 살에 호국의 혼령이 된 고 육군병장 가와시마(川島淳郎) 씨의 유가족을 방문하며 나는 청년의 청년다운 명예라는 것을 다시 한 번 생각해 보지 않을 수 없었다. 스물세 살로 국가를 위하여 목숨을 바친다는 것은 얼마나 숭고한 일인가.

소화 17년(1942) 12월 11일, 나는 경북도청 군사원호회의 쓰지오카 씨와 함께 대구부(大邱府) 내 대봉정으로 가와시마 유가족을 찾아갔더니 반백이 다 된 고인의 양친이신 두 분은 매우 반갑게 우리를 맞아 주었다.

갑호 국방복을 깍듯이 입고 단정히 앉았는 품이 아버님은 어디로 보나 고담한 노신사였고, 어머님 되신 분은 몸이 듬직한데, 얼굴에 항상 상냥한 웃음을 띠고 있어 대뜸 응석이라도 부리고 싶을 만큼 친숙함을 느끼게 하는 분이었다.

불단 앞에 무릎을 꿇고 경건한 마음으로 분향을 하고 나니 자연 머리가 수그러져서 나는 오랫동안 무아지경에서 오직 고인만을 앙모하였다.

이슥고 두 분께로 돌아앉으며 "감사합니다." 하고 나는 심히 막연한 말을 중얼거렸다. 가슴속에 사무치는 감동을 나는 적절하게 표현할 도리가 없었던 것이다. 그러자 아버님 되시는 분이 "모처럼 찾아오셨지만 제 자식은 이렇다 할 일을 하지 못하고 죽어서 뭐라고 여쭙기조차 부끄럽습니다." 하고 겸손하며 공손히 머리를 조아리신다.

나는 노신사의 겸손 앞에 다시 한 번 머리가 수그러졌다.

우리들이 오늘날 총후에서 이렇게 평화롭게 살아갈 수 있는 것도 모두 당신의 아드님과 같은 숨은 영웅들의 덕택이 아니고 무엇이겠습니까? 가와시마 병장의 영웅적인 전투 행동에 대해서 나는 다음과 같은 부대장의 기록을 읽었다.

"12월 말(1941) 모팡(필리핀 섬) 적전 상륙에 참가하여 완강하게 버티는 적을 몰아내고 진흙밭과 스콜을 무릅쓰고 다시 산파록 부근의 전투, 피스 부근의 전투, 룩팡의 전투 등 각지의 추격전에 항상 부대의 선두에서 용전분투하며 곤고결핍을 참고 백수십도의 무더위를 무릅쓰고 마닐라에 입성하여 쉴 새 없이 다시 난공불락을 자랑하는 바타안 공략전에 참가하여 기우나만 적전 상륙에 성공하여 수십 배의 강적과 교전하기 실로 십 수 회 최전선에 서서 역전 분투 중 소화 17년(1942) 2월 5일, 바란주 기나우반도에서 적탄을 받아 장렬한 최후를 맞았다."

이 기록으로도 짐작할 수 있지만 서전 이래 연속적으로 거두는 찬란한 전과라는 것도 결국 제일선 장병들의 피의 대가라는 것을 우리는 한시라도 잊어서는 안 될 것이다. 총후의 우리들이 전과에 대해 축하의 기행렬을 하고 있는 동안에도 전선의 장병들은 다음에서 다음으로 공략전을 계속치 않으면 안 된다. 전선의 장병들에게는 한 성을 무찌른다는 것은 동시에 다음 전투의 개시를 의미하는 데 지나지 않는다는 것을 나는 이제야 깨달은 듯하였다.

나는 가와시마 병장의 중학교 졸업 기념사진을 보았다. 거기에는 "혼으로 산다"는 문구가 고인의 손으로 쓰여 있었다.

"혼으로 산다!" 혹은 "정신으로 산다!" 얼마나 대담하고도 숭고한 생활 태도인가. 같은 사람이면서 각자 살아가는 생활 태도는 모두 다를 것이다. 진리에 살고, 명예에 살고, 사욕에 살고… 실로 생활 태도는 천태만상일 것이나 혼으로, 정신으로 산다는 것처럼 굳세고 거룩한 태도는 다시없을 것이다. 그것은 선악과 생사를 초월한 큰 깨달음의 길일 것이다. 어린 나이에 이미 큰길을 깨달았던 가와시마 병장은 출중한 인물이었음에 틀림없다.

그가 정벌의 길에 오르기 직전에 어머님에게 보낸 글월(이것이 최후의 서신이었다)은 이러하였다.

"어머님 안녕하십니까. 오랫동안 기다리고 기다렸던 날이 드디어 왔습니다. 그럼 길을 떠나겠습니다. 아무것도 쓸 말이 없지만 너무 글월 드리지 않으면 근심하실까 싶어 되는 대로 몇 자 적을 뿐입니다."

이 얼마나 간단한가. 나는 최후의 서신에서 수정체와 같이 아름다운 영혼을 본 듯하였다. 죽음의 길을 떠나면서 이처럼 종용(從容성격이나 태도가 차분하고 침착하다)할 수 있었다는 것은 혼으로 살려는 사람이 아니고는 도저히 안 될 일이었다. 복잡다기한 심리의 분열도 요지부동하는 결심 앞에서는 간단하게 용해되는 모양이었다. 그러나 간단한 그 글 속에서도 굳센 결의와 무르녹는 골육지정을 우리는 절실히 깨달을 수 있었다.

"효성이 지극하신 분이었군요?"

하고 곁에 앉은 어머님에게 물었더니

"네. 어렸을 때부터 이르는 말도 잘 듣고 동생들도 잘 가렸습니다."

하고 대답하는 어머님의 눈에는 눈물이 어리어 있었다.

부모에게 효도할 줄 아는 자만이 임금에게 충성할 수 있고, 또 나라를 참으로 사랑할 수 있다. 이른바 충효일본의 정신을 이때 새삼스럽게 깨닫고 그러한 충신을 키워 낸 가와시마 유족의 영원한 행복을 빌며 나는 바람 찬 대구의 거리를 나섰다.

(사진은 가와시마 부처와 필자.)

주요 경력

생몰년: 1911-1991

1937: 『조선일보』 신춘문예 단편소설 당선.

1940: 『매일신보』 기자.

광복후

1961: 국제펜클럽 한국본부 부위원장.

병역의 의무를 갖지 못한 사람들은 전몰 유가족이라는 명예를 차지할 자격이 없다. 한 나라의 국민된 자로 그 나라의 은혜 밑에서 살아가면서 제 나라를 위하여 정의의 칼을 뽑을 자격을 못 가졌다는 것은 얼마나 큰 비극일까.

041

모윤숙

아가야 너는

(해군 기념일을 맞이하여)

모윤숙(毛允淑)

밀물 조용하고
등대 숨어진 후면
먼 산 섬 둘레엔 새벽이 피어오른다
잠자는 네 얼굴에
새어드는 물빛이 수은처럼 차다

네 아버지는 고기잡이 어부
네 형은 오랜 등대지기
치마는 바다 냄새를 잊어본 적 없고
머리는 짠물에 부드러운 적 없이
엄마는 바다에서 긴 세월을 보냈다

미역 뜯어 광주리에 채고
수궁에 깊이깊이 잠겨
오색 진주 한아름 안아보기도 했다
바다에는 녹음 짙은 여름도 있어
뭍에 가는 대신 푸른섬에 놀기도 했다

아가야! 바다는 곱더라
무척 파란 보석도 있고
네 볼처럼 빨간 산호도 있더라

그러나 때로는 비취색 바다가
흙물을 일으키고
잠자던 고기떼가 아우성을 친다
폭풍, 연기, 혼란으로
이윽고 바다는

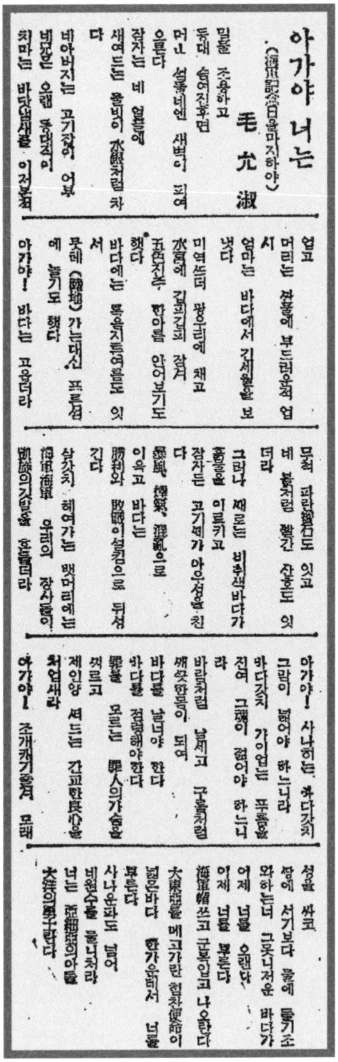
아가야 너는
(海軍記念日을마지하야)
毛允淑

밀물 조용하고
등대 숨어진후면
머ㄴ 섬록네엔 새벽이 피여
오른다
잠자는 네 얼굴에
새여드는 물빛이 水晶처럼 차
다
네아버지는 고기잡이 어부
네兄은 오랜 등대직이
치마는 바다냄새를 이저본적
업고
머리는 짠물에 부드러운적 업
시
엄마는 바다에서 긴세월을 보
냇다
미역뜨며 광우리에 채고
水宮에 깁피깁피 잠겨
五色진주 한아름 안어보기도
햇다
바다에는 록음지튼여름도 잇
서
뭇테(陸地) 가는대신 푸른섬
에 놀기도 햇다
아가야! 바다는 고읍더라
무척 파란寶石도 잇고
네 볼처럼 빩간 산호도 잇
더라
그러나 때로는 비취색바다가
홍물을 이르키고
잠자든 고기떼가 아우성을 친
다
暴風, 煙氣, 混亂으로
이옥고 바다는
勝利와 敗北이 설킴으로 뒤섞
기다
삼갓치 헤여가는 뱃머리에는
海軍海軍 우리의 장사들이
凱旋의 기쁨을 [illegible]더라
아가야! 사나희는 바다갓치
그맘이 넓어야 하느니라
바다갓치 가이업는 푸름을
진여 그맘이 젊어야 하느니
라
바람처럼 날새고 구름처럼
깨끗한몸이 되여
바다를 날너야 한다
바다를 점령해야한다
[illegible] 모르는 [illegible]人의가슴을
찌르고
제일양 써드는 간교한[illegible]心을
처업새라
아가야! 조개캐기 [illegible] 모래
성을 싸코
생에 서기보다 물에 들기조
와하는너 그못니저운 바다가
어제 너를 오란다
이제 너를 부른다
海軍帽쓰고 군복입고 나오란다
大東亞를 메고가란 첨차使命이
넓은바다 한가운데서 너를
부른다
사나운파도 넘어
비원수를 물니처라
너는 [illegible]의아들
大洋의男子란다

1943. 5. 27

승리와 패전이 얽히고설킴으로 뒤섞인다

살갗이 헤어가는 뱃머리에는
해군해군 우리의 장사들이
개선의 깃발을 흔들더라

아가야! 사나이는 바다같이
그 맘이 넓어야 하느니라
바다같이 가없는 푸름을 지녀
그 혼이 젊어야 하느니라
바람처럼 날쌔고 구름처럼
깨끗한 몸이 되어
바다를 날아야 한다
바다를 점령해야 한다
죄를 모르는 죄인의 가슴을 찌르고
저인 양 떠드는 간교한 양심을 쳐 없애라

아가야! 조개 캐기 즐겨 모래성을 쌓고
땅에 서기보다 물에 들기 좋아하는 너
그 못 잊을 바다가
이제 너를 오란다

이제 너를 부른다
해군모 쓰고 군복 입고 나오란다

대동아를 메고 가란 힘찬 사명이
넓은 바다 한가운데서 너를 부른다
사나운 파도 넘어
네 원수를 물리쳐라
너는 아세아의 아들
대양의 용사란다

주요 경력
생몰년: 1909-1990
1931: 이화여자전문학교 졸업.
1940: 조선문인협회 간사.
1941: 조선임전보국단 경성지부 발기인.
광복후
1960: 국제펜클럽 한국위원장.
1969: 여류문인협회 회장.
1970: 민주공화당 국회의원.
1987: 대한민국 예술원 원로회원.

상훈
국민훈장 모란장(대한민국).
대한민국 금관문화훈장 추서(대한민국).

042

장혁주

역사에 불멸할 일순간

야마모토[1] 원수 국장 참배기

장혁주(張赫宙)

왜 저렇게 오늘따라 하늘이 높을까? 왜 이렇게 오늘따라 바람이 쓸쓸할까? 쳐다보면 볼수록 높은 하늘 그 속에서 무엇인지 나타날 것만 같다. 은행나무 그늘에 부는 바람이 무엇인지 속삭이는 것만 같다.

바다의 거인이 길이 잠드시는 소화 18년(1943) 6월 5일, 어찌 하늘인들 슬픔이 없을 것이냐, 바람인들 무심할 수 있을 것이냐? 세기의 영웅을 보내는 장례 행렬을 배관(拜觀절하고 삼가 봄)하려고 나는 지금 장렬이 지나갈 도모에정(町) 연도에 서 있

1 제2차 세계대전 때 일본 해군 연합함대 사령장관인 야마모토 이소로쿠(山本五十六, 1884-1943)는 진주만 폭격을 성공시킨 지휘관이었다. 그러나 후에 미드웨이 해전에서 패하고 과달카날 전투를 준비하기 위해 1943년 4월 18일, 부건빌 섬의 일본군 전선을 시찰하기 위해 비행기에 탑승하여 출발했다가 미군 전투기 공격을 받고 사망했다. 야마모토 이소로쿠가 일본군 내, 나아가 제2차 세계대전에서 얼마나 중요한 존재인지는 사망한 뒤 약 한 달이 지나서야 그의 죽음을 공표하였다는 사실을 통해서도 알 수 있으며, 장례는 국장으로 치렀다. 사후 해군 원수 직위가 추서되었다.

歷史에不滅할一瞬

山本元帥國葬參拜記

張赫宙

웨저러케 오늘따라 하늘이 놉흘까? 웨이러케 오늘따라 바람이 쓸쓸할까? 처다보면볼스록 노파하늘 그속에서 무엇인지나탄날것만갓다 은행나무그늘에 부는바람이 무엇인지속식이는것만갓다

바다의거인이 기리잠드시는 소화十八년六월五일 어찌하늘인들 송품이업슬것이나 바람이슬분수잇슬것이냐? 세기의영웅을 보내는 장렬(葬列)을배관하려고 나는 지금 장렬이지내갈 도모에정(巴町)연도에서잇다. 바른편을보아도 외인편을보아도 그리고 압파뒤를 보아도 사람의 물결이다 이사람의 물결을 두갈레로 학―갈너저 뭇엇시길게한출기

빗이흐른다 청여름의강렬한태양이미리부터 뫼월하나업시 쌔쯧이치우고 쑻울뿌리고 사람과사람마다의 흥앙까지막어노가 뽀노우에 고요히나려쏘여 눈이부시도록 반사하고 잇는것이다 이화장엄단 경박단 부인회 각남학교아동생도들―수十만의표정이 이한울기뽀도의 방향앗을 직히며 숨결을이고잇다 엇도히웃는웃슴소리하나업고 주고밧는말하나 업다 누가입느는사람업고 말리는사람도 업것만 모다 마음과마음을 혈맥과혈맥을 무슨큰다란 방줄로한테이어매저 놋는듯 쌕가튼표정 쌕가튼숨결로 고요한숨품을간직하고잇다 누구든지 한사람이라도 소리내여 울기만하면 봇울처럼 울이터저 나올것갓다 모다참느라고 애쓰는것갓다

서름을참으라고 해쏘는 그노래이 부어디치를 알기때문에 나는더가슴이 아픈것이다 그참는힘 그것이분함에쎌리는 감정이고 그감정이 지금 우리들의 손과손을떳쳐게 쥐게한것이다

오―미크나큰 해도의표정―어느때 이거리에이다지도 위대한역사의 순간이잇섯든가? 오전아홉시―나는 시계를까내보고 시간이느티여가까워슴을 깨닷고 깃게숨을 내쉬엿다 그리고벌서부터 내손은 나도모르게모자를 버서드럿다 나는 일곱시도 되기전부터 이자리에와서잇다는 것을 송음도지투하게생각안 되는 것이 이상 하엿다 나는 이 크나큰 **사람이물결**과함께 언제까지나 이자리에서잇고서켯다 어떠돈지가치 쥐쌔여ㅎ트고섯섯다 그리고이군중이짓누르고잇는붐잡을 나도잡아매마움직여밧삭머리고섯하다

아츰시二十분――느띠어 저먼니로부터 호는저우는듯 한움악이 삭치는듯홍발느듯 아늑하게여왓다 사람들이가슴가슴에 쏘옴한 찬물을볼리는듯――울덤드렷다

서행하는 기마경관이 압을지내 멀어젓슬때 그[illegible]들은 뭇사람의 해수의물결속고요히 흐르는듯하며 가까어왓다 해군군악대의 「이노세오스께테」[illegible]의해선느꼬이엿다 우리들의석장은 **목숨을바치**고여기에 도라왓다 폐하불위하야나라불위하야 한몸의 모든것을께숨이바치고 지금도라왓다고하는웃―사람 사람의가장슬우버내는것가치슬픔덩이엿다 그슬픈꼬요히나려이 쏘노노되 九천에 사못처 흐리가는것이엿다

의장병이 숙연히 발을맛추어움직여오고잇다 사제장 (山[illegible])의얼굴이엄숙하고 취룡한우혀엄갓추고 그뒤에섯다 그리고한가타갓다라명기 ([illegible])가향그롭아담함에드리워잇다 「고원수 해군대장 정三위대훈위 공一급 야마모도이소로쿠지구」

그뒤에 원수도(元帥刀) 훈장등이 **찬연한빗을** 발하며 싸련다 그리하향영이 움직이는것착기도하고 쏘울직이는것갓지도안케고요히 내아붓지낫다 그리고요되스가 취봉단([illegible])의이신는 렬차 ([illegible]車)가 그뒤를이엇다

「라모―」

조용한맘소리다 모다 머리를숙이엿다 색감이해군공작 ([illegible]車)우에 눈이가치흰보를씨운영구는 고요히구르고잇다 박뒤가 포도에 닷는소리조차슬픈낫 주는것갓다 「오―우리를의제독―우리들의사령장관―」 남명의 한구를 볶게놓드리고 사라진바다의거성은 지금 우리들의 압을지나간다 七대양을돌다하고 제국해군육이삽든함고([illegible])우의 우리제독은 말업시 저영구속에 누어게신다

개벽이래의 역사를 뒤지[illegible]국의순국들의 퍼노핫고 제하야 기초를다거 노코 지금여기를지나간다 수十만의사람의 마음은 영차의一점이로 쏠리여 엉키여잇다 그리고 언제까지나 움직이지안앗다 그하얀 영차우에 언저노흔 해군장교의검성웃저고리가 뭇사람의 눈물울리게하엿다 가슴을쌔리게하엿다 두주먹을 부르로 썰게하엿다 오―원수가생전에 입엇든웃저고리 원수의살이다코 손길이가고 체온이숨여잇슴 저웃저고리… 나는 아래입설을 자긋이 깨무럿다 눈을 절간엇다 주르르…

눈물두줄기 눈물이 내뭇섭에써러젓다 내인도([illegible])에서고잇다 내눈물어린 눈에는사람들의얼굴이 모다희뭇회 옷 빗나보엿다 울지안는 사람이업는것이다 나는 구래여 눈물을 닥그려하지안앗다 이러케 뭇사람과함께울고잇는 자기가 얼마나 행복스러운지 몰앗엇다 나이어린생도가어머니의손을잡고 두눈을크게쓰고 잇다 아버지 에게 안기여잇는 어린아기가 아직도 다소곳이 고개숙이고잇다 이날 이순간의이모습을 아이들의기억속에살리어전하려고 [illegible] 머니도 안경[illegible]자를노피드렷다 「아가잘보아두어라우리들의 **위인이지금** 지나가신다네 [illegible]도크면 저뒤를 따러야한단 할머니는 말업는가슴의통곡을 이러케라도 웨치는것인까? 이미 아들을 손자를 남편을 저성장의부하로밧친 그부모형제 일는지도모른다 폐하(陛下)의 방패로 싸움터에 내보낸사람들의 부모친척인지도모른다

영차뒤에 다나이(米內)장의 위엄장이따르고잇다 그뒤에 「레인」미망인이하 친족이 따르고잇다 장렬은 한업시게속되엿다 한줄기빗이되여 끗업시 흘너가고잇다 인파의사이로 한줄기 바람이 **되여흐르고** 잇다 우―이뒤를지금 일억의숙연한거름이따르고잇다 미영격멸의 부옷이 되여 불길로 타오르며 흐르고잇다 오―장엄한 一억의 장렬이여 구척귀평의 구름헤서거 가슴―에 엉키여영원한평화의[illegible] 안고흐른다 一억의야마모도[illegible]의흐른다―

1943. 6. 6.

다. 오른편을 보아도 왼편을 보아도 그리고 앞과 뒤를 보아도 사람의 물결이다. 이 사람의 물결을 두 갈래로 쫙— 갈라서 끝없이 길게 한 줄기 빛이 흐른다.

첫여름의 강렬한 태양이 미리부터 티끌 하나 없이 깨끗이 치우고 물을 뿌리고 사람과 차마(車馬)의 통행까지 막아 놓은 포도(鋪道) 위에 고요히 내려 쪼여 눈이 부시도록 반사하고 있는 것이다. 익찬 장년단, 경방단, 부인회, 각 남녀학교 아동생도 등— 수십만의 표정이 이 한 줄기 포도의 한쪽 끝을 지키며 숨결을 죽이고 있다. 헛되이 웃는 웃음소리 하나 없고 주고받는 말 하나 없다. 누가 이르는 사람 없고 말리는 사람도 없건만 모두 마음과 마음을 혈맥과 혈맥을 무슨 굵다란 밧줄로 한데 이어 매어서 놓은 듯 똑같은 표정, 똑같은 숨결로 고요한 슬픔을 간직하고 있다. 누구든지 한 사람이라도 소리 내어 울기만 하면 봇물처럼 통곡이 터져 나올 것 같다. 모두 참느라고 애를 쓰는 것 같다.

설움을 참으려고 애쓰는 그 노력이 무엇인지를 알기 때문에 나는 더 가슴이 아픈 것이다. 그 참는 힘, 그것이 분함에 떨리는 감정이고 그 감정이 지금 우리들의 손과 손을 뜨겁게 쥐게 한 것이다.

오! 이 크나큰 애도의 표정! 어느 때 이 거리에 이다지도 위대한 역사의 순간이 있었는가?

오전 아홉시! 나는 시계를 꺼내 보고 시간이 드디어 가까웠음을 깨닫고 길게 숨을 내쉬었다. 그리고 벌써부터 내 손은 나도 모르게 모자를 벗어 들었다. 나는 일곱 시도 되기 전부터 이 자리에 와서 있다는 것을 조금도 지루하게 생각 안 되는 것이 이상하였다. 나는 이 크나큰 사람의 물결과 함께 언제까지나 이 자리에서 있고 싶었다. 어디든지 같이 휩싸여 흐르고 싶었다. 그리고 이 군중이 짓누르고 있는 불길을 나도 함께 마음껏 폭발시켜 버리고 싶었다. 아홉시 이십분—드디어 저 멀리로부터 흐느껴 우는 듯한 음들이 그치는 듯 흐르는 듯 아득히 새어 왔다. 사람들의 가슴 가슴에 싸늘한 찬물을 흘리는 듯—흘러들었다.

선행하는 기마경관이 앞을 지나 멀어졌을 때 그 슬픈 음들은 뭇사람의 애수의 물결을 고요히 흔드는 듯하며 가까워왔다. 해군 군악대의 〈이노찌오스데데命を捨てて〉의 애끓는 곡이었다. 우리들의 위대한 장수는 목숨을 바치고 여기에 돌아왔다. 폐하를 위하여 나라를 위하여 한 몸의 모든 것을 깨끗이 바치고 지금 돌아왔다고 하는 듯— 사람 사람의 간장을 우벼내는 것같이 슬픈 곡이었다. 그 곡은 고요히 나직이 또 드높이 구천에 사무쳐 흘러가는 것이었다. 의장병이 숙연히 발을 맞추어 움직여 오고 있다. 사제장의 얼굴이 엄숙하고 침통한 위엄을 갖추고 그 뒤에 섰다. 그리고 한 가닥 기다란 명기(銘旗)[2]가 향기로운 바람에 드리워 있다. "고 원수 해군대장 정삼위 대훈위 공 일급 야마모도 이소로쿠지구."

그 뒤에 원수도(元帥刀), 훈장 등이 찬연한 빛을 발하며 따른다. 그러한 행렬이 움직이는 것 같기도 하고 또 움직이는 것 같지도 않게 고요히 내 앞을 지나갔다. 그리고 요코스카 해병단이 이끄는 영차(靈車)가 그 뒤를 이었다.

"탈모!"

조용한 말소리다. 모두 머리를 숙였다. 새카만 해군 포차(砲車) 위에 눈빛같이 흰 보를 덮은 영구는 고요히 구르고 있다. 바퀴가 포도에 닿는 소리조차 슬픔을 주는 것 같다. "오! 우리들의 제독… 우리들의 사령장관…" 남명[3]의 흰 구름을 붉게 물들이고 사라진 바다의 거성은 지금 우리들의 앞을 지나간다. 7대양을 좁다하고 제국 해군을 이끌던 함교(艦橋)[4] 위의 우리 제독은 말없이 저 영구 속에 누워

2 장례식에 쓰이는, 붉은 천에 흰 글씨로 죽은 사람의 관직이나 성명 따위를 적은 조기.

3 南冥. 남쪽에 있는 큰 바다.

계신다.

개벽 이래의 역사를 뒤집어 놓았고 제국의 승리를 위하여 기초를 닦아 놓고 지금 여기를 지나간다. 수십만의 사람의 마음은 영차의 일점으로 쏠리어 엉키어 있다. 그리고 언제까지나 움직이지 않았다. 그 하얀 영차 위에 얹어 놓은 해군 장교의 검정 윗저고리가 뭇사람의 눈을 흐리게 하였다. 가슴을 떨리게 하였다. 두 주먹을 부르르 떨게 하였다. 오! 원수가 생전에 입었던 윗저고리. 원수의 살이 닿고 손길이 가고 체온이 스며 있을 저 윗저고리…. 나는 아랫입술을 지그시 깨물었다 눈을 질끈 감았다. 주르르….

눈물 두 줄기.

눈물이 내 옷섶에 떨어졌다. 내 곁에 서 있는 부인도 흑흑 흐느끼고 있다. 내 눈물 어린 눈에는 사람들의 얼굴이 모두 희끗희끗 빛나 보였다. 울지 않는 사람이 없는 것이다. 나는 구태여 눈물을 닦으려 하지 않았다. 이렇게 뭇사람과 함께 울고 있는 자기가 얼마나 행복스러운지를 알았다. 나이 어린 생도가 어머니의 손을 잡고 두 눈을 크게 뜨고 있다. 아버지에게 안기어 있는 어린 아기가 아직도 다소곳이 고개를 숙이고 있다.

이날 이 순간의 이 모습을 아이들의 기억 속에 살리어 전하려고 늙은 할머니도 안았던 손자를 높이 들었다. "아가, 잘 보아 두어라. 우리들의 위인이 지금 지나가신다. 너도 크면 저 뒤를 따라야 한다." 할머니는 말 없는 가슴의 통곡을 이렇게라도 외치는 것일까? 이미 아들을, 손자를, 남편을 저 성장의 부하로 바친 그 부모형제일는지도 모른다. 폐하의 방패로 싸움터에 내보낸 용사들의 부모친척인지도 모른다.

4 군함의 상갑판 중앙부에 높게 만든 지휘 통제 시설.

영차 뒤에 요나이(米內) 장의위원장이 따르고 있다. 그 뒤에 레이 미망인 이하 친족이 따르고 있다. 장렬은 한없이 계속되었다. 한 줄기 빛이 되어 끝없이 흘러가고 있다. 인파의 사이로 한 줄기 바람이 되어 흐르고 있다.

오! 이 뒤를 지금 1억의 숙연한 걸음이 따르고 있다. 미영 필멸의 투혼이 되어 불길로 타오르며 흐르고 있다. 오! 장엄한 1억의 장렬이여. 구적(仇敵) 필멸의 굳은 맹서가 가슴 가슴에 얽히어 영원불멸의 혼을 안고 흐른다. 1억의 야마모토 충혼이 흐른다!

주요 경력

생몰년: 1905-1998

1932: 일본어 작품「아귀도」가 일본 잡지『개조』에 입선하여 등단.

1942: 황도조선연구회 위원.

광복후

1952: 일본에 귀화.

043

안인식

산본(山本)[1] 혼을 이어 총궐기하라

명령과 복종의 도의

'살신성인' '사생취의(捨生取義)'는 군자의 지향

명륜전문학교 안인식(安寅植) 씨 담화

'명령'과 '복종'은 일본 정신에 있어 무한한 광채를 발하는 점이고 군인정신에 있어 절대의 신조이다. 명령이 있는 곳에 반드시 복종이 있고, 복종이 있는 곳에 정의와 규율의 무한한 발전이 제시되어 있는 것이다. 군인정신과 군인생활은 희생의 정신과 복종의 미덕으로 기초를 삼고, 무적 우리 황군의 힘이 되어 세계에서 찾아볼 수 없는 위대한 일사보국(一死報國한 번 죽음으로 나라에 보답함)의 순국 정신을 빚어낸 것이다. '야마모토' 정신은 곧 희생과 복종의 정신에 있으며 '앗쓰' 도[2]에서 옥쇄된

1 야마모토 이소로쿠.

山本魂을이어總蹶起하라 ④

命令과服從의道義

「殺身成仁」「舍生取義」는君子의志向

明倫專門學校 安寅植氏談

「命令」과「服從」은 일본정신에잇서 무한한광채를발하는것이고 [illegible]정신에잇서 절대의신조이다명령이잇는곳에 반듯이 복종이잇고 복종이잇는곳에 정의와규율이무한한발전이 제시되여잇는것이다 군인정신과 군인생활은 희생의정신과 복종의 미덕(美德)으로 기초를삼고 무적우리황군의현이되어 세계에서 차저볼수업는위대한 멸사봉공의 (滅私奉公)정신을바처나갓이다「야마모도」정신이 곳 희생과복종의정신에잇스며「앗쓰」도에서 옥쇄된「야마사키」부대의장병(將兵)도 죽엄을바치어 정의를이루기에명령과 복종의위한 죽엄을 한것이다 명령이잇고 복종이잇는데 한사람만사람의정신과 행동은 한덩어리가되고 일사불란한一만一심(一萬一心)의황국[illegible]규율이 확립된다 연합함대사령장관 야마모도대장의명령하에 복종하는 무적해군은 죽엄을헤아리지안코 적진을뚤코 드러가적멸을 하고말것이며「야마사키」부대장의명령하에 1천여명황군은 최후까지갑류의전투를하엿다 이것이 황군의정신이되엿이며 일본정신이엄숙하고 고귀한「정신」을 이루은것이다 이희생의정신—복종의정신— 정의의인덕(仁德)외야마모도정신에대하야 유학자안인식(安寅植)씨 에게 존귀한복종의정신을듯고 유학에나타난 동양적인 이정신을 총후국민에전하고 고「야마모도」원수의령전에 바치기로한다(사진은 안인식씨)

세계의빛나는 [illegible]일본해군의 위대한힘과 정의를위해 싸웟지 싸우는 갑류의정신은 일본정신마 군인정신에 부합하기위하고잇는 때문이고 충(忠)과 효(孝)를 이루는데 내한몸을바치는 숭엄하고존귀한 정신은생명으로 하고잇는것이다

(공자께서) 「살신성인」(殺身成仁)이라말씀하엿다 즉 내한몸을 죽이어 어진(仁)것을 이룬다는것이다 다시말하자면 「舍에「사생취의」(舍生取義)라 하엿다 이말은 내생명을버리고 정의(正義)를 취하겟다는말이다 이것이 곳「야마모도」정신이고 우리황군의정신인것을 나는확실이안다 내한몸을 국가를위해 내한몸을 초개가치버리어 정의를바쳐로하여 황국무도한 적미영을 리치고 대동아공영권의 확립과 세계신질서건설을 하여 싸워나가는정신이 여기에 본바탕을두고잇는것이다

론어(論語)를 보면 「지사인인」(志士仁人)은 무구생이해인(無求生以害仁)하고「유살신이성인(有殺身以成仁)이라 한것이다

이말을풀어 말하자면 지사와 어진사람은 살기를구하여 어진것을 해치는일이업고 몸을죽이여 어진것을 이룬다는것을 명백히 가르처준것이다

(연합함대) 사령장관의 귀하고 방대함에 비행기를 타고 전선에나아가 위대하고 장렬한 전사를 마치신것은 이가튼정신을 가진때문이고 「앗쓰」도의「야마사키」부대는 충의하고 용의한이몸의 적미영을 처부시기위하여 내한몸을 바친것이다 즉 황국을위하야 내나라를위하여 내한몸을 죽이는 황국의 존귀한 희생을 바친것이다

◇—◇

이런말을 나는 레로들어말하련다

生亦我所欲也
義亦我所欲也
二者不可得兼
舍生而取義者也

산다는것도 내가바라는바이고 의(義)도 내가 바라는바이나이 두가지를겸하지못한다면 산다는것을 버리고 의를취하리라는것이다

우리는 대동아전쟁을 완수하고 세계신질서건설과 아울러 총적미영을 격멸하는데는 일본정신에입각하고 황군정신을 체득해 정의를위하여 내한몸을 초개가치 버리는 관념으로

(총후결전) 생활을관철하여야할것이다 이 정의를위하야 도라가신이가「야마모도」원수이고 지금 야스구니에 신으로 모시어진 충혼의영령들이며「야마사키」부대가 남긴 생생한 렬사이다 우리국민은 이정신을 영원히 맥박에색어고이저버리지못할것이다

이가튼 황군의복종의정신과 전선에서 갑투하는 장병들의일거하는 장병들의 일거일동이한명령아래 똑가치 움즉여저 반듯이 복종하는가운데 한부대한부대가 상하일치로 싸워나가는것이다 한명령에천만군이 복종하는데서 그전략 그전투목적을 완전히 이루는동시에 승리에로 돌진하며 필승의 본바탕이되여지는것이다

「고야마모도」원수는 상재전장(常在戰場)이란 말슴을하엿다 이상재전장이란말은 정의를 이루고 인(仁)을이루고나아가감투정신아래 방심하는일업는 긴장된 군인정신과 적을어제어떼서라도 완전히 격멸할 준비를 가지고 각고면려하여 싸우는정신으로 돌진하라는 보배로운말이다 이는곳 장병에게 만이아니라

(국민전체) 에게주신명감이고 우리가슴에 색여저사라지지안흔말이다 우리일본정신은 충과 효의정신에 본바탕을 주고잇다 충을 이루기위하야는 내한몸을 천황폐하께바치고 나라에 바치고 효를 이루기위하야는 그한몸을 부모께바치는것이다

『孝子不有其身』 이란말과 마찬가지로 신민이충을위하여 일사봉공의 거룩한뜻으로 돌진할것뿐이다

내몸을 갓보지안는정신이 곳 충이고효며 나아가상사(上司)의명령에 대한복종이것이다

◇—◇

복종의정신은 무한대의 힘을 발하고 무한히 기쁜정의의힘을 이루는것이다 복종하는것은 그리 손쉬운일이아니다 복종시킴보다[illegible]개의명령에 복종을 하기예힘이 든다 이복종의정신과 옥쇄를다바치는곳에서 비로소 이루어질수잇는 위대하고거룩한 정신이기때문이다 미영군에서 이러한 정신은

(털끗만치) 라도 차저볼수 업다 정의를위하고 위대한목적달성을 위하야 내한몸을주이어 의로운것을 이루려는 우리 황군에서만 이러한 고귀한복종의정신을 차즐수 잇는것이다

『고야마모도』원수는 정의를 위해 일본을살아왓고 이를위해 죽으신것이고 일평생을 존귀한 복종의정신을실천하여온 위대한 분인것이다 이분이 도라가신후 우리 일억국민의 가슴속에기피 색이여진것은 이『야마모도혼』이것이다 우리는 원수가 남기고가신정신을 바더 제一선황군장병이 생명을돌보지안코싸우는것과가치 우리총후국민은 이정신을 색에색여 적역을지켜 결전총산과 전력증강에 다가치나서며 귀사결의를동고히하여 나가는것이 고『원수』의령전에바치는보답이고 감사일것이다

1943. 6. 11.

'야마사키' 부대의 장병들은 죽음을 바치어 정의를 이루기에 명령과 복종의 귀한 죽음을 한 것이다. 명령이 있고 복종이 있는데 천 사람 만 사람의 정신과 행동은 한덩어리가 되고 일사불란한 1만 1심(一萬一心)의 존귀한 통제와 규율이 성립된다. 연합함대사령장관 야마모토 대장의 명령 직하에 복종하는 무적 해군은 죽음을 헤아리지 않고 적진을 뚫고 들어가 격멸을 하고 만 것이며, '야마사키' 부대장의 명령 하에 2천여 황군은 최후까지 감투와 격투를 한 것이다. 이것이 곧 황군의 정신이 된 것이며, 일본 정신이 엄숙하고 고귀한 '혼'을 이룬 것이다. 이 희생의 정신! 복종의 정신! 정의와 인덕(仁德)의 야마모토 정신에 대하여 유학자 안인식(安寅植) 씨에게 존귀한 복종의 정신을 듣고 유학에 나타난 동양적인 이 정신을 총후 국민에 전하고 고(故) 야마모토 원수 영전에 바치기로 한다.(사진은 안인식 씨.)

세계에 빛나는 무적 일본 해군의 위대한 힘과 정의를 위해 끝까지 싸우는 감투의 정신은 일본 정신과 군인정신에 뿌리를 깊이 박고 있는 때문이고, 충과 효를 이루는 데 내 한 몸을 바치는 숭엄하고 존귀한 정신을 생명으로 하고 있는 것이다.

공자께서 '살신성인(殺身成仁)'이란 말씀을 하셨다. 즉 내 한 몸을 죽여 어진 것을 이룬다는 것이다. 다시 맹자 말씀에 '사생취의(舍生取義)'라 하였다. 이 말은 내 생명을 버리고 정의를 취하겠다는 말이다. 이것이 곧 '야마모토' 정신이고 우리 황군의 정신인 것을 나는 확실히 안다.

내 한 몸을 국가를 위해 초개같이 버리어 정의를 방패로 하여 흉악무도한 적 미영을 물리치고 대동아공영권의 확립과 세계 신질서 건설을 하여 싸워 나가는 정신이 여기에 본바탕을 두고 있는 것이다.

2 애투 섬 전투를 가리킨다. 1943년 5월 12일, 애투 섬에 상륙한 미군은 그로부터 17일 동안 일본군과 사투를 벌였다. 마지막에 일본군 전원은 옥쇄(玉碎)를 선택했는데, 2,638명이 전사하고 29명이 사로잡혔다. 미군 피해는 전사 600명, 부상 1,200명이었다. 그러나 옥쇄는 군인들의 자발적 선택이 아니라 명령이었다. 한편 이 전투는 태평양 전쟁에서 처음으로 일본 정부가 국민에게 일본군의 패배임을 발표한 경우였다.

논어를 들춰 볼 때 "지사인인(志士仁人)은 무구생이해인(無求生而害仁)"하고 "유살신이성인(有殺身而成仁)"이라 한 것이다.

이 말을 풀어 말하자면 지사와 어진 사람은 삶을 구하여 어진 것을 해치는 일이 없고, 몸을 죽여 어진 것을 이룬다는 것을 명백히 가르쳐 준 것이다.

연합함대 사령장관의 귀하고 바쁜 몸에 비행기를 타고 전선에 나아가 위대하고 장렬한 전사를 마치신 것은 이 같은 정신을 가진 때문이고 '앗쓰' 도의 '야마사키' 부대는 흉악하고 불의한 인류의 적 미영을 쳐부수기 위하여 내 한 몸을 바친 것이다.

즉 황국을 위하여 내 나라를 위하여 내 한 몸을 죽이는 황군의 존귀한 희생을 바친 것이다.

이러한 말을 나는 예로 들어 말하련다.

生亦我所欲也

義亦我所欲也

二者而不得兼

舍生而取義者也

산다는 것도 내가 바라는 바이고 의도 내가 바라는 바이나, 이 두 가지를 겸하지 못한다고 한다면 산다는 것을 버리고 의를 취하리라는 것이다.

우리는 대동아전쟁을 완수하고 세계 신질서 건설과 아울러 흉적 미영을 격멸하는 데는 일본 정신에 입각하고 황군 정신을 체득해 정의를 위하여 내 한 몸을 초개같이 버리는 관념으로 총후결전 생활을 관철하여야 할 것이다.

이 정의를 위하여 돌아가신 이가 '야마모토' 원수이고 지금 야스쿠니 신으로 모시어진 호국의 영령들이며 '야마사키' 부대가 남긴 생생한 역사이다. 우리 국민은 이 정신을 영원히 맥박에 새기고 잊어버리지 못할 일이다.

이 같은 황군들의 복종의 정신과 전선에서 감투하는 장병들의 일거일동이 한 명령 아래 똑같이 움직여져 반드시 복종하는 가운데 한 부대 한 분대가 상하일치로 싸워 나가는 것이다. 한 명령에 천만군이 복종하는 데서 그 전략 그 전투 목적을 완전히 이루는 동시에 승리에로 돌진하며 필승의 본바탕이 되는 것이다.

고(故) 야마모토 원수는 '상재전장(常在戰場)'이란 말씀을 했다. 이 상재전장이란 뜻은 정의를 이루고 인(仁)을 이루고 나아가 감투정신 아래 방심하는 일 없는 긴장된 군인정신과 적을 언제 어디서라도 완전히 격멸할 준비를 가지고 각고면려하여 싸우는 정신으로 돌진하라는 보배로운 말이다. 이는 곧 장병에게만이 아니다.

국민 전체에게 준 감명 깊고 우리 가슴에 새겨져 사라지지 않는 말이다. 우리 일본 정신은 충과 효의 정신에 본바탕을 주고 있다. 충을 이루기 위하여는 내 한 몸을 천황폐하께 바치고 나라에 바치고 효를 이루기 위하여는 그 한 몸을 부모께 바치는 것이다.

'효자불유기신(孝子不有其身효자는 자신을 돌보지 않는다)'이란 말과 마찬가지로 신민이 충을 위하여 일사봉공의 거룩한 뜻으로 돌진할 것뿐이다.

내 몸을 돌보지 않는 정신이 곧 충이고 효며 나아가 상사의 명령에 대한 복종인 것이다.

복종의 정신은 무한대의 힘을 발하고 무한히 깊은 정의의 힘을 이루는 것이다.

복종하는 것은 그리 손쉬운 일이 아니다. 보통 사람은 한 개의 명령에 복종을 하기에 힘이 든다. 이 복종은 정신과 육체를 다 바치는 곳에서 비로소 이루어질 수 있는 위대하고 거룩한 정신이기 때문이다. 미영군에서 이러한 정신은 털끝만치라도 찾아볼 수 없다. 정의를 위하고 원대한 목적 달성을 위하여 내 한 몸을 죽여 의로운 것을 이루려는 우리 황군에서만 이러한 고귀한 복종의 정신을 찾을 수 있는 것이다.

고(故) 야마모토 원수는 정의를 위해 일생을 살아왔고, 이를 위해 죽은 것이고, 일생을 존귀한 복종의 정신으로 일관하여 온 위대한 분인 것이다. 이 분이 돌아가신 후 우리 1억 국민의 가슴속에 깊이 새겨진 것은 이 '야마모토 혼'인 것이다. 우리는 원수가 남기고 가신 정신을 받아 제1선 황군 장병이 생명을 돌보지 않고 싸우는 것과 같이 우리 총후 국민은 이 정신을 뼈에 새겨 직역(職役)을 지켜 결전 증산과 전력 증강에 다 같이 나서며, 필사결의를 공고히 하여 나가는 것이 돌아가신 원수의 영전에 바치는 보답이고 감사일 것이다.

주요 경력

생몰년: 1891-1969
1930: 명륜학원 전임강사 겸 간사.
1932: 조선유교회 창립대표.
1938: 국민정신총동원조선연맹 발기인.
1942: 조선중견유림성지참배단 단장.

044

김석원

지원병에서 징병으로!

순국의 결의로 총립(總立모두 일어서자)

반도 남아의 의기를 발휘하라

김산(金山) 중좌 담화

대동아전쟁이 육해공에 걸친 결전 단계에 돌입하여, 열렬의 남방 전선에서 혹은 혹한의 북방에서 가열한 격투가 심각해 가고 있는 이때 반도 동포가 무적 황군의 일원이 되어 미영 격멸의 결전 전선에 용약 참가하게 된 광영의 징병제 실시[1]는 날로 박두해 오고 있다. "격멸하고야 만다"는 결의도 굳게 1억 국민 가운데 2천 5백만은 황군의 새로운 전우가 되는 역사적인 그날이 돌아오기만을 기다리고 있는데, 일찍이 대륙 전선에 출정하여 혁혁한 무훈을 세우고 반도인으로서는 처음

1 일제 강점기 모병제도는 여러 단계로 변화했는데, 그 처음은 1938년 2월 23일 공포되고 그해 4월 3일 시행된 육군특별지원병제다. 그 뒤 1943년 5월 11일 내각의 결정에 의해서 10월 1일에 훈련소에 입소한 해군특별지원병제가 시행되었다. 또 1943년 10월 1일에는 학도병 징집을 공포하고, 이듬해인 1944년 1월 20일 첫 입영이 이루어졌다. 마지막으로 1942년 5월 8일 각의에서 징병제가 결정되어 1944년 4월 1일에 첫 징병검사를 실시하였다. 이 책에 나오는 글들 가운데는 지원병제에 자원하도록 격려하는 글과 학도병 입대를 촉구하는 글, 마지막으로 징병제를 칭송하는 글이 함께 실려 있다. 위 글에서 "징병제 실시는 날로 박두해 오고 있다."는 말은 징병제가 각의를 통과했기 때문에 곧 징병제가 실시된다는 의미다.

志願兵에서 徵兵으로!

殉國의 決意로 總立

◎ 半島男兒의 意氣를 發揮하라

金山中佐 談

대동아전쟁이 유해중에 결전 결전단계에 돌입하야 열렬의 남방전선에서 출전토한의 북방에서 가열한 격투가 심각해가고잇는이때 반도동포가 무적황군의일원이 되어 미영격멸의 결전전선에 용약참가하게된 광영의징병제 실시는 날로박두해오고잇다 『격멸하고야만다』는 결의도 굿게 一억국민가운데의二천五백만은 황군의새로운전우가되는 역사적인그날이도라오기만을 기다리고잇는때 일록이 대륙전선에 출정하야 혁혁한무훈을세우고 반도인으로서는 처음연수훈갑공三급의은명을 배수한후○○방면에서 정신봉의하든총 지난번에 경성사단사령부부(京城師團附)가되어 경성에온 가나야마중좌(金山中佐)는 개병조선에대한 감격과함께 반도청년은 일사순국의결의로 국난(國難)에정신봉공하라고 다음과가치 힘잇게강조하엿다

(사진은 가나야마중좌)

二千五百萬의 感激

일억국민이 한덩어리가되여 숙적미영을 격멸코저 힘찬행진군을계속하고잇는이때 명소화十九년도부터 반도에광영의 징병제도가 실시키로되여 개정병역법(兵役法)이 실시되는 오는八월一일부터는 마침내각도에 병사부(兵事部)가설치되는동시 징병사무를개시하기로되엿다 반도동포는 국민의 최고영예인 병역의무를다하게 된데대하야 감사감격하지안어서는안될것이다 반도에징병제가실시되는것은 반도민중에게잇서 무상의광영이며 행복이다 만주사변 지나사변을거쳐 대동아전쟁하의今日에 이르기까지 빗빗한황국신민으로서는 또반도민중이 그애국적성을 물심양면으로 국가에바친결과반도에 징병제가실시되기로된데 어데 어느군을 버로하야 판게당사자 특히반도청년의장래를위하야 성심으로노력한 미나미(南)전총독의 애쓴결과로서 우리는 오늘마참내二천五백만의 경의를표하여야할것이다.

最高榮譽를살리자

그런데 병역은 우리국민의 최대영예이다 반도동포는 병제의시행과함께 국가의 간성으로서 국토방위의 대임을맛게된것이다 반도청년이 국방의 제일선에 설수잇다는것은 지원병제도이거나 또는 징병제도이거나 이것을모다 한국합병당시에 일시동인(一視同仁)의 성지(聖旨)를 구현하고 다시 변함업는 황국신민으로서 여러서게 하옵시려는 대어심(大御心)에의한것이다 이에 반도 청년은 홍대무변하옵신 황은에 감읍하는동시 진충보국의 지성을 더욱굿게하야 일사순국의 결의로 나가야할것이다 고래로 반도에서는 문(文)을 숭상하고 무(武)를 멀리하여온관계로 그『무』에잇서서 내지에 비교하야 손색이만타 또 전반적으로 보아 가정 혹은 사회의 교육방면을보아도 내지의 그것에 비교하야 뒤써러진점이만타 그러므로 징병제실시를 손꼽아기다리고잇는 영예의 청소년제군은 입영할날까지 아직 얼마남지안이 남어잇스므로 그동안에 육체적 단련에 힘을 써서 철과가튼 몸을 갓도록함은 물론 천황폐하를 위하야는 흔쾌히 한목숨을 바치겟다는 봉공의정신과 희생적정신을 수양하는데 힘써야할것이다 빗나는황군의 일원으로서 무적황군의 대오에 당당히참가하게된 중대한 책임을생각할때 제군은 적극적으로 육체와정신의단련에 힘을기우려 훌륭한 제국군인으로서 활약하여야겟다는 결의와각오를 한층굿게하여야할것이다

評判조흔志願兵들

징병검사를마츤다음 군대에입영케되면 제군은 여러전우와 함께 병영생활을 하게된다 입영한후 국어가서툴르다던가 혹은내지식습관에 적연상식이 업스면 힘이들것이다 그뿐아니라 군대생활을 해나갈만한 기초와훈련을 자기의것으로서 체득하고잇지못하면 유쾌한정신으로 봉공해나갈수업다 어에나는생각되는점이잇다 나는 제일선에잇슬때 다수한지원병 출신들이 내지인과어깨를나란히하고 적군의국경탄우를 무릅쓰고 용전분투하는 광경을 목격할수잇섯다 제일선에서는 두말할것업고군대내에서도지원병의성적은조왓다따라서 그들의 평판도매우조왓다지원병들이 엄격한규율아래군인정신을유감업시발휘하며 아모손색이업시일선에서잘싸우고또부대에서도조흔성적을거두어 『지원병은참으로훌륭하다』는찬사와함께 평판을자어냇다 그원인은그들이군대에 드러가기전에 훈련소에 입소하야전후六개월간군인이될

소질을 닥키위한훈련을싸엇기 때문이다 즉군인으로서 체득해야할작법을비롯하야단체생활 단체훈련등을 몸소실천하고군대에드러가기때문이다 지원병은 제일회수료생이 후배들에게나아갈길을가르치고산모범을 보혀 오늘까지조흔결과를가저왓다 그런데명十九년도에 실시될역사적인최초의징병검사를 밧고 각지의군대에배속입영케된영예의적령자는 종래의지원병과가치 일정한훈련의과정을 밟지안코 입영케된만큼 그책임과 무게는입영함에잇서 자못중대한바가잇다

必勝의鍊成다하자

거듭말하는 바이지만 지원병은 수十만명의응모자가운데서 뽑힌 훌륭한청년들이엿다 그들이 훈련소에서 군대훈련을밧고 입영하엿드니만큼 또한 성적이조왓든것이다 그러나 명년부터는 적령가운데합격자가 거의그대로 입영하게되엿스니까 그책임이 종전보다도중대하게되엿다는 것이다 이점에잇서서 나는 적령자제군에게는물론 一반사회의지도자계급과 적령자를가진 가정에 향하야 이책임의중대함을 자각하라고 힘잇게강조하고십다 내선一체가 참말아름다운열매를맷느냐못맷느냐 하는것이곳 명년에 제一회로 입영한장정이 황국신민의 한사람으로서 또 황군의一원으로서 남부끄럽지안케 일하느냐 못하느냐 하는데잇다고하여도 과언이아닐것이다 어제一회의 입영자가 훌륭히일하면 조흔영향을 남길것이요 그러치못하면 폐해를남길것이다 그러므로 지도자계급은 청소년의연성을사회적으로 또부형은 가정에서 철저히하야 애국열에 불타는 청년층의 열혼(熱魂)을 발휘케하야 국민최고의 영예인 병역의무를 다하게 하도록하여야할것이다

一死殉國精神으로

그리고 본인은 징병제의실시로 반도청년도 미영격멸의 제일선에 참가하야 싸울수잇게되엿다는 큰감격을가지고황은에 보답하도록일사순충(一死殉忠)의정신을 가지고 매진하여주기를 바라는바이다

1943. 7. 29.

인 수훈 갑공 3급의 은명(恩命)을 배수한 후 ○○방면에서 정신(挺身앞장서서 나아감) 활약하던 중 지난번에 경성사단사령부에 부속되어 경성에 온 가나야마(金山錫源) 중좌는 개병(皆兵전 국민이 병역 의무를 지는 것) 조선에 대한 감격과 함께 반도 청년은 한 번 죽는 순국의 결의로 국난에 성신봉공하라고 다음과 같이 힘 있게 강조하였다.

(사진은 가나야마 중좌.)

2천 5백만의 감격

1억 국민이 한 덩어리가 되어 숙적 미영을 격멸코자 힘찬 총진군을 계속하고 있는 이때 소화 19년(1944)부터 반도에 광영의 징병제도가 실시키로 되어 개정 병역법이 실시되는 오는 8월 1일부터는 마침내 각 도에 병사부(兵事部)가 설치되는 동시 징병 사무를 개시하기로 되었다. 반도 동포는 국민의 최고영예인 병역의무를 다하게 된 데 대하여 감사감격하지 않아서는 안 될 것이다. 반도에 징병제가 실시되는 것은 반도민중에게 있어 무상의 광영이며 행복이다. 만주사변, 지나사변을 거쳐 대동아전쟁 하의 오늘에 이르기까지 떳떳한 황국신민으로서 눈뜬 반도민중이 그 애국 적성을 물심양면으로 국가에 바친 결과 반도에 징병제가 실시되기로 된 터인데, 이는 군을 비롯하여 관계 당사자, 특히 반도 청년의 장래를 위하여 성심으로 노력한 미나미(南)[2] 전 총독이 애쓴 결과로서 우리는 오늘 마땅히 2천5백만의 경의를 표하여야 할 것이다.

최고 영예를 살리자

그런데 병역은 우리 국민의 최대 영예이다. 반도 동포는 병제(兵制)의 시행과 함께

2 제7대 조선 총독인 미나미 지로(南次郎)를 가리킨다.

국가의 간성으로서 국토 방위의 대임을 맡게 된 것이다. 반도 청년이 국방의 제일선에 설 수 있다는 것은 지원병제도이거나 또는 징병제도이거나 이것은 모두 한국합병 당시에 일시동인의 성지를 구현하고 다시 비유할 데 없는 황국신민으로서 일어서게 하옵시려는 대어심(大御心커다란 임금의 마음)에 의한 것이다. 이에 반도 청년은 홍대무변하옵신 황은에 감읍하는 동시 진충보국의 지성을 더욱 굳게 하여 일사순국(一死殉國)의 결의로 나가야 할 것이다.

고래로 반도인은 문(文)을 숭상하고 무(武)를 멀리하여 온 관계로 그 무(武)에 있어서 내지에 비교하여 손색이 많다. 또 전반적으로 보아 가정 혹은 사회의 교육 방면을 보아도 내지의 그것에 비교하여 뒤떨어진 점이 많다. 그러므로 징병제 실시를 손꼽아 기다리고 있는 영예의 청소년 제군은 입영할 날까지 아직 일 년 남짓이 남아 있으므로 그동안에 육체적 단련에 힘을 써서 철과 같은 몸을 갖도록 함은 물론 천황폐하를 위하여는 즐거이 한 목숨을 바치겠다는 봉공의 정신과 희생적 정신을 수양하는 데 힘써야 할 것이다.

빛나는 황군의 일원으로서 무적 황군의 대오에 당당히 참가하게 된 중대한 책임을 생각할 때 제군은 적극적으로 육체와 정신의 단련에 힘을 기울여 훌륭한 제국 군인으로서 활약하여야겠다는 결의와 각오를 한층 굳게 하여야 할 것이다.

평판 좋은 지원병들

징병검사를 마친 다음 군대에 입영케 되면, 제군은 여러 전우와 함께 병영생활을 하게 된다. 입영한 후 국어가 서투르다든가 혹은 지식 습관에 전연 상식이 없으면 힘이 들 것이다. 그뿐 아니라 군대생활을 해 나갈 만한 기초와 훈련을 자기의 것으로서 체득하고 있지 못하면 유쾌한 정신으로 봉공해 나갈 수 없다.

이에 나는 생각되는 점이 있다. 나는 제일선에 있을 때 다수한 지원병 출신들이 내지인과 어깨를 나란히 하고 적군의 포연탄우(砲煙彈雨포탄의 연기와 빗발치는 탄환)를 무릅쓰고 용전분투하는 광경을 목격할 수 있었다. 제일선에서는 두말할 것도 없고 군대 내에서도 지원병의 성적은 좋았다. 따라서 그들의 평판도 매우 좋았다. 지원병들이 엄격한 규율 아래 군인정신을 유감없이 발휘하며 아무 손색이 없이 일선에서 잘 싸우고 또 부대에서도 좋은 성적을 거두어 "지원병은 참으로 훌륭하다"는 찬사와 함께 평판을 자아낸 그 원인은, 그들이 군대에 들어가기 전에 훈련소에 입소하여 전후 6개월간 군인이 될 소질을 쌓기 위한 훈련을 쌓았기 때문이다. 즉 군인으로서 체득해야 할 작법을 비롯하여 단체 생활, 단체 훈련 등을 몸소 실천하고 군대에 들어갔기 때문이다.

지원병은 제1회 수료생이 후배들에게 나아갈 길을 가르치고 산 모범을 보여 오늘까지 좋은 결과를 가져왔다. 그런데 다음 19년도(1944)에 실시될 역사적인 최초의 징병검사를 받고 각지의 군대에 배속 입영케 된 영예의 적령자는 종래의 지원병과 같이 일정한 훈련의 과정을 밟지 않고 입영케 된 만큼 그 책임과 뒤에 남을 영향에 있어 자못 중대한 바가 있다.

필승의 훈련 다하자

거듭 말하는 바이지만 지원병은 수십 명의 응모자 가운데서 뽑힐 훌륭한 청년들이었다. 그들이 훈련소에서 군대 훈련을 받고 입영하였던 만큼 또한 성적이 좋았던 것이다. 그러나 내년부터는 적령 가운데 합격자가 거의 그대로 입영하게 되었으니까 그 책임이 종전보다도 중대하게 되었다는 것이다.

이 점에 있어서 나는 적령자 제군에게는 물론 일반사회의 지도자 계급과 적령자를 둔 가정에 향하여 이 책임의 중대함을 자각하라고 힘있게 강조하고 싶다. 내선일체가 참된 아름다운 열매를 맺느냐 못 맺느냐 하는 것은 곧 내년에 제1회로 입영한 장정이 황국신민의 한사람으로서 또 황군의 일원으로서 남부끄럽지 않게 일하느냐 못하느냐 하는 데 있다고 해도 과언이 아닌 것이다. 이 제1회의 입영자가 훌륭히 일하면 좋은 영향을 남길 것이요, 그렇지 못하면 폐해를 남길 것이다. 그러므로 지도자 계급은 청소년의 연성을 사회적으로 또 부형은 가정에서 철저히 하여 애국열에 불타는 청년층의 열혼(熱魂)을 발휘케 하여 국민 최고의 영예인 병역 의무를 다하게 하도록 하여야 할 것이다.

일사순국 정신으로

그리고 본인은 징병제의 실시로 반도 청년도 미영 격멸의 제일선에 참가하여 싸울 수 있게 되었다는 큰 감격을 가지고 황은에 보답하도록 일사순충(一死殉忠 한 번 죽음으로써 충성을 따름)의 정신을 가지고 매진하여 주기를 바라는 바이다.

주요 경력

창씨명: 가네야마 샤쿠겐(金山錫源)
생몰년: 1893-1978
1915: 일본육군사관학교 졸업.
1936: 제78연대 대대장.
1944: 육군 대좌 승진.
광복후
1946: 육해공군동지회 조직, 회장.
1949: 성남중고등학교 교장 취임.
1956: 육군 소장 승진.
1960: 민의원 당선.

상훈

1928: 훈5등 서보장(일본).
1939: 훈3등 서보장(일본).
1972: 국민훈장 모란장(대한민국).

045

김기진

님의 부르심을 받들고서

화 춘곡(春谷) 고희동(高羲東)[1]

시 팔봉(八峰) 김기진(金基鎭)

헌 상자갑으로 모자를 만들어 머리에 쓰고
수수깡이 칼집에서 생철칼을 뽑아들고서
'이찌·니, 이찌·니[2]' 부르던 30년 전
어제 같은 그 옛날의 꿈을 생각하나니—

거친 들판, 험한 산등으로 말을 달리고

1 고희동은 친일 행적이 없으며, 이 시화(詩畫) 또한 친일과는 상관이 없다. 그리하여 고희동은 친일인명사전을 비롯해 그 어느 곳에도 친일과 관련하여 이름을 올린 적이 없다. 여기서는 김기진의 시를 수록하기 위해 어쩔 수 없이 수록하였음을 알려 둔다.

2 하나, 둘, 하나, 둘.

님의부르심을받들고서

詩 八峰 金基鎭 畫 春谷 高義東

★

헌鐵투갑으로 모자를 맨들어 머리에쓰고
수수깡이 칼집에서 생鐵칼을 뽑아들고서
「이찌·니, 이찌·니」 부르든 三十年前
어제가튼, 그녯날의꿈을 생각하나니——

거치른 들판, 險한 山등으로말을달리고
길길이뛰는 波濤위로 쇠배를타고 헤처나가며
大空을 나르고 海底에 자맥질하든
어렷슬째의希望이 열매매젓고나。

半島의 아우야, 아들아, 나오라!
님께서 부르신다, 東亞百萬의千倍의
勇敢한前衛의 한部隊로 너를부르신다.
이마에 별 붓치고, 빗나는별 붓치고나가자。

★

어머니의 품에서부터그리워하든 그별——
오오, 어제부터 우리사랑하는 靑年의 이마우에
빗나네。
나라를위해 목숨을바치는 榮光의날이 오고야 마
랏다
국엽속에서 永遠히사는 生命의門열리여젓고나

님이 나아가라하시거던, 불속에라도, 물속에라도,
雙날개펼치고, 나르는새보다. 더빨리。
님이 머므르라하시거던 怒濤와激流가운데서도
움즈기지안는 泰山파가치, 森林파가치。

어제 靑年의 歷史에 열리는 첫章에 이가치쓰자
—「님의 부르심을 바뜰고서 우리는 어러섯다, 나
아간다
[illegible]을불코 바다를뒤집는 큰뭉어리되어
颱風가치 烈火가치 突進한다」고。

1943. 8. 1.

길길이 뛰는 파도 위로 쇠배를 타고 헤쳐 나가며
대공(大空)을 나르고 해저에 자맥질하던
어렸을 때의 희망이 열매 맺었구나.

반도의 아우야, 아들아, 나오라!
임께서 부르신다, 동아 백만의 천 배의
용감한 전위의 한 부대로 너를 부르신다. 이마에 별 붙이고, 빛나는 별 붙이고 나가자.

어머니의 품에서부터 그리워하던 그 별—
오오, 이제부터 우리 사랑하는 청년의 이마 위에 빛나네.
나라를 위해 목숨을 바치는 영광의 날이 오고야 말았다.
죽음 속에서 영원히 사는 생명의 문 열리어졌구나.

임이 나아가라 하시거든 불속에라도, 물속에라도,
은날개 펼치고, 나는 새보다, 더 빨리.
임이 머무르라 하시거든 밀운(密雲)과 격류 가운데서도
움직이지 않는 태산과 같이, 삼림과 같이.

이제 청년의 역사에 열리는 첫 장에 이같이 쓰자—
'님의 부르심을 받들고서 우리는 일어섰다, 나아간다

산을 뚫고 바다를 뒤집는 큰 덩어리 되어
폭풍같이 철화같이 돌진한다'고.

주요 경력

생몰년: 1903-1985
1923: 『백조』 창립 동인으로 참가.
1924: 『매일신보』 기자.
1925: 조선프롤레타리아예술가동맹(KAPF) 창립회원.
1945: 조선언론보국회 이사.
광복후
1960: 경향신문 주필.
1966: 재건국민운동중앙회 회장.

상훈

1952: 금성화랑무공훈장(대한민국).
문화훈장 국민장(대한민국).

046 방인근

문화인의 감격과 기쁨

눈물겨운 자랑

방인근(方仁根)

군인이라는 것은 그 나라의 간성인 동시에 꽃이요 별이라고도 할 수 있다. 육해공군의 아름답고 씩씩한 모자와 복장을 볼 때 특히 아이들, 처녀들은 선망의 눈이 번쩍이는 것이다.

우리 강산에서 이런 반도인으로서의 군인이 없어서 얼마나 쓸쓸하였는지 모른다.

그러다가 몇 해 전 비로소 육군지원병이 생기자 그들의 용자(勇姿)가 거리에 나

建軍의本義 (一)

總力聯盟軍事普及課長 中馬越之助

戰爭의宣戰詔書가 渙發된八月一日로써 發布하기로된것은 全히御同慶하야마지안는바이다

이로써朝鮮同胞도 眞正한皇國臣民이되여 兵役의義務를負擔하고大東亞聖戰에 參加하는 名譽와光榮을가지게된것은 正히世紀의感激이라고할수잇다

이제나는 이機會에徵兵의 依據에依하야建軍의本義라는데 對해서簡單히 말하고자한다 建軍의本義라는것은 열는말하면 我國의軍隊는어떠한軍隊인가 또는무엇때문에 建設되엿는가하는軍隊建設의本旨를 말하는것이다

一、我國의軍隊는 皇軍임과同時에國家의軍隊 即國軍이다

我國은 古來로 萬世一系의天皇께옵서 御統治 하옵시고天皇께옵서 親히 이를 統率하옵시고 또그軍隊는 國民全體가全部兵員이라고하는 不動의鐵則에依하야 成立되여잇다

이것은 往昔神武天皇께옵서비로소建國하옵시고 軍隊를設置하옵신때부터 今日에이르기까지 조금도 變함이업다 그럼으로 明治天皇의 軍人勅諭에도 처음에『我國의軍隊는世々天皇의統率하옵시는데잇다』라고 말슴하옵신것을보아도 이聖旨가 明瞭하다 다시 또憲法第十一條에도『天皇은陸海軍을統帥함』이라고 定하야잇고 國軍의統帥는一히 天皇의大權인것을 明白히하엿다

다시 軍人勅諭속에『대저兵馬의大權은 朕이 統하는바임으로其司々를 臣下에게 任하는것이다 其大綱은 朕이 親히 이를攬하고 肯히臣下에게 委함이아니라 子々孫々에이르기까지 篤히斯旨를 傳하라』하고 말슴하옵시엇고『朕은 汝等軍人의 大元帥이다 그럼으로朕은 汝等을股肱으로賴하고 汝等은 朕을頭首로仰하야 其親은特히深하진저 朕의國家를 保護하야』하옵신것이나 모다 이精神을 昭示하옵신것이다 이가티 我國의軍隊는天皇의軍隊이나 同時에 國家의軍隊이고 皇軍 即御兵이다

그러나 外國에잇서서는 이와달라서 國家의軍隊이기는하지만元主인 國王或은大統領의軍隊는아니다 그中에는 國家의軍隊도아니지만 元主의軍隊도아닌것도잇다 例하면 英國國王 又는米佛等의大統領은 自己의軍隊가아님으로 軍隊를 마음대로統率할權能을 가지고잇지안타 그實權은議會나 政府가가지고잇다 또蔣介石의軍隊는 軍閥의私兵이고蘇聯邦의軍隊는 共産主義 의黨隊다 이것을 我國의 天皇의統帥權에 比하면 非常한相違다

山이 화하지는것갓고기쁘다 내아들 내동생이 軍人이되여서내게敬禮를 써부치면 우리는빙그레우스며 滿足할것이다 徵兵이되는 새時代에살게된 半島男兒야말로 다시업는幸福과 光榮이라고 생각된다

나가라―號에고喇叭을불며 발마추워 씩씩하게 붕오관을넘혼山을 征服해나아가라! 飛行機를타고 푸른하늘을 마음것날느라―軍艦을타고 일망바다의 波濤를헤치고 나아가라―

三남은 지금 해군에지원하얏고 四남은 현재성남중학(城南中學)에잇슴니다……(사진은좌담회장)

文化人의感激[illegible]기

눈물겨운자랑

方仁根

軍人이라는것은 그나라의 干城인同時에 꽃이요 별이라고도할수잇당. 陸海空軍의 아름답고 씩씩한帽子와服裝을 볼때[illegible]하야이를 處女들은 羨望의 눈이번쩍이는것이다.

우리江山에이런半島人으로서의軍人이 업서서 얼마나 쓸쓸하엿는지몰랏당.

그러다가 명해前비로소陸軍志願兵이생기자 그들의 勇姿가 거리에나타날때 우리는얼마나感謝하고 기뻣는지모른다. 半島人도 帝國의 堂々한軍人이될수잇다는데 얼마나큰感激을느꼇는지모른당.

그러나 志願兵만으로는 正말軍人갓지 안어 어딘가마음한구석에 서운한點이 업지안엇다.

그런데 朝鮮에도 徵兵制가 實施된다는 法令이 나리는것을볼때 가슴에넘치는感謝와喜悅을收拾할길이 업섯다 우리半島人이世界에서 第一强한 日本軍人의한목동이를 가치 차지하게된다는데 눈물겨운 자랑과希望이넘치는것이냥.

인제는 半島人이정말軍人이될수잇다 來年에는 半島男兒의씩씩한 軍人들이 거리를뚜벅뚜벅걸어다닐것을 생각하면 어개가웃쓱거린당.

내아들 내兄弟가 兵丁이된다

그래서 懦弱하든 半島靑少年들의 心身이굿세질것을 생각하면活氣와勇氣가부적부적이러난다

그리고 얼마나 마음든든하고그득한지말할수업다

그들이 帝國軍人이되여서 米英의敵을 물리치고 大東亞建設해서 子孫萬代의幸福을 비저줄생각을하니 가슴속이후련하다

그런데 陸軍은되여도 海軍이될수업다는데 적지아니 失望을느꼇섯는데 朝鮮海軍特別志願兵制까지되자 우리는 萬歲를부를수박게업섯다 半島男兒가 無敵日本海軍까지 된다는데는 더바랄것이업게되엿다 半島의 어린운靑少年들이 海軍帽와海軍服을입고 다닐것을想像만해도 어깨

朗讀、演劇의밤

聯盟의徵兵記念行事

八月一日부터 實施되는 徵兵制實施記念運動에 際하야 國民總力朝鮮京畿道 京城府三聯盟에서는 四日午後七時부터 京城府民館에서『朗讀과演劇의밤』을開催하는데 第一樂劇團出演『蓄髮과兵隊』城寶樂劇團出演의『[illegible]하고야말것다』外에 朝鮮映畵製作會社女優의辻詩 辻小說의朗讀等徵兵制에의 感謝와 決意昂揚에 資하기로되엿다

祝徵兵制實施

鶴田金誠鎭

皇民一視內鮮同 國體透明先急務
恩制徵兵感激中 輿情團合後成功
二年修鍊心神力 永世難忘惟此日
萬里飛揚陸海空 願將武運祝無窮

1943. 8. 1.

타날 때 우리는 얼마나 감사하고 기뻤는지 모른다. 반도인도 제국의 당당한 군인이 될 수 있다는 데 얼마나 큰 감격을 느꼈는지 모른다.

그러나 지원병만으로는 정말 군인같지 않아 어딘가 마음 한구석에 서운한 점이 없지 않았다. 그런데 조선에도 징병제가 실시된다는 법령이 내리는 것을 볼 때 가슴에 넘치는 감사와 희열을 수습할 길이 없었다. 우리 반도인이 세계에서 제일 강한 일본군인의 한 모퉁이를 같이 차지하게 된다는 데 눈물겨운 자랑과 희망이 넘치는 것이다.

이제는 반도인이 정말 군인이 될 수 있다. 내년에는 반도 남아의 씩씩한 군인들이 거리를 뚜벅뚜벅 걸어 다닐 것을 생각하면 어깨가 으쓱거린다.

내 아들 내 형제가 병정이 된다. 그래서 빈약하던 반도 청소년들의 심신이 굳세질 것을 생각하면 활기와 용기가 부쩍부쩍 일어난다. 그리고 얼마나 마음 든든하고 그득한지 말할 수 없다.

그들이 제국 군인이 되어서 미영의 적을 물리치고 대동아를 건설해서 자손만대의 행복을 빚어 줄 생각을 하니 가슴속이 후련하다. 그런데 육군은 되어도 해군은 될 수 없다는 데 적지 아니 실망을 느꼈었는데 조선 해군 특별지원병제까지 되자 우리는 만세를 부를 수밖에 없었다.[1] 반도 남아가 무적 일본 해군까지 된다는 데는 더 바랄 것이 없게 되었다. 반도의 아름다운 청소년들이 해군모와 해군복을 입고 다닐 것을 상상만 해도 이 강산이 환해지는 것 같고 기쁘다. 내 아들, 내 동생이 군인이 되어서 내게 경례를 딱 붙이면 우리는 빙그레 웃으며 만족할 것이다. 징병이 되는 새 시대에 살게 된 반도 남아야말로 다시없는 행복과 광영이라고 생각된다.

나가라! 총 메고 나팔을 불며 발맞추어 씩씩하게 넓은 벌판을 높은 산을 정복해

1 200페이지 주 참조.

나아가라! 비행기를 타고 푸른 하늘을 마음껏 날아라! 군함을 타고 일곱 바다의 파도를 헤치고 나아가라!

주요 경력

생몰년: 1899-1975

1924: 종합 월간 문예지 『조선문단』 창간.

1932: 『동아일보』에 『마도의 향불』 연재.

1939: 조선문인협회 발기인.

047

현영섭

문화인의 감격과 기쁨
역사 창조의 날

천야도부(天野道夫)

북경의 영자지 『북경 크로니클』지는 최승희 여사 북경 방문 시에 "세계적 명성을 얻은 일본인 무용가 최승희 운운"이라는 제목을 붙였다. 최 여사는 반도 여성이지만 세계는 그녀를 일본인, 일본 부인의 한 사람으로 인식 평가하고 있다. 이 사례와 같이 우리 전 반도인은 황국 신민이며 일본 국민이며 일본인이다.

다시 일본 민족의 일원이다. 소기(小磯)[1] 총독은 최근 내선인(內鮮人)[2]은 함께 대화민족일본민족이라고 성명하였다. 현 단계에 있어서 우리 반도 동포는 선배인 내지 동포에 지지 않게 국체(國體)의 본의에 투철하고 신민의 직분을 지켜 황국을 수호

1 고이소 구니아키(小磯國昭, 1880-1950). 제41대 내각총리대신을 지냈고, 1942년 조선 총독에 부임하여 학도병 제도를 실시하였다.

2 일제강점기에 일본 본토와 한국인을 통틀어 일컫던 명칭. 내선일체(內鮮一體), 즉 일본 내지와 조선이 한 몸이라는 뜻으로 자주 쓰인다.

을이업니다만 이것도항상『버자식〜〜』하는 버릇을고치면 고만입니다

文化人의 感激과 기쁨

歷史創造의日

天野道夫

北京의英字紙「北京크로니클」紙는 崔承喜女史來燕時에『世界的名舞踊家를有한 日本人舞踊家崔承喜云云』이라는題目으로揭載하엿다 崔女史는 半島女性이지만 世界는 彼女를日本人, 日本婦人의一人으로 認識評價하고잇다 이例와가티 우리全半島人은 皇國臣民이며 日本國民이며 日本人이다

다시 日本民族의一員이다 小磯總督은 最近內鮮人은함께 大和民族이라고 聲明하얏다 現段階에잇서서 我等 半島同胞는先輩인 內地同胞에 지지안케 國體의本義에透徹하고 臣民의職分을지켜 皇國을守護하야 皇道를 世界에宣揚하고 天業을翼贊하야 바들기爲하야 格別한努力을하여야한다

그때문에 우리들은 大和心을 奉戴하고 皇軍의一員이되여 忠誠勇武의精神을直接戰場에서 發揮하지안으면안된다 다행히 이같은 陸軍兵志願兵制度에依하야 열엿다 이번의 徵兵制實施에依하야 完全히 開拓되엿다 또海軍兵도 될수잇다 徵兵制度實施가 업기째문에 同胞는・오랫동안 面目이업섯는데 이제 半島에서도 世界에자랑할 日本의神兵이나오게되엿다

實로徵兵制實施는 朝鮮統治史上 劃期的인일이며 그뿐만아니라 半島의새로운歷史가 創造되는것임으로 이에依하야 朝鮮은 新生되는것이다

內鮮同胞가함께 神武의精神을 가지고 함께戰場에서서 함께祖國을爲하야 피를흘리게될째 그血緣과感情은 더욱지터가고 內鮮一體意識 即 內鮮一民族의理念이深化되여 內鮮一體의 理想이 完全히實現되는것이다 이것이야말로 새로운朝鮮史의創始다 朝鮮史라고하기보다는 새로운日本의歷史다 그것은 웨까닭인고하니 九州나 北海道의歷史는 日本의歷史이기때문이다、

그러나 이偉大한 歷史創造는 努力과精進이업시는 되지안는다 一切의半島人이 自己들은 皇運을扶翼하야바쓰는 一億日本民族의 一員인것을 참으로自覺하고 다시身分 地位 貧富의如何를莫지말고 一致하게 忠義에殉하는 崇高한精神을把持하고 이우에强靭한體力과 優秀한科學的技能을 充分히 錬磨하여야만 半島人은 光榮잇는 皇軍의一員으로 부서러움이업는 資格을具備할수잇다

이를爲하야서는 國防第一線에 挺身하는 半島靑年뿐만아니라 靑年의母인 一家庭 社會와함께 國民皆兵의精神과 大東亞戰爭의 必勝體制를確保하고 旣往의生活態度에서 [illegible]習慣을 勇敢히고치여 一日이라도빨리 最後의勝利에를 光榮잇는皇國日本의臣民으로 訓鍊되는生活態勢를 速히確立하지안흐면안된다 故로무엇보다도 먼저 圓滿한國民錬成이要請된다

映寫機修理業者 各地區別로指定

映寫機와發聲機를修理加工할경우 映畫配給社從來제맘대로 아모데나맛겻섯는데 今番映配 大興映材에서協議한結果 各地區에서라 그業者를指定하기로되여 關東地區(名古屋以東北海道)를第一映寫機修理組合(東京 精機 미사니 和田工場 野村 關東映機 映畫機械社)로決定 關東地區以外의指定工場은 關西二 中國一 九州로決定될모양이다

1943. 8. 2.

하여 황도를 세계에 선양하고, 하늘의 업무를 익찬(翼贊)[3]하여 받들기 위하여 각별한 노력을 하여야 한다.

그 때문에 우리들은 대어심(大御心)을 봉대(奉戴)하고 황군의 일원이 되어 충성용무(忠誠勇武)의 정신을 직접 전장에서 발휘하지 않으면 안 된다. 다행히 이 길은 육군병 지원병제도에 의하여 열렸다. 이번의 징병제 실시에 의하여 완전히 개척되었다. 또 해군병도 될 수 있다. 징병제도 실시가 없기 때문에 동포는 오랫동안 면목이 없었는데 이제 반도에서도 세계에 자랑할 일본의 신병(神兵)[4]이 나오게 되었다.

실로 징병제 실시는 조선 통치사상 획기적인 일인데, 그뿐만 아니라 반도의 새로운 역사가 창조되는 것임으로, 이에 의하여 조선은 새롭게 태어나는 것이다.

내선 동포가 함께 신무(神武)[5]의 정신을 가지고 함께 전장에 서서 함께 조국을 위하여 피를 흘릴 때에 그 혈연과 감정은 더욱 짙어가고 내선일체 의식, 즉 내선일민족의 이념이 심화되어 내선일체의 이상이 완전히 실현되는 것이다. 이것이야말로 새로운 조선사의 창시다. 조선사라고 하기보다는 새로운 일본의 역사다. 그것은 무슨 까닭인가 하니 구주(九州)[6]나 북해도[7]의 역사는 일본의 역사이기 때문이다.

그러나 이 위대한 역사 창조는 노력과 정진이 없이는 되지 않는다. 일체의 반도인이 자기들은 황운(皇運)을 부익(扶翼 보호하고 도와줌)하여 받드는 1억 일본민족의 일원인 것을 참으로 자각하고 다시 신분, 지위, 빈부의 여하를 묻지 말고 투철하게 충의에 따라 죽는 숭고한 정신을 움켜잡고, 이 위에 강인한 체력과 우수한 과학적 기능을 충분히 연마하여야만 반도인은 광영 있는 황군의 일원으로 부끄러움이 없

3 도와서 올바른 데로 이끌어 감. 일제는 1940년 10월 대정익찬회(大政翼贊会)라는 관제 국민 통합 기구를 만들었다. 그런 까닭에 일제 말기에 익찬이라는 표현이 자주 등장한다.

4 신이 보냈거나 신의 가호를 받는 군사라는 뜻으로, 일본은 자신들의 군대를 이렇게 부르는 것이 일반적이다.

5 기원전 660년에 즉위했다고 하는 일본의 제1대 왕. 일본식 발음으로는 '진무'.

6 일본 남부 규슈 지방.

7 일본 북부 홋카이도 지방.

는 자질을 구비할 수 있다.

이를 위하여서는 국방 제1선에 정신(挺身)하는 반도 동포뿐만 아니라 청년의 요람인 가정, 사회와 함께 국민개병(國民皆兵)의 정신과 대동아전쟁의 의의를 체득하고 기왕의 생활 태도에서 광정(匡正 잘못된 것을 바로잡아 고침)할 점을 용감히 고치어 하루라도 빨리 최후의 승리를 얻을 광영 있는 황국 일본의 신민으로 유감(遺憾)없는 생활 태도를 속히 수립하지 않으면 안 된다. 그러므로 무엇보다도 먼저 진지한 국민 훈련이 요청된다.

주요 경력

생몰년: 1906-?
창씨명: 아마노 미치오(天野道夫), 히라노 히데오(平野永男).
1931: 경성제국대학 졸업.
1935: 치안유지법 위반으로 체포.
1936: 석방과 함께 전향.
1937: 녹기연맹 가입.
1937: 『북지사변과 조선』 발간.
1940: 황도학회 결성 및 이사 취임.

048

배운성

님의 부르심을 받들고서

화 배운성(裵雲成)

시 금촌용제[1]

우리 젊은이들의
희망이 솟는 어깨 위에는
구름 마신 아침 하늘이
인력(引力)을 재주 넘기며
나르라고 높게 푸르다.

1 김용제. 260-263페이지 참조.

님의부르심을받들고서

詩 金村龍濟
畵 裵雲成

우리 鄕土의 들의
希望이 솟은 엇개 우에는
구름 마신 아츰 하늘이
뤼가슴 재조 넘키며,
날러라고 높게 푸르다

아직도 어린티 나는 어름의
새별갈을 갈매기 눈동자에는
水上機의 날개를 펴고
戰艦이 白虎의 갈기잘을 물결여
하늘에 품을 저ㅣ 바다가
限도없시 넓게 푸르다

새로운 半島의 歷史의 큰날
모든 늙은 어머니 조차
젓가슴 여안었던 꿈을 푸르고
늙은 울타리 휘날 띄우고
나라의 마당에 「가거라」 한다

이날에 용은 새로운兵士들은
忠誠의 뜻과 建設의 꿈을 품고
祭壇의 銃을 메고 나선다
「사내답게 가거라
죽어 조흔 일터로!」

아아 萬歲우리게 念願하는 그들은
기뿐 눈물에 말이 막혀 안엇다
「간다!」「갓다!」 하고만
「갓다 온다」는 하지안엇다

國家

1943. 8. 3.

아직도 어린 티 나는 이들의
샛별 같은 갈매기 눈동자에는
수상기(水上機)의 날개를 펴고
전함이 백호의 갈기 같은 물결을
하늘에 품길 저— 바다가
한도 없이 넓게 푸르다.

새로운 반도의 역사의 큰 날
모든 늙은 어머니조차
젖가슴 억안았던 팔을 풀고
낡은 울타리 훨훨 태우고
나라의 마당에 '가거라' 한다.

이날에 오른 새로운 병사들은
충성의 뜻과 건설의 꿈을 품고
감격의 총을 메고 나선다.
"사내답게 가거라.
죽어 좋을 일터로!"

아아 만세 우뢰에 답례하는 그들은
기쁜 눈물에 말이 많지 않았다.

"'간다!' '갑니다!' 하고만
'갔다 온다'곤 하지 않았다.

주요 경력
생몰년: 1900-1978
1930: 베를린 예술종합학교 졸업 및 쿠틀리트 화랑에서 첫 개인전.
1931: 폴란드 바르샤바 판화협회 초청 개인전.
1936: 체코슬로바키아 프라하 개인전.
1938: 파리 그랑 팔레 살롱전 입선.

광복후
1948: 홍익대학 미술과 초대 학과장.
1950: 월북.

049

이응준

선배의 부탁

생사를 초월하라

향산무준(香山武俊) 대좌 회견기

기다리고 기다리던 8월 1일 징병제 실시의 날은 왔다.[1] 반도의 산하는 세기의 감격과 환희로 찼다. 최근까지 북지(北支)전선에 전전(轉戰)하여 혁혁한 무훈을 세우고 돌아온 평남 안주 출신의 향산 대좌를 안암정 자택으로 찾아 반도 동포에 부탁하는 말을 물으니 대좌는,

"금회 조선에 징병제 실시에 의하여 조선청년에게도 국가 방위의 숭고한 병역의무가 부여된 것은 말할 것도 없이 무상의 광영이며 명예다. 자기 나라를 자기 손

1 200페이지 주 참조.

生死를超越하라

香山武俊大佐會見記

先輩의附託 ②

기다리고 기다리든 八月一日 徵兵制度施行의날은 왓다 半島의 山河는 世紀의 感激과歡喜로찻다 最近外지 北支戰線에 從軍하야 赫々한 武勳을세우고 도라온 [illegible] 安州出身의 香山大佐를 安州町自宅으로차저 半島靑年에付託하는말을 무르니 大佐는

今回 朝鮮에 徵兵制度實施에依하야 朝鮮靑年에게도 國家防衛의 崇高한 兵役義務가附與된것은 말할것도업시 無上의 光榮이며 名譽다 自己나라를 自己손으로 守護함은 國民의 崇高한義務인同時에 또한當然한權利라생각한다 朝鮮靑年들도 이國防義務의 分擔遂行에 依하야 비로서 한사람목의男子가되며 가슴을펴고 大道를 闊步할수잇다고생각한다 때는 正히 大東亞戰爭의決戰期에處하엿다 內地의靑年들은 [illegible] 모두 祖國運命을 雙肩에걸머지고 銃을잡고 戰場에서 [illegible]하고잇는때다 이非常時局에잇서서 國家防衛의 最高義務를分擔하게될것은 [illegible] 이기지못하는터로 朝鮮靑年인者는 크게感奮興起해야하겟다 그리고 이와同時에 [illegible]라도 이저서는안될것은 名譽가잇는곳에 責任이 반다시加重된다는것이다 大元帥陛下의 股肱으로 皇軍의一員으로 一死로써 그責務를 完遂하는것 이야말로 名譽를完遂하는길인 것이다

라고 [illegible]하면서 오늘의이[illegible]의 完遂할것을 다시다음과갓치 [illegible]하야半島靑年에게[illegible]다음의멧가지를銘心할것이라고이야기하엿다

나의 [illegible] 軍人生活의經驗에서보아 只今으로부터 비로소 國防의任에[illegible] 朝鮮靑年을爲하야 [illegible] 말한다면 첫재는 오직至誠으로 [illegible]하라는것이다 軍人으로서 가장[illegible]바는 「誠」에缺하는일이다 아모리 [illegible]이優秀하더라도 「誠」에缺한다면 軍人으로서의 價値는 零이다 [illegible] 오직[illegible]으로서 至尊을一[illegible]하는것이다 누가보든안보든 誠心을가지고 自己가할일을하면조타 『至誠이면感天』이라는 옛말이잇지만 軍人은 이氣分으로 終始一貫職責에盡해야한다 이래야만비로소 皇軍軍人인 [illegible]性格이 完備되엿다고 말할수잇는것이다

둘재는 責任을完遂하라는것이다 軍人의[illegible]하는것은戰鬪다

戰鬪 는 敵을부시려 이[illegible]는것을 唯一한目標로삼는다 이戰鬪 上 元帥로부터 下 一兵에 이르기까지 各々其責任을完遂함이 絶對的必要條件이다 責任이잇는곳에는水火라도不辭하야 身命을[illegible]해서 이를完遂해야할것이다 [illegible]에 『任務는[illegible]하다 [illegible]히 重하다 一[illegible] 一[illegible]하지안코 心魂을傾注하야 一切의手段을 盡하며 이의達成에 遺憾업기를期하라 責任을[illegible]하는者 이는[illegible]로서의 最大의勇者이니라』라하엿다 또明治十五年一月四日 明治天皇께옵서 軍人勅諭에下賜하옵신 武勇의 項에 『小敵たりとも侮らず大敵たりとも懼れず己が武職を盡さむこそ誠の大勇にはあれ』라고 하옵시엇다 如何히大敵이 닥처오드라도 如何한危險이 몸에 닥처드라도 또는如何한困難에 遭遇하드래도 任務의命하는바 責任이잇는곳에 向하야 오직[illegible]이다 이것이最大의 勇者이며 眞實로軍人精神의所有者다 내가 大陸戰線에서 싸우고잇슬때 部下에山口라는 伍長이 잇섯다 山口伍長은 敵前百五十米까지 接近하야 彈丸雨注中에 突擊하다가 敵의 彈丸이 伍長의 손바닥을 뚤헛다 伍長은 그래도 [illegible]을繼續한다 또조금잇다가 敵의彈丸은 伍長의 이마를스치엇다 이마에서는 鮮血이흘럿다 그래도 피를씨서가면서 [illegible]을繼續햇다 上官이 물러스라해도 『相關업습니다』하면서 [illegible]까지 싸웟다 이[illegible] 任[illegible]을배워야할것이다

셋재는 [illegible]持久[illegible]까지 참어라 [illegible]것이다 [illegible]는 그러케쉬운일이 아니다 목숨을다투는것이며 먹느냐 먹히느냐의 [illegible]다 잇는힘을다하며 [illegible]하여서 비로서 敵을[illegible]버릴수잇다 [illegible] 不眠不休 [illegible]하더라도 이것은 [illegible]수업구나 하는생각은 禁物이다 自己가 피로운때에는 敵도 피로운것이다 [illegible]이다 戰士는 참는다는것의[illegible] 最後의五分間만 참는者에게

勝利 는온다 이것을 [illegible] 時라도 이저서는안된다 平素의 訓練도 亦是그러타 [illegible]에 이기고 [illegible]에이기고 凡有困苦缺乏에 이기고 또 그우에 敵을 이겨내야한다는것을 銘心하야 어떤困難에 [illegible]하드래도 堅忍持久最後까지 一貫하여야할 것이 무엇보다도 [illegible]하다

넷재는 生死에 超越하라는 것은 軍人에 [illegible] 生死를 [illegible]시켜 생각하는것이 [illegible]하지만 戰場에나섯다고 반다시 죽는것도아니며 國內에 남어잇다고 모도사는것이라고 할수업다 [illegible] 現代戰에서는 [illegible] 그러하다 [illegible]에서 보아도 [illegible] 맛시안는者도잇고 다만 [illegible]으로 敵의[illegible]에맛는수도잇다 『나포레온』의말한것과갓치 [illegible] 사람이 [illegible]하는것이며 사람이 아모리[illegible]하라해도 [illegible]不可能하다 生死는天命이다 [illegible]人間은 世上에태여나면서부터 死刑의宣告를밧고잇는것과갓다 다만 그刑의執行期를 [illegible]해노치안햇슬뿐이다 『人生七十古來稀』라하여 七十까지살면[illegible]으로생각할지모르지만 이것을 天地悠久의時間에比하면 [illegible]로 一瞬時에지나지안는다 二十歲에죽든지 五十歲에죽든지 七十歲에죽든지 그것은[illegible]가아니다 모두가一瞬時다 [illegible]

大義 에사러야하는것이다 [illegible]에 『死生을一[illegible]』 [illegible] 滅私의[illegible]이다 生死를超越하야 一[illegible]任務의[illegible]이 [illegible]하라 身心一切의힘(力)을 다하고 從容히 悠久의大義에 사는것을 기쁨으로하라』라고가르키고잇다 『앗쓰』島에잇서서의 山崎部隊長以下의[illegible]가 이것이다 [illegible] 보다는 죽어서이름을 [illegible]것이 武士의面目이다 [illegible] 잇지말도록해야한다 只今까지말한것은 [illegible]施에際해서 내가 特히朝鮮靑年에게 要望하고십흔 點이며 그러타고해서 決코 새삼스러운 [illegible] 이야기는아니다 新聞, 雜誌 [illegible] 라디오 [illegible]等으로 [illegible]로생각된다 하지만 이것은 내가 半生의軍人生活의經驗에서 또는 비로소 國防의義務를 [illegible]한 朝鮮靑年의[illegible]에 비추어서 特히그必要를느껴 [illegible]하는바이다 [illegible] 相當한時日의 [illegible] 只今말한[illegible] 一[illegible]하야 一旦 [illegible] 合格入隊가되거든 [illegible]하야上官[illegible] 一人의[illegible]하는同時에 [illegible]비려마지안는다 [illegible] 三千[illegible]의 [illegible]을바더 [illegible] 이기쁨 [illegible] 大佐의 一[illegible] 一[illegible] [illegible]었다 ([illegible]記者)

1943. 8. 3.

으로 수호함은 국민의 지고한 의무인 동시에 또한 당연한 권리라 생각한다. 조선 청년들도 이 국방의무의 분담 수행에 의하여 비로소 한 사람 몫의 남자가 되어 가슴을 펴고 대도(大道)를 활보할 수 있다고 생각한다. 때는 정히 대동아전쟁 결전기에 처하였다. 내지의 청년들은 백치 저능이 아닌 한 모두 조국 운명을 양 어깨에 짊어지고 총을 잡고 전장에서 감투를 계속하고 있는 때다. 이 비상시국에 있어서 국가 방위의 최고 책무를 분담하게 될 것은 진실로 감사·감격에 이기지 못하는 터로 조선청년인 자는 크게 감분(感奮) 흥기(興起)해야겠다.

그리고 이와 동시에 촌각이라도 잊어서는 안 될 것은 명예가 있는 곳에 책임이 반드시 가중된다는 것이다. 대원수 폐하의 고굉(股肱)[2]으로 황군의 일원으로 한 번 죽음으로써 그 책무를 완수하는 것이야말로 명예를 완수하는 길인 것이다."라고 첫머리를 열면서 오늘의 이 중책을 완수할 길을 다시 다음과 같이 부연하여 반도 동포에게 특히 다음 몇 가지를 명심할 것이라고 이야기하였다.

"나의 상당히 오랜 군인생활의 경험에서 보아 지금으로부터 비로소 국방의 임무에 당할 조선청년을 위하여 특히 참고될 점을 말한다면,

첫째는, 오직 지성으로 만사에 임하라는 것이다.

군인으로서 가장 금기할 바는 '성(誠)'에 부족한 일이다. 아무리 학술이 우수하더라도 '성'에 부족하다면 군인으로서의 가치는 영이다. 거짓 없이, 겉과 속이 다름없이 오직 순진으로써 만사를 일관하는 것이다. 누가 보든 안 보든 성심을 가지고 자기가 한 일을 하면 좋다. "지성이면 감천"이라는 옛말이 있지만 군인은 이 기분으로 시종일관 만사에 임해야 한다. 이래야만 비로소 황군군인인 기초 성격이 완비되었다고 말할 수 있는 것이다.

2 글자 뜻은 팔과 다리. 즉 임금의 팔과 다리가 되는 매우 중요한 신하라는 뜻.

둘째는, 책임을 완수하라는 것이다.

군이 주로 하는 것은 전투다. 전투는 적을 무찔러 이기는 것을 유일한 목표로 삼는다. 이 전승을 획득하자면 위로 원수로부터 아래 일병에 이르기까지 각각 그 책임을 완수함이 절대적 필요조건이다. 책임이 있는 곳에는 물불이라도 불사하여 신명을 걸고 이를 완수해야 할 것이다. 전진(戰陣)의 가르침에 "임무는 신성하다. 책임은 극히 중하다. 일 하나, 의무 하나도 소홀히 하지 않고 심혼(心魂)을 경주하여 일체의 수단을 다하며 이의 달성에 유감없기를 약속하라. 책임을 중히 하는 자, 이는 진실로 전장에 있어서의 최대의 용기 있는 자이니라."라 하였다. 또 명치 15년(1881) 1월 4일 명치천황께옵서 육해군인에게 하사하옵신 군인 칙유(勅諭) 무용(武勇) 항목에 "작은 적이라고 멸시하지 말고 큰 적이라고 두려워하지 말고 자신의 군인으로서의 직무를 다하여 성심껏 큰 용기를 내라."라고 하옵시었다.

여하히 큰 적이 닥쳐오더라도 여하한 위험이 몸에 닥쳤더라도 또는 여하한 곤란을 만나더라도 임무의 명하는 바 책임이 있는 곳에 향하여 오직 매진할 뿐이다. 이것이 최대의 용기 있는 자이며 진실로 군인정신의 소유자다. 내가 대륙 모 전선에서 싸우고 있을 때 부하 중에 산구(山口)라는 오장(伍長)이 있었다. 산구 오장은 적 앞 150미터까지 접근하여 탄환이 비 오듯 쏟아지는 중에 분전하다가 적의 탄환이 오장의 손바닥을 뚫었다. 오장은 그래도 태연히 사격을 계속한다. 또 조금 있다가 적의 탄환은 오장의 이마를 스쳤다. 이마에서는 선혈이 흘렀다. 그래도 피를 씻어 가면서 사격을 계속했다. 상관이 물러서라 해도 "상관없습니다." 하면서 끝까지 싸웠다. 이 감투정신, 책임관념을 배워야 할 것이다.

셋째는 참고 인내하며 버티며 최후까지 참으라는 것이다.

전투는 그렇게 쉬운 일이 아니다. 목숨을 다투는 것이며, 먹느냐 먹히느냐의 경계다. 있는 힘을 다하며 전 영혼을 경주해서 비로소 적을 무찔러 버릴 수 있다. 전투가 치열하고 비참함에 달하고 설령 수많은 밤낮을 자지 못하고 쉬지 못하며 피로가 극심하더라도 '이것은 할 수 없구나' 하는 생각은 금물이다. 자기가 괴로운 때에는 적도 괴로운 것이다. 전사는 참는다는 것의 경쟁이다. 최후의 5분간만 좀 더 참는 자에게 승리는 온다. 이것을 한순간이라도 잊어서는 안 된다. 평소의 훈련도 역시 그렇다. 엄한(嚴寒)에 이기고 혹한에 이기고 일반적인 곤궁함과 고통, 결핍에 이기고 또 그 위에 적을 이겨 내야 한다는 것을 명심하여 어떤 곤란에 처하더라도 꿋꿋이 참고 견뎌 최후까지 일관하여야 함이 무엇보다도 중요하다.

넷째로는, 생사에 초월하라는 것은 군인과 전쟁, 전쟁과 죽음을 연결시켜 생각하는 것이 보통인 듯하지만, 전장에 나섰다고 반드시 죽는 것도 아니며 국내에 남아 있다고 모두 사는 것이라고는 할 수 없다. 항공기가 발달한 현대전에서는 더욱 그러하다. 실제 전장에서 보아도 탄환이 비처럼 쏟아지는 아래서도 태연히 있어도 맞지 않는 자도 있고 다만 한 방으로 적의 척후탄환에 맞는 수도 있다.

나폴레옹이 말한 것과 같이 탄환이 사람을 피하는 것이며, 사람이 아무리 탄환을 피하려 해도 도저히 불가능하다. 생사는 천명이다. 또 우리 같은 인간들은 세상에 태어나면서부터 사형의 선고를 받고 있는 것과 같다. 다만 그 형의 집행기를 정해 놓지 않았을 뿐이다. '인생칠십고래희'라 하여 70년만 살면 장수했다고 생각할지 모르지만 이것을 천지유구한 시간에 비하면 진실로 일순간에 지나지 않는다. 20세에 죽든지 50세에 죽든지 70세에 죽든지 그것은 문제가 아니다. 모두가 일순간이다. 요는 유구한 대의(大義)에 살아야 하는 것이다.

전진(戰陣)의 가르침에 "생사를 일관함은 숭고한 헌신(獻身) 봉공(奉公)의 정신이다. 생사를 초월하여 한 뜻의 임무 완수에 매진하라, 몸과 마음 일체의 힘을 다하고 유구한 대의에 맡겨 사는 것을 기쁨으로 하라."라고 가르치고 있다. 앗쓰섬에 있어서의 야마사키 부대 장병의 옥쇄(玉碎)가 이것이다. 부끄러움을 아는 자는 강하다. 살아서 부끄러움을 폭로하는 것보다는 죽어서 이름을 남기는 것이 무사(武士)의 면목이다. 이것을 잊지 말도록 해야 한다.

지금까지 말한 것은 징병제 실시를 맞아서 내가 특히 조선청년에게 요망하고 싶은 점인데, 그렇다고 해서 결코 새삼스러운 참신 기발한 이야기는 아니다. 신문, 잡지 혹은 라디오 강연 등으로 여러 번 들은 말일 줄로 생각된다. 하지만 이것은 내 반생의 군인생활의 경험에서 또는 비로소 국방의 의무를 맡은 조선청년의 특이성에 비추어서 특히 그 필요를 느껴 체득 구현을 촉구하는 바이다. 검사까지는 상당한 시일의 여유가 있으므로 체력단련과 함께 지금 말한 정신요소의 함양에 일층 주력하여 일단 합격, 입대가 되거든 황군의 특질을 유감없이 발휘하여 위로는 폐하 한 분의 크나큰 성은에 봉부(奉副)하는 동시에 아래로는 1억 동포의 기대에 부응하기를 간절히 빌어마지 않는다."

창밖으로 보이는 옥수숫대가 삼복더위의 따가운 빛을 받아 유난히 늠름한 자태를 보이고 있다. 국가의 간성이 되는 이 기쁨—대좌의 한 마디 한 구절에 반도 동포는 깊이 반성·분기해서 한 번 죽음으로 나라에 보답하는 적성을 다할 것을 명심해야 할 것으로 여겼다.

– 상산(常山) 기자 씀.

주요 경력

생몰년: 1890-1985

창씨명: 가야마 다케토시(香山武俊).

1914: 일본군 육군 소위 임관.

1936: 일본군 육군 중좌 진급.

1941: 일본군 육군 대좌 진급.

광복후

1945: 전조선임시군사준비위원회 위원장.

1946: 국방경비대 창설.

1948: 대한민국 초대 육군참모총장.

1967: 반공연맹 이사장.

1980: 국방정책자문위원장.

상훈

1935: 훈4등 서보장(일본).

1939: 훈3등 서보장(일본).

1983: 인촌문화상(대한민국).

국민훈장 무궁화장 추서(대한민국).

050

김인승·김상용

님의 부르심을 받들고서

화 김인승(金仁承)

시 김상용(金尙鎔)

물결 깨어지는 절벽 이마 위,
가슴 헤치고 서서, 해천(海天) 향해 휘파람 부는 듯,
오랜 구원 이룬 이날의 기쁨이여!
말 위에 칼을 들고 방가(邦家)의 간성(干城)됨이
장부의 자랑이어늘, 이제 불렀으니,
젊은이들아 너와 나의 더 큰 광영이 무에랴.

나아가는 너희들 대오에 지축이 울리고,

님의부르심을받들고서

詩 金尙鎔 畵 金仁承

물결 깨여자는 綸音이마우、
가슴 헤치고 서서、海天向해 외치랍 부는듯、
오랜 宿願이룬 이날의 기쁨이어!
말우에 칼을들고 邦家의 干城되어、
壯夫의 자랑이어늘、이제 불리니、
젊은이들아 너의 나의 더 큰 光榮이 무어랴。

나아가는 너의들 隊伍에 旗幟이 날리고、
勝利의 彼岸으로 揮揚는 날리다。
새 우짖고、草木조차 歡喜를 속삭일제、
決意와 힘에 넘치는 너의 열음에
아츰 太陽은 더 [illegible]다이 微笑하도다。

紺碧의 大洋우에 點綴한 섬과 섬…
거기 十億同胞는 묶겨 살앗다。
그 사실 끈치고、解放의 노래 높은 날…
·樂土建設의 첫 開拓을 우리 마탓도다。
名實함께 一億先進의 一員이 되이어、
어서 저 鐵鎖버히고、
여기 꼿을 꼿을 심우자。

獨身이 다、一念에 빛은 넘치고、
小我 滅해、大我의 거듭 남이 잇다。
忠에 죽고、義에 살든 烈士의 希願、
피로 네 이름 저 靑史에 삭여、
그 꼿다움 千々萬代에 傳하여라。

1943. 8. 4.

복락의 피안으로 깃발은 날린다.
새 우짖고, 초목조차 환희를 속삭일 제,
결의와 힘에 넘치는 너의 얼굴에
아침 태양은 더 정다이 미소하도다.

감벽(紺碧)[1]의 대막(大漠)[2] 위에 점철한 섬과 섬
거기 10억 동포는 묶여 살았다.
그 사실 그치고, 해방의 노래 높은 날,
낙토(樂土) 건설의 첫 개척을 우리 맡았도다.
명실 함께 1억 선진의 일원이 됨이여,
어서 저 무잡(蕪雜)[3] 베이고,
여기 꽃을 꽃을 심자.

촉신(燭身)[4]이 타, 일실(一室)에 빛은 넘치고,
소아(小我) 멸(滅)해, 대아(大我)의 거듭남이 있다.
충에 죽고 의에 삶은 열사의 희원(希願),
피로 네 이름 저 창공에 새겨
그 꽃다움 천천만대에 전하여라.

1 검은빛을 띤 짙은 청색.

2 넓은 사막이라는 뜻이지만, 여기서는 넓은 바다를 가리킨다.

3 뒤섞여서 어지럽고 어수선함.

4 초.

김인승 주요 경력
생몰년: 1910-2001
1937: 동경미술학교 졸업 및 제16회 조선미술전람회에 특선.
1940: 조선미술전람회 추천작가.
1943: 반도총후미술전 추천작가.
광복후
1947: 이화여자대학교 미술과 교수.
1957: 대한민국 예술원 회원.
1960: 이화여자대학교 미술대학장.

물결 깨어지는 절벽 이마 위,

가슴 헤치고 서서, 해천(海天) 향해

휘파람 부는 듯,

오랜 구원 이룬 이날의 기쁨이여!

말 위에 칼을 들고 방가(邦家)의

간성(干城)됨이

장부의 자랑이어늘, 이제 불렀으니,

젊은이들아 너와 나의 더 큰 광명이

무에랴.

상훈

1963: 문화포장(대한민국).

1965: 대한민국 예술원상(대한민국).

1969: 대한민국 문화훈장 동백장(대한민국).

김상용 주요 경력

생몰년: 1902-1951

1919: 3·1운동 관련, 경성제일고등보통학교 제적.

1921: 보성고등보통학교 졸업.

1927: 일본 릿쿄대학 졸업.

1933: 이화여자전문학교 영문과 교수.

1938: 이화애국자녀단 간사.

1939: 조선문인협회 발기인.

1941: 조선임전보국단 발기인.

광복후

1950: 『코리아타임즈』 초대 사장.

051

고황경

징병 감사와 우리의 각오

건군정신에 투철

고황경(高凰京) 씨 담화

소화 18년(1943) 8월 1일은 조선에 징병제가 시행되는 날로서 우리나라 병제사(兵制史) 위에 영구히 기록할 만한 날인 것은 물론이거니와, 이날을 맞이하는 거국의 감격 특히 순국의 지성(至誠)에 불타는 2천5백만 민중의 다년간 열망하던 바가 이루어진 무상의 광영이야말로 과거 33년 동안 역대 총독과 위정자 여러분이 일시동인의 성지를 받들어 반도 동포로 하여금 명실상부하는 황국신민을 만들려고 심혈을 기울여 분투 선정한 결정이 아닐 수 없다. 이에 대한 무한한 감사를 드릴수록 광대무변하옵신 성은에 오로지 공구 감격할 뿐이다. 이왕비 전하께서 읊으신 노

주요 경력

생몰년: 1909-2000
1928: 일본 도시샤대학 졸업.
1933: 미국 미시간주립대학교 경제학 석사학위 취득.
1935: 이화여자전문학교 교수.
1937: 조선부인문제연구회 발기인.
1937: 애국금차회 발기인 및 간사.
1941: 조선임전보국단 발기인.
1942: 국민총력조선연맹 참사.

광복 후
1945: 경기공립고등여학교 교장.
1958: 이화여자대학교 사회학과장.
1958: 대한어머니회 창립 및 수서최고위원.
1961: 서울여자대학교 초대 총장.
1968: 국민교육헌장 제정위원.

래와 같이 “다 한가지로 나라를 지키라고 부르옵시는 우리 임금님의 뜻 황송도 하시어라” 부르심을 받은 이 황송하온 성은을 무엇으로 봉답하올까. “나라를 위하여 한마음이 되어서 힘 다하여라. 임금님의 군사로 나서는 젊은이들”, “젊은이들아, 그 집안사람들아, 임금 위하여 참마음 하나로 일어서라 하노라.”

전하께서 읊으신 이 뜻깊은 노래를 맘속에 깊이 새기어 철저한 각오를 가지고 이 귀한 출발점을 더럽히지 않도록 적성을 다 기울일 것밖에 없다.

대동아전쟁의 혁혁한 전승은 두말할 것 없이 우리나라의 숭고한 병역제가 지대한 힘이 되어 있는 것인데, 우리 반도 동포도 진정한 황국신민으로서 병역의 의무를 부담하고 대동아성전에 참가하는 것은 지상의 영광이다. 그러나 용감무비한 무적 황군은 일조일석에 된 것이 결코 아니다. 조국 이래 유원한 역사를 일관하여 우리 황국의 군대는 천황께서 몸소 이끄는 신병(神兵)인 것이다. 그러므로 황국의 일원으로서 훌륭한 자격을 감당하려면 세계 무비의 심원한 건군의 뜻에 투철치 않으면 안 될 것이다. 즉 제국 군인이 될 반도 동포는 충절, 예의, 무용, 신의, 진실, 이 5개조의 성훈(聖訓)을 지킴에 전부를 바쳐야 할 것이다.

徵兵感謝와 우리의 覺悟

建軍精神에 透徹

④ 高凰京氏 談

1943. 8. 5.

상훈

1963: 문화포장(대한민국).

1970: 국민훈장 동백장(대한민국).

1985: 5·16민족상(대한민국).

052

김성수

선배의 부탁

문약(文弱)의 고질을 버리고 상무기풍(尙武氣風) 조장하라

보성전문학교장 김성수(金性洙)

다음에 조선 징병령 실시 감사주간을 맞아 소감의 일단을 들어 삼가 반도 동포 제군의 일고(一考)를 촉구코자 한다.

작년 5월 8일 돌연히 반포된 조선에 징병령 실시의 쾌보는 반도 2천5백만 동포의 일대 감격이며 일대 광영이라. 당시 전역을 통하여 선풍같이 일어나는 환희야말로 무엇에 비유할 바가 없었으며, 우리 반도 청년을 상대로 교육에 종사하는 자로서는 특히 일단의 감회가 깊었던 바이다.

先輩의附託 ④

文弱의痼疾을버리고
尙武氣風助長하라

普成專門學校長 金性洙

今에 朝鮮에 徵兵令實施 感激[illegible]에 當하야 所感의 一端을 들어 삼가 半島靑年諸君의 一考를 促코자 한다

昨年五月八日 突然히發布된朝鮮에徵兵令實施의快報는實로 半島二千五百萬同胞의 一大感激이며 一大光榮이라 當時 全城을 通하야 [illegible]가 이러나는 歡聲이야말로 무엇에 比喩할바가 업섯스며 吾等半島靑年을 指導로 敎育에 從事하는者로서는 特히 一層의 感慨가 深切하얏든바이다

이제 余의 三十餘年間 敎育者生活의 經驗으로 보건대 우리半島靑年의 素質로는 努力으로나 體力으로나 모든것이 그다지 他人에게 落後될것이 업스며 때로는 幾多의 長點도 不無하나오직 消極的으로 [illegible]한 精神과 忍耐[illegible]의 氣魄이 不足한 點이 不拔한것은 吾人의 恒常 遺憾히 녁이든바이다

그러나 그 病原을 探究해 본다가트면 決코 現代靑年의 罪責이 그러한것도 아니라 四五百年以來 崇文卑武하든 [illegible]下에 生育된 結果로 耳目所及 大概 文弱의 風에 저진지라 따라서 文弱은 傳統으로되고 氣魄은 마츰내 振起의 氣象을 消磨케하야 凡百事爲에 確固不拔한 勇往邁進의 意志가 적고 오직 因循姑息 苟且偸安의 風習이 第二의 天性을 일우엇든것이다 그러하야 人의 譏笑를 [illegible]으로 알기는하면서도

敢然

히 [illegible]力이 적은同時에 己의 [illegible]을 惡으로 알면서도 斷然히 悔改할 勇猛도 不足하게 된것이다

世間에 흔히 半島靑年의 缺點을 말하는者 曰 克己心이 不足하다 曰 忍耐力이 不足하다 曰 持續力이 不足하다 反省心이 不足하다 云云하는것이 全部 [illegible]으로 是認할것도 아니나 또한 全然으로 否定할수도업는것이 吾人의 [illegible]다

로는 心理이 엿스며 이病根을除去하는것이 吾等敎育者의最大關心事이며 最大努力點이엇스나 年久하게 深痼한 [illegible]을 一時에 消滅하기도 困難한 環境으로 보아 또한 至難事라 아니할수업섯다

그런데 이번 徵兵制實施로 因하야 우리가 이제야 [illegible]한 皇國臣民의 資格을 엇게된것은 一方으로 全半島靑年의 榮譽인 同時에 半千年 文弱의 病[illegible]中에서 卽吟하든 上流社會바 모든 病根을 一掃에

快治

하고 大[illegible]新한 [illegible]一의 良藥을 어든것이다 얻지 반갑지 아니하며 얻지 感激치 아니하랴 何故오하면 上流하는 文弱의 病根을 治療함에는 오즉 尙武의 精神을 助長함이 唯一無二의 良藥인 까닭이다

그러나 如何한 良藥[illegible]이라도 此를 服之[illegible]하여 效驗을 맛들어 着用치 아니하면 [illegible]의 價値가 업슬것이요 아모리 奇效를 來할 良藥이라도 此를 [illegible]하야 服用치아니하고는 藥은 그 實效를 [illegible]지못할것이다 그러면 徵兵制實施의 이 良藥을 靑年諸君은 如何히 服用하며 이 良藥을 如何히 服用하야 外觀으로나 內容으로나 그 實效를 完全히 發揮하라는가 무룻 今後의 [illegible]가 동아올때에는 그 皇兵의 所從來를 잘생각하야 그것을 完全히 受[illegible]가 업지못할것이며 良藥이 入手되얏슬때에는 먼저 잘 消化服用하야 完全한 效能을 發揮케 함에 [illegible]이 업지 못할것이다

이點에 잇서서 吾人은 今後諸君에게 一段의

忍苦

와 一層의 鍛鍊을 要求하는바이다 그러면 이것을 實踐할 方法은 어데잇스며 努力은 무엇인가

。吾人은 이제 새삼스럽게 諸君에게 喋喋할것도 업시 四五年以來로 우리가 日夕 奉誦하는 皇國臣民誓詞를 한번다시 되푸리하고저 한다

一、我等은 皇國臣民이다 忠誠으로써 君國에 報하자

이 條는 말할것도 업시 우리의 生存目標를 規定하는 大綱領이다 特히 朝鮮靑年은 누구보다도 먼저 이 目標를 確定함으로써 第一主眼을 삼는것이다 이目標가 確立됨으로부터 萬業이 正路되고 群疑가 解決되는것이다

二、我等皇國臣民은 서로 信愛協力하야써 團結을 굿게하자

이 一節이야말로 從來 우리 朝鮮人의 [illegible] 一節이다 우리 從來의 모든 缺點이 오로지 互相信愛協力을 못하는것과 그 結果로 十人十色 百人百態로

團結

이 되지못하는데잇든것이다 敵一體하고 人間은 一種의 集團動物이다 集團의 威力을 發揮치못한다면 그 實力이 저 禽獸에게도 떨어지지 못할것이다 이 集團이 卽 團結이오 團結이 되라면 그分子分子가 互相信愛協力하지 안코는 어들수업는것이다 어디 協力을 殷分節解하야 說明하라면 若干卷의 修身書로도 不足할는지모르나 簡明直截하게 말하라면 손쉬운方法으로 우리가 日常 服誦하는 敎育勅語의 一節을 奉讀해보자

「父母에게 孝하고、兄弟에게 友하고、夫婦相和하고、朋友相信하라」

이 一節中에 所謂 信愛協力의 全部가 包含되엿다 여기에 特히 「忠君」二字는 表示되지 아니하얏스나 其實 孝도 忠君의 一端이오 友도 忠의 一端이오 和、信도 또한 그러하다 臣民이 모다 互相信愛協力하야 團結을 굿게하얏다가 一旦緩急이 잇스면 義勇奉公하는것이 忠君의 至上方法이며 우리生活의 最終目的이다 [illegible]가 되여서는 子의 職責을 다하고 兄弟는 兄弟의 職責을 다하고 夫婦朋友가 各其所處의

職責

을 다하는것이 곳 信愛協力의 要諦이다

三、我等皇國臣民은 忍苦鍛鍊力을 養하야써 皇道를 宣揚하자

金鍛[illegible]도 此[illegible]치 아니하면 一個土石에 不過하고 木[illegible]材도 此[illegible] 斫[illegible] 削치 아니하고는 高樓巨閣의 棟樑이 될수업는것이다 따라서 아모리 偉人傑者의 素質이 잇다할지라도 忍苦鍛鍊이 업시 生知天成은 바라지못할것이다 사람이 사람다운 사람이 되라면 一도忍苦鍛鍊이오 二도忍苦鍛鍊이다 저金石이 熱火中에 鍛練되며 [illegible]石으로 [illegible]함에 그苦痛이 如何하얏스며 저 棟樑이 斧之斷之 [illegible]之[illegible]之 할때에 또한얼마나 苦痛을 바덧스랴 그 온갓苦痛을 忍耐하얏슴으로써 萬人이 欽仰하는 棟樑이 되며 珍寶하는 金玉이 되지안는가 人間도 또한 絶對的으로 이原則에서 버서날수업는것이다 이가치 忍苦

鍛鍊

을 싸흔 臣民이 되야써 皇道를 宣揚하는것이 [illegible] 吾等의 最終目的에 到達하는것이다 以上의 理論이야 누가 모르리오마는 今後의 成果는 오직 以上[illegible]의 心誓 實行에 달렷슴을 다시한번 强調하야 自他의 警醒에 供코저 한다

1943. 8. 5.

이제 나의 30여 년간 교육자 생활의 경험으로 보건대 우리 반도 청년의 소질로는 지력(智力)으로나 체력으로나 모든 것이 그다지 타인에게 낙후될 것이 없으며, 때로는 수많은 장점도 없지 않으나, 오직 보편적으로 굳세고 과감한 정신과 인고단련의 기백이 부족한 감이 없지 않음은 내가 항상 애석히 여기던 바이다.

그러나 그 병의 원인을 탐구해 볼 것 같으면 결코 현대 청년의 타고난 자질이 그러한 것도 아니라, 4천5백 년 이래 숭문천무(崇文賤武문을 숭상하고 무를 천시함)하던 전통 아래 생육된 결과로, 듣고 보는 것이 대개 문약의 유풍에 젖은지라. 따라서 문약은 유약(儒弱유학적 허약함)으로 되고, 유약은 마침내 떨쳐 일어나는 기상을 소각케 하여 모든 일에 확고하고 흔들리지 않는 의지, 용감하고 매진하는 의지가 적고 오직 내키지 않아 머뭇거리며 평안만을 찾고 구차하게 온전을 추구하며 눈앞의 안일을 탐하는 풍습이 제2의 습성을 일구었던 것이다. 그리하여 사람의 선함을 선함으로 알기는 하면서도 감연히 추종할 기력이 적은 동시에, 자신의 악을 악으로 알면서도 단호히 회개할 용맹도 부족하게 된 것이다.

세간에 흔히 반도 청년의 결점을 말하는 자들이 말하기를, 극기심이 부족하다, 인내력이 부족하다, 꾸준함이 부족하다, 반성하는 마음이 부족하다 운운하는 것이 전적으로 시인할 것도 아니나 또한 전적으로 부정할 수도 없는 것이 나의 남모르는 가슴 아픔이었으며, 이 병의 근원을 제거·완치하는 것이 우리 교육자의 최대 관심사이며, 최대 노력점이었으나, 오랜 세월에 걸쳐 깊어진 기풍을 일시에 씻어버리기도 주위 환경으로 보아 또한 어려운 일이라 아니할 수 없었다.

그런데 이 징병제 실시로 인하여 우리가 이제야 명실상부한 황국신민의 자격을 얻게 된 것은 한편으로 전 반도 청년의 영예인 동시에 반천년 문약의 분위기 가운데에서 신음하던 상술한 바 모든 병의 근원을 일거에 치료하고, 과거를 쓸어버리고 새로운 삶이라는 둘도 없는 양약을 얻은 것이다. 어찌 반갑지 아니하며 어찌 감격치 아니하랴. 무슨 까닭이요 하면 상술한 문약의 고질을 치료함에는 오직 상무의 기풍을 조장함이 유일무이의 양약인 까닭이다.

그러나 여하한 능라비단이라도 이를 마르고 꿰매 의상을 만들어 입지 않으면 비단의 가치가 없을 것이요, 아무리 뛰어난 효과를 가진 양약이라도 이를 달여 먹지 않고는 필경 그 효과를 얻지 못할 것이다. 그러면 이 징병제 실시의 영예를 청년 제군은 여하히 착용하여 이 양약을 여하히 복용하여 외관으로나 내용으로나 그 실효를 완전히 드러내 세상에 드날릴 것인가.

무릇 의외의 영예가 돌아올 때에는 그 영예를 따라오는 것을 잘 생각하여 그것을 완전히 향수할 준비가 없지 못할 것이며, 양약을 입수했을 때에는 먼저 잘 조리한 뒤 복용하여 완전한 효능을 발휘케 할 연찬(研鑽학문 따위를 깊이 연구함)이 없지 못할 것이다.

이 점에 있어서 나는 금후 제군에게 일단의 인고와 일층의 단련을 요망하는 바이다. 그러면 이것을 실천할 첩경은 어디 있으며 비방은 무엇인가.

나는 이제 새삼스럽게 제군에게 지도할 것도 없이 45년 이래로 우리 저녁에 일제히 읊는 「황국신민서사(皇國臣民誓詞)」[1]를 한 번 다시 되풀이하고자 한다.

1. 우리는 황국신민이다. 충성으로써 군국에 보답하자.

이 조는 말할 것도 없이 우리의 생존 목표를 정하는 요점이다. 특히 조선청년은 누구보다도 먼저 이 목표를 확정함으로써 제1주안점을 삼는 것이다. 이 목표가 확

1 「황국신민서사」는 1937년 10월에 제정되었으며 아동용과 일반용의 두 종류가 있다. 아동용은 "우리는 대일본제국의 신민(臣民)입니다.", "우리는 마음을 합하여 천황폐하께 충성을 다합니다.", "우리는 인고단련(忍苦鍛鍊)하고 훌륭하고 강한 국민이 되겠습니다."이다. 「황국신민서사」는 1938년(소화 13) 개정된 제3차 조선교육령에 따라 암송·제창하기 시작했는데, 문장 가운데 45년은 무슨 뜻인지 알 수 없다.

립됨으로부터 모든 것이 제대로 보이고 모든 의혹이 해결되는 것이다.

2. 우리 황국신민은 서로 신애 협력하여 단결을 굳게 하자.

이 1절이야말로 종래 우리 조선인의 정문일침(頂門一針)[2]이다. 우리 종래의 모든 결점이 오로지 상호 신애 협력을 못하는 것과 그 결과로 십인십색, 백인백태[3]로 단결이 되지 못하는 데 있던 것이다. 다른 말은 말고 인간은 한 종의 집단동물이다. 집단의 위력을 발휘치 못한다면 그 실력이 저 벌에도 미치지 못할 것이다. 이 집단이 즉 단결이요, 단결이 되려면 그 분자 분자가 상호 신애 협력하지 않고는 얻을 수 없는 것이다. 이 신애 협력을 나누고 조각으로 설명하려면 수천 권의 도덕서로도 부족할지 모르나 간단히 말하라면 손쉬운 방법으로, 우리가 일상 경건히 암송하는 교육칙어[4]의 한 구절을 받들어 기려보자.

"부모에게 효도하고, 형제에게 우애하고, 부부는 서로 화합하고, 붕우유신 하라."

이 구절 가운데 소위 신애 협력의 전부가 포함되는 것이다. 여기에 특히 '충군(忠君)' 두 자는 표시되지 않았으나 사실 효도 충군의 일단이요, 우애도 충의 일단이요, 화합과 믿음도 또한 그러하다. 신민이 모두 상호 신애 협력하여 단결을 굳게 하였다가 하루 느림과 빠름이 있으면 의용봉공(義勇奉公)하는 것이 충군의 지상 방법이며, 우리 생활의 의미가 모두 여기 있는 것이다. 즉 자식이 되어서는 자식의 직을 다하고, 형제간에는 형제의 책임을 다하고, 부부와 벗이 각기 처한 장소에서 직책을 다하는 것이 곧 신애 협력의 요체이다.

2 정수리에 침 하나를 꽂는다는 뜻으로, 따끔하고 매서운 충고나 교훈을 비유적으로 이르는 말.

3 열 사람이 열 가지 색상, 백 사람이 백 가지 모양을 가진다는 뜻. 의견이 제각각인 모습.

4 교육칙어는 1890년 10월, 메이지왕의 명으로 발표했는데, 일본제국 신민들의 수신과 도덕교육의 기본규범을 정하기 위해서였다.

3. 우리 황국신민은 인고단련의 힘을 길러 황도를 선양하자.

금은보석도 이를 갈고 닦지 않으면 일개 흙돌에 불과하고 거대한 나무도 이를 자르고 다듬지 않으면 고루거각의 대들보가 될 수 없을 것이다. 따라서 아무리 위인 성자의 소질이 있다 할지라도 인고와 단련이 없이 태어나면서 큰 인물이 되는 것은 바라지 못할 것이다. 사람이 사람다운 사람이 되려면 하나도 인고단련이요, 둘도 인고단련이다. 저 금과 옥이 뜨거운 불 가운데서도 녹으며 철과 돌로 다듬어질 때 그 고통이 어떠했으며, 저 대들보가 마르고 잘려 딱 맞게 다듬어질 때 또한 얼마나 고통을 받았으랴. 그 온갖 고통을 인내하였으므로 만인이 우러러보는 대들보가 되며 참으로 귀한 금과 옥이 되지 않는가. 인간도 또한 절대적으로 이 원칙에서 벗어날 수 없는 것이다.

이같이 인고단련을 쌓아 완전히 위대한 신민이 되어 황도를 선양하는 것이 즉 우리의 최종 목적에 도달하는 것이다.

이상의 이론이야 누가 모르리오마는 금후의 성과는 오직 이상 서사(誓詞)를 마음으로 읽는 실행에 달렸음을 다시 한 번 강조하여 자타의 경성(警醒미혹에서 깨어나 정신을 차리도록 타일러 깨우침)에 이바지하고자 한다.

주요 경력

생몰년: 1891-1955

1914: 와세다대학 졸업.

1920: 동아일보사 사장.

1931: 중앙고등보통학교 교장.

1932: 보성전문학교 인수.

1937: 보성전문학교 교장.

1938: 국민정신총동원연맹 발기인.

1941: 조선임전보국단 발기인.

광복 후

1945: 미군정청 한국인고문단 의장.

1946: 동아일보사 사장.

1947: 반탁독립투쟁위원회 부위원장.

1951: 제2대 부통령 선출 후 이승만 대통령에 저항해 사임.

053

노천명

님의 부르심을 받들고서

화 철마(鐵馬) 김중현(金重鉉)

시 노천명(盧天命)

남아면 군복에, 총을 메고
나라 위해 전장에 나감이 소원이리니

이 영광의 날
나도 사나이였으면, 나도 사나이였으면
귀한 부르심 입는 것을—

주요 경력

생몰년: 1911-1957
1934: 『조선중앙일보』 기자.
1941: 조선문인협회 간사.
1941: 조선임전보국단 부인대 간사.
1943: 『매일신보』 기자.

갑옷 떨쳐입고 머리에 투구 쓰고
창검을 휘두르며 싸움터로 나감이
남아의 장쾌한 기상이거든—

이제 아세아의 큰 운명을 걸고
우리의 숙원을 뿜으며
저 영미(英米)를 치는 마당에랴

영문(營門)으로 들라는 우렁찬 나팔소리—
오랜만에 이 강산 골짜구니와 마을
구석구석을
흥분 속에 흔드네—

1943. 8. 5.

054

이상범 · 김종한

님의 부르심을 받들고서

화 청전(靑田) 이상범(李象範)
시 김종한(金鍾漢)

몸을 바칠 수 있다는 제도에는
원시처럼 여릿여릿한 순수가 깃들다

바다로 가도 좋지 않은가
그 싱싱한 파랑의 화원
시간과 역사가 무시되는 곳

님의부르심을바뜰고서

詩 金鍾漢 畵 靑田 李象範

몸을 바칠수잇다는 제도에는
원시처럼 너리너리한 순수가 기뜰다
바다로가도 조치안흔가
그 싱싱한 파랑의화원

* *

시간과 역사가 무시되는 곳
한때는 물결의 산맥을 · 기어올다
물결의 곡간에 미끄러지고
남십자성만이 영원의등대
조국은 수평선처럼 향기로운데
함폭 물방울에 저즌 기폭에는
아츰해가 새론 책장처럼 미소하는
바다로 가도 조치안흔가

* *

산으로가도 조치안흔가
너울너울 쉬고가는 구름의 침대
풍속과 인정이 초월되는 곳
밀림을 헤치고 고산식물에 멈춰서면
전우는 여동생처럼 아름답고
낫선 나라의 낙조에 물들면
야영의 이마에 칠성이 기우는다
항시 미래만이 청춘의 고원
다음날엔 다음날 무지개가 손짓하는
산으로 가도 조치안흔가

* *

새로는 전투기의 날개에 매여달려
하늘의 층층게를 올라가도 조치안흔가
성층권 움서쪽의 비상에는
스무살의 지도와 축제가 펼처지고
구름을 물드리는 충성의 피는
형제와 동포의 가슴을 길타는
날신한 전투기의 날개에 매여달려
하늘의 층층게를 올라가도 조치안흔가
바다로 가도 조치안흔가
산으로 가도 조치안흔가
하늘의 층층게를 올라가도 조치안흔가

1943. 8. 6.

함대는 물결의 산맥을 기어올라
물결의 곳간에 미끄러지고
남십자성만이 영원의 등대
조국은 수평선처럼 향기로운데
한폭 물방울에 젖은 깃폭에는
아침해가 새론 책장처럼 미소하는
바다로 가도 좋지 않은가 좋지 않은가.

산으로 가도 좋지 않은가
너울너울 쉬고 가는 구름의 침대
풍속과 인정이 초절되는 곳
밀림을 헤치고 고산식물에 멈춰서면
전우는 여동생처럼 아름답고
낯선 나라의 낙조에 물들면
야영의 이마에 칠성이 기우는다
항시 미래만이 청춘의 고원
다음날엔 다음날 무지개가 손짓하는
산으로 가도 좋지 않은가 좋지 않은가

때로는 전투기의 날개에 매어달려
하늘의 층층계를 올라가도 좋지 않은가

성층권 꿈 저쪽의 비상에는
스무살의 지도와 축제가 펼쳐지고
구름을 물들이는 충성의 피는
형제와 동포의 가능을 길닦는
날씬한 전투기의 날개에 매어달려
하늘의 층층계를 올라가도 좋지 않은가
바다로 가도 좋지 않은가
산으로 가도 좋지 않은가
하늘의 층층계를 올라가도 좋지 않은가

이상범 주요 경력
생몰년: 1897-1972
1929: 조선미술전람회 창덕궁상 수상.
1936: 『동아일보』 재직 시 일장기 말살 사건 관련 옥고.
광복후
1950: 홍익대학교 교수.

상훈
1957: 예술원 공로상(대한민국).
1962: 문화훈장(대한민국).
1963: 3·1문화상(대한민국).
1965: 서울시 문화상(대한민국).

055

김활란

선배의 부탁

거룩한 '대화혼'을 명심

적 격멸에 일로매진

이화여자전문학교장 천성활란(天城活蘭)

황국신민의 무쌍한 영광인 징병제는 드디어 우리에게도 실시되었다. 그동안 2년간의 준비기를 거쳤으며 이번 8월 1일부터 수일간은 반도의 징병제 첫 실행을 축복하는 의미로 가지가지 행사가 조선에뿐만 아니라 전국적으로 전개되어 새삼스럽게 크나큰 기쁨을 누렸다. 그리고 일시동인의 황공하옵신 성지에 다시금 감격의 눈물을 흘리지 않을 수 없다.

지금까지의 반도 청년은 쓸쓸하였을 것이다. 누구에게나 지지 않을 충성된 마음

先輩의附言 ⑥

거룩한「大和魂」을銘心
敵擊滅에 一路邁進

梨花女子專門學校長 天城活蘭

皇國臣民의 無雙한榮光인 徵兵制는 드디어 우리에게도實施되엿다 그동안二年間의 準備期를거첫스며 이번 八月一日부터實施되니 半島의靑年들은 [illegible] 感激하는[illegible] 로 가지가지行事가 朝鮮에뿐만 아니라全國的으로展開되어 새삼스럽게 크나큰기쁨을느낀다 그리고 一週日[illegible]의 [illegible]한 行事[illegible]에 다시금 感激의눈물을[illegible] 지안을수업다 半島[illegible]속까지의 半島靑年은 [illegible]하엿슬것이다 누구에게나 지지안을

忠誠

되마음을 그대로나타내가엣는 그精神가 넘무나 놉앗다 그리고 이마음을 [illegible]하여 [illegible]에게 부끄럽지안을수업는 그마음은 [illegible]업시 [illegible]하여[illegible]것이다 그러나 이제 [illegible]의 [illegible]이 [illegible]롭게 열리여젓다 나[illegible] 한 [illegible]여 靑年이가디빌는[illegible]의마음을 통터러바처 [illegible]할수잇는[illegible]門이 활짝열렷스며 半島靑年의[illegible]을 빗낼機會는 드듸여 왓다 이얼마나 기쁜일이며 [illegible]以來 모처럼보는 거룩한 感激이다 [illegible]히 이번機會에―大東亞[illegible] [illegible]하여 東亞十億의 民族을 저 「앵그로색손」의 손으로부터 解放하기爲하여―우리[illegible]이 [illegible]의싸움을하고잇는 이때에 半島[illegible]靑年에게 이러한[illegible]을 내리[illegible] 더욱 [illegible]와이며 또한 [illegible]되임이다

半島靑年이여 훌륭한軍人이되소서 그리고 自己에게 내리어진 [illegible]에 [illegible]까지 忠誠하소서 아와갓흔 軍人이되기爲하여는 첫재로 무쇠덩이와갓치튼튼한몸의 所有者가되여야한다 누구나다튼튼한몸이 必要한것이나 特히軍人에게는 몸하나가 全部요代表하리라고 생각된다 닥고 또닥거 그야말로 鐵鋼가튼 몸을맨드[illegible] [illegible]안에 [illegible]하여 닥기여질것이다 軍人의말에 [illegible]하면 行軍途中에 [illegible]이나되는[illegible]로 어깨의가죽이 다벗겨지고 그리고 발바닥인지 발이붓틀어 벗겨지게된것인지 몸을[illegible]이[illegible] 피로움을모르고 行軍해나가는

純全

[illegible]허 精神力이 안섬이라고하얏다 엇싸시 抵抗해나아가는마음 [illegible]로부터의어떠한유혹에도 [illegible] 먹지안는[illegible] 이러한것은 一朝一夕에 成就되는바는아니다 不斷의努力 [illegible]訓練에서 成長된것이다 우리의몸이 自身의것만이아니요 [illegible]父母의것만이아니요 첫재로 나라의것이다 나라의부르심에 어느때나 應하여야할몸이다 이것을생각할때 우리는 어느때나 잇지아코 自身몸을 닥그며 힘을 들일것이다 軍紀[illegible] [illegible]에서 [illegible]의 [illegible]가 [illegible]元帥[illegible]訪問하여 五・五・三이라는[illegible]을 햇슬때 [illegible]에는 「制限이잇지만 訓練에는制限이업습니다……」이 元帥의말슴은 [illegible]우리의[illegible]은 그저訓練 訓練 日曜日도 [illegible]업는 月月火水木金金의 猛訓練을 [illegible]한것이다 그[illegible]부터치는 곳마다 다 敵에게 [illegible]을 거듭시키고잇는 우리의海軍을 보라 이얼마나 訓練의 [illegible]추는 [illegible]인가 우리는 모름직이

聖將

의一念갓흔[illegible]를 스승삼어 이몸과이마음을 鍛鍊해야할것이다

다음으로 우리들은 핏속으로부터 「大和魂」의 所有者가되여야한다 우리는그精神을 [illegible]까지 말로만들엇으며 理論으로서만 이야기할수잇엇다 [illegible]에는 [illegible]로[illegible]을 實行하면서[illegible] [illegible]해볼수는 업엇스나 이제는우리들도 이魂을 [illegible]할수잇게되엿다 [illegible]하옵신 [illegible]을어모시고 [illegible]하여 大君을 [illegible]하여 [illegible]하는 그마음은직 우리皇國臣民만이 特히 帝國軍人만이 [illegible]할수잇는 거룩한精神이다 모―든 [illegible]은 그마음을잇지말고 大君에게 바침으로서 表現할수잇는 「大和魂」은 三千年間 쉴사이업시 흘르고흘너 크나큰 歷史를가지고잇다 이世界 어느精神에 比하여도 그精[illegible]를 차를수업는 「大和魂」을 우리들은 우리들마음속에 빈틈업시 채우는 그때에 비로소 우리는 帝國軍人으로 빗나는 [illegible]을 가질수잇슬것이다

끄트로 半島人의 처[illegible]으로서 나아가는 靑年들은 帝國軍人으로서 武勇은勿論이오 半島靑年들의 先發隊로서 後進에게 [illegible]이되리라는마음으로 엇까지 努力해야할것이다 [illegible]의 立場이란 [illegible]잇슨것이요 先發隊의 任務한 多端한것이다 그러나 [illegible]업시 [illegible]을 밋고 [illegible]手를 드러 이처[illegible]을 [illegible]한다 (完)

1943. 8. 7.

을 그대로 나타내기에는 그 장소가 너무나 좁았다. 그리고 이내 몸을 탄환화하여 적에게 부딪쳐 볼 수 없는 그 마음은 한없이 답답하였을 것이다. 그러나 이제 청년의 나아길 길은 단단하게 열렸다. 나라를 위하여 불덩이같이 끓는 피와 몸을 통틀어 바쳐 성은에 보답할 수 있는 문이 활짝 열렸으며 반도 남아의 의기를 보일 기회는 드디어 왔다. 이 얼마나 기쁜 일이며 수천 년 역사 이래 모처럼 보는 거룩한 감격이다.

특히 이번 기회에—대동아 건설을 위하여 동아 10억의 민족을 저 앵글로색슨의 손으로부터 해방하기 위하여—우리 황군이 정의의 싸움을 하고 있는 이때에 반도 청년에게 이러한 의거를 내리옵심은 더욱더 뜻깊은 바이며 또한 행복된 일이다.

반도 청년이여. 훌륭한 군인이 되소서. 그리고 자기에게 내린 책무에 끝까지 충성하소서. 이와 같은 군인이 되기 위하여는 첫째로 무쇠덩어리와 같이 튼튼한 몸의 소유자가 되어야 한다. 누구나 다 튼튼한 몸이 필요한 것이나 특히 군인에게는 몸 하나가 전부를 대표하리라고 생각된다. 닦고 또 닦아서 그야말로 강철 같은 몸을 만드는 동안에 또한 정신도 이와 병행하여 닦일 것이다.

한 군인의 말에 의하면, "행군 도중 몇 관이나 되는 짐으로 어깨의 가죽이 다 벗겨지고, 양말인지 발이 부르터서 벗겨진 껍질인지 모를 지경이면서도 괴로움을 모르고 행군해 나감은 순전히 정신력이 앞섬"이라고 하였다. 끝까지 저항해 나아가는 마음, 주위로부터의 어떠한 유혹에도 좀먹지 않는 굳은 심정. 이러한 것은 일조일석에 성취되는 바는 아니다. 부단의 노력, 무시(無時)의 훈련에서 성장된 것이다. 우리의 몸이 이 자신의 것만이 아니요, 또한 부모님의 것만이 아니요, 첫째로 나라의 것이다. 나라의 부르심에 어느 때나 응하여야 할 몸이다.

이것을 생각할 때 우리는 어느 때나 잊지 않고 자신의 몸을 닦는 데 힘을 들일

1 도고 헤이하치로(東郷平八郎, 1848-1934). 해군대장으로 일본인은 그를 '군신'으로 여기며, '동양의 넬슨'이라는 별명을 붙여 주었다.

것이다. 군축회의에서 돌아온 해군위원 가운데 한 분이 동향(東鄕) 원수[1]를 방문하여 5·5·3이라는 섭섭한 보고를 했을 때, "제한이 있지만 훈련에는 제한이 없을 테지…"라는 원수의 말씀을 좇아 일요일도 토요일도 없는 월월화수목금금의 맹훈련을 시행한 것이다. 그 결과 부딪치는 곳곳마다 적에게 격멸에 격멸을 거듭시키고 있는 우리의 해군을 보라. 이 얼마나 훈련의 귀중함을 말해 주는 뚜렷한 예인가. 우리는 모름지기 성장(聖將)의 천금 같은 이 몸과 이 마음을 갈고 닦아야 할 것이다.

다음으로 우리들은 뼛속으로부터 '대화혼'의 소유자가 되어야 한다. 우리는 그 정신을 지금까지 말로서만 들었으며, 이론으로서만 이야기할 수 있었다. 과거에는 실제로 군무를 실행하면서도 체험해 볼 수는 없었으나 이제는 우리들도 이 혼을 체득할 수 있게 되었다.

존엄하옵신 황실을 받들어 모시고 생사를 초월하여 대군을 위하여 순국봉사하는 그 마음 오직 우리 황국신민만이, 특히 제국 군인만이 체험할 수 있는 거룩한 정신이다. 모든 충성된 그 마음을 한결같이 대군에게 바침으로써 표현할 수 있는 '대화혼'은 3천 년간 쉴 사이 없이 흐르고 흘러 크나큰 역사를 가지고 있다. 이 세계 어느 정신에 비하여도 그 유례를 찾을 수 없는 '대화혼'을 우리들은 우리들 마음속에 빈틈없이 채우는 그때에 비로소 우리는 제국 군인의 빛나는 행복을 가질 수 있을 것이다.

끝으로 반도인의 첫 징병으로서 나아가는 청년들은 제국 군인으로서 완벽됨은 물론이요, 반도 청년들의 선발대로서 후진에게 수범(垂範)이 되리라는 마음으로 끝까지 노력해야 할 것이다. 수범의 입장이란 책임 있는 것이요, 선발대의 임무란 다난한 것이다. 그러나 유감없이 해 줄 줄 믿고 쌍수를 들어 이 첫 출발을 축복한다.

주요 경력

생몰년: 1899-1970
1918: 이화학당 대학과 졸업으로 여성 최초의 대학 졸업자가 됨.
1922: 조선여자기독교청년회 발기인.
1923: 조선여자기독교청년회연합회(YMCA) 창설.
1925: 이화여자전문학교 교수.
1927: 신간회 창립대회에 여성대표 간사로 참석.
1937: 애국금차회 발기인 및 간사.
1938: 이화애국자녀단 결성, 단장.
1941: 조선임전보국단 발기인.
1944: 국민동원총진회 이사.
광복 후
1946: 이화여자대학교 초대 총장.
1948: UN 총회 한국 대표.
1955: 대한적십자사 부총재.
1959: 한국여성단체협의회 회장.

상훈

대한민국 일등수교훈장 추서(대한민국).

056

최남선

학도여 성전에 나서라

보람 있게 죽자

'임전무퇴' 헛된 의논은 필요 없다

최남선

온 나라가 군대의 선두로 청년학도가 앞장서 나가는 모습을 보게 되었다. 진실로 당연한 의무요 두 번 없을 번듯한 걸음이지마는 이것이 한 번 죽음을 반드시 정하는 것이요, 젊은이 특유의 생활의욕에 대한 구극적 제약인만큼 한 번의 큰 깨달음에 이르기까지는 말 못하는 고뇌를 치르는 것이 사실일 듯하다. 말하기 어려운 이 고뇌를 몰래 하소연하여 오는 청년을 많이 만나 보고서 한 가지 고개를 숙이고 어설프게나마 손목을 잡아끄는 것이 근래에 하는 일이다.

學徒여 聖戰에 나서라 ①

보람잇게 죽자

〃臨戰無退〃空論無用

崔南善

擧國 前陣의先頭로 靑年學徒의挺身을 보게되얏다 진실로 當然한 義務요 두번얻을 번듯한거륵이지마는 이것이 一死를 必定하는일이오 젊은이 特有의生活意慾에對한 究極的制約인만큼 一番의大際에 이르기까지에는 말못하는苦惱를 치르는것이 事實인양하다 말하기어려운 이苦惱를 달래 하소연하야오는靑年을 만히맛나보고서 한가지고개를숙이고 어설프게나마 손목을잡아오는것이 近來의 一事務이다 良心의秘聲을披瀝하는말인만큼 다만 形式的觀念論으로써 應對할수업슴은勿論이오 더욱 理論과手段으로부터오는 深刻한苦惱에는 우리의鈍刀로써 快斷하기어려운境遇가 만타 엇지 新羅昔日의國民勤員强行期에 當時의靑年心理를 代表하얏다할 貴山、箒項兩人이 一世의高僧인圓光法師에게가서 이에對한 要言을무럿슬제에 法師가 世俗五戒를말하고 특히『臨陣無退』一條를 强調하매 時代靑年의心鏡가 이一言에탁터저서 아모躊躇함업시 戰時困難의 大衆으로 猛進하얏섯다 뒤에보면『臨陣無退』라는一句語가 진실로平凡하야 奇異한것업지마는當時靑年에對한『眞安心』의 指標으로는 이보담더 適切한것이업섯든것이다

寫眞은 筆者

靑年 學徒의입에서 問題되는條目 多種多樣이다 그러나 그것들을 綜合하야보면 時局의認識에對한 意識分裂에서 나오는것이 거지반이다 이것이 나의死때나 死할뿐이냐 一前통다바치고 선선히 눈을감을絶對境이냐 아니냐에對한 未練이 그네들의가슴을撹亂식히고잇슴을 看取할수잇다 비교적 死에對한恐怖는 보이지아니하지마는 死함에는 良心的滿足을 가저야하겟다는 實念이 매우强烈하다 一死를 決定하는마당에『그는보람』을 料識해봄은 生活意識의根本的要求로서 그것을稱揚은 할지라도 決코 非難하지못할것이다 그런데 이세까지의記錄 生活에는 이點에잇서서 苦悶煩惱이잇지아니하얏는가를 생각케함이잇다

나는 그네들에게對하야 適時適所하야 多少의啓蒙을 하비하기는하지마는 主로 그 行動의良心性을 感發하자면 聖戰이어느모로 어써케보히야할가를 생각하얏다 그런고만큼 聖戰에 무엇보담도 重要한要素가『聖戰』意識을 透徹식힘에 잇슴을아랏다 聖戰이라함은 流行語가 되다싀히 常用되지마는 聖戰衆의이들의 이에對한 感受性은 그리明白치못한嫌이잇다『聖戰』임을 容認치못함에서 온갓疑問이 나는것이니까 이것을 一掃하는것이 무엇보담도 有効한 對策이얏다

滿洲 事變으로부터 支那事變乃至大東亞戰爭의一連的展開는 진실로 曠古不能의 歷史的事實이요 밧고아말하면 正義에對한天命이랄밧게업다 古今來의온갓 因緣的約束이 됩치고 싸혀서 마츰내 이 마당에를 드러선것이다 그런데 이聚擧를가지고서 世界歷史의合理的展開이 行하려하며 大東亞의解放이 實現되려하며 人類의生活이 道義으로 再建設되려하며、隣草의大道가人類에光被되려하나니 이러함것을『聖戰』이라니르지아니하면 다시 무엇이라니를手라 그야 聖戰으로 이를밧는이도잇고 前線으로 이를當하는이도잇서서 邪關能이 各樣不相同함을 免할수업지마는 世界의一物치고이 聖戰의大波에 振動되지아니할것이 업고 마츰내 그結果에關係하지아니할것도 업슬줄을 깨다른면 누고든지이를擁護하고 이를 協助하는以外의다른길이 무엇이랴

원래 天地와公道와大勢의外에 서로함個의自由라는것이 存在하는것이아니다 진실로 聖戰 進退와 贊否가 이에對한各個的理由로 쌔하는 反抗이絶對로 허락되지아니한다 오늘은大東亞人으로서 이聖戰에、잇어서는 大東亞의 大運임이 다시의심할것업다 어써케든지參加하고야마는 運命的命令을밧고잇다 여기論議를容하든지 反感이非한려하는여가잇다하면 天下에 이以上의 愚妄이 다시업을것이다 半島의靑年들아 疑慮를 떨어치고 大運에드러서서 선선하게 歷史的任務를擔當하야보세나

이一點을 決定함으로써 보람잇는 죽엄으로의 一路를 當前한學徒靑年이 一二뿐아니얏다『聖戰이다!』하는一念과함께 大丈夫의氣象을 나타냄세가 시방이다하는決心을 그네의 肩膀에볼때에 눈에서 더운물이쏘지안흘수업다 이제새삼스레『臨陣無退』의 一句를 提擧하면서 이울러 옛날圓光法師의『臨陣無退』四字까지를 半島의靑年學徒에게膳物하고십다

1943. 11. 5.

진심의 비밀스럽고 오묘함을 피력하는 말인 만큼 다만 형식적 관념론으로써 임할 수 없음은 물론이요, 더욱 이론과 주의로부터 오는 심각한 갈등에는 우리의 무딘 칼로써 명쾌하게 자르기 어려운 경우가 많다. 일찍이 신라 때 국민동원 강행기에 당시의 청년 심리를 대표하였다 할 귀산(貴山), 추항(箒項) 두 사람이 일세의 높은 덕인 원광법사에게 가서 이에 대한 필요를 물었을 때에, 법사가 세속오계(世俗五戒)를 말하고, 특히 '임전무퇴' 1조를 강조하매 시대 청년의 답답한 마음이 이 일침에 탁 터져서 아무 의심함 없이 때를 구하고 잘못을 바로잡는 대업으로 달려 나갔다. 뒤에 보면 임전무퇴라는 한마디가 진실로 평범하여 기이한 것 없지만 당시 청년에 대한 망상을 털어 내는 아픈 몽둥이로는 이보다 더 적절한 것이 없었던 것이다.

청년학도가 와서 문의하는 조목은 다양하다. 그러나 그것들을 총괄하여 보면 시국의 진상에 대한 의식 분열에서 나오는 것이 거지반이다. 이것이 내가 죽을 때냐, 죽을 일이냐. 일체를 다 바치고 선선히 눈을 감을 절대적 지경이냐, 아니냐에 대한 미혹이 그네들의 가슴을 혼란시키고 있음을 간파할 수 있다.

비교적 죽음에 대한 두려움은 보이지 아니하지만 죽음에는 양심적 만족을 가져야 하겠다는 뜻이 매우 강렬하다. 한 번 죽음을 결정하는 마당에 '죽는 보람'을 헤아려 봄은 생명 의식의 엄숙한 표적으로서, 그것을 칭찬은 할지라도 결코 비난하지 못할 것이다.

그런데 이때까지의 훈련 또 훈계에는 이 점에 있어서 꽤 큰 소홀이 있지 아니하였는가를 생각하게 된다.

나는 그네들에게 대하여 그때그때 다소의 수다스러움을 허비하기는 하지만, 주로 그 행동의 양심성에 감동하여 분발하자면 영혼의 어느 부분을 어떻게 따라야 할까를 생각하였다. 그리고 많은 경우에 무엇보다도 중요한 요인이 성전 의식을 투철하게 하는 데 있음을 알았다.

성전이라는 말은 유행어가 되다시피 상용되지만, 선전 대상이 된 이들이 이를 받아들이는 것에는 그리 분명하지 않은 의심이 있다. 성전임을 받아들이지 못함에서 온갖 미혹과 장애가 나는 것이니까 이 점을 한 번에 쳐 버림이 물론 가장 유효한 치료제였다.

만주사변으로부터 지나사변 내지 대동아전의 일련의 전개는 진실로 불가능이 없는 역사적 귀결이요, 바꾸어 말하면 곧 절대적 천명이랄 수밖에 없다. 예로부터 오늘에 이르기까지 온갖 인연의 약속이 덮치고 쌓여서 마침내 이 막다른 골에 들어선 것이다.

그런데 이 계기를 가지고 세계 역사의 합리적 전환이 이루어지려 하며, 대동아의 해방이 실현되려 하며, 인류의 생활이 도의의 위에 건설되려 하며, 신황(神皇)의 대도가 팔굉(八紘)[1]에 빛나려고 하니 이러한 것을 성전이라고 하지 않으면 다시 무엇이라 일컬으랴. 그야 순연(順緣)[2]으로 이를 받는 이도 있고 역연(逆緣)[3]으로 이를 당하는 이도 있어서 받아들임이 각기 다름을 면할 수 없지만, 세계의 만물 치고 이 성전의 큰 파도에 크게 움직이지 아니할 것이 없고 마침내 그 결과에 흠뻑 젖지 않을 자가 없을 줄 깨달으면 누구든지 이에 순응하고 이에 협동하는 이외의 다른 일이 무엇이랴.

원래 하늘의 운과 도리와 대세 외에 따로 각개의 자유란 것이 존재하는 것이 아니다. 진실로 운과 도리와 대세일진대 이 앞에는 각개의 이유로써 하는 반항이 절

1 팔방의 너른 범위라는 뜻으로, 온 세상을 이르는 말.

2 자연스럽게 나아가는 세상의 질서.

3 자연스러움을 거슬러 나아가는 세상의 질서.

대로 허락되지 아니한다. 오늘날 대동아인으로서 이 성전에 참여함은 대운(大運) 중의 대운임이 다시 의심이 없다. 어떻게든지 참가하고야 마는 최고 명령을 받고 있다. 여기 논의를 시도하든지 또 경험 없이 생각만으로 노니는 이가 있다면 천하에 이 이상의 어리석고 미침이 다시없을 것이다. 순정의 청년들아! 헛된 논의를 집어치우고 대운에 들어서서 선선하게 역사적 임무를 맡아 보세나.

이 가슴속 한 싹을 뽑아 버림으로써 보람 있는 죽음으로의 한 걸음을 살펴 깨달은 듯한 청년이 한둘이 아니었다. '성전이다!' 하는 일념과 함께 '대장부의 의기를 나타낼 때가 지금이다' 하는 결심을 그대의 이마 위에 볼 때에 눈에서 더운 물이 솟지 않을 수 없다.

이제 새삼스레 '의심 없는 성전'의 일구를 휴대하면서 아울러 옛날 원광법사의 '임전무퇴' 네 글자까지를 진영 앞에 선 청년학도에게 선물하고 싶다.

주요 경력
생몰년: 1890-1957
1906: 신문관 설립.
1908: 잡지 『소년』 창간.
1910: 조선광문회 설립.
1919: 3·1독립선언서 작성 후 2년 8개월 동안 복역.
1924: 『시대일보』 창간.
1928: 조선사편수회 위원.
1936: 조선총독부 중추원 참의.
1939: 만주 건국대학 교수.
1941: 조선임전보국단 발기인.

이 가슴속 한 싹을 뽑아 버림으로써 보람 있는 죽음으로의 한 걸음을 살펴 깨달은 듯한 청년이 한둘이 아니었다. '성전이다!' 하는 일념과 함께 '대장부의 의기를 나타낼 때가 지금이다' 하는 결심을 그대의 이마 위에 볼 때에 눈에서 더운 물이 솟지 않을 수 없다.

057

오긍선

학도여 성전에 나서라

환하게 열린 정로(征路)

주저 말고 곧 돌진하라

오긍선(吳兢善)

오늘날 전쟁의 국면이 날로 가열하여 황국의 운명을 두 어깨에 지고 있는 청년학도 제군의 사명 또한 실로 중대하여졌음은 이미 제군도 잘 알고 있을 것이다.

이때 반도 학도 제군에게도 군문으로 나아갈 길이 열려졌음은 제군이 오랫동안 고대하고 있던 숙망(宿望)이 달성된 것으로 제군의 기쁨은 넉넉히 추측하고도 남음이 있다. 내지인 학도가 이때까지 학창에서 수련하여 오던 학업을 중지한 다음 정의의 칼을 뽑아 들고 적 미영 격멸의 최전선으로 달려가는 용감한 모습을 볼 때

學徒여聖戰에나서라 ②

환하게열린征路

躊躇말고곳突進하라

吳兢善

現下戰局이 날로苛烈하여 皇國의運命을 雙肩에지고잇는 靑年學徒諸君의使命도 한層重大하여젓슴은 이미 諸君도 잘알고잇슬것이다 이때 半島學徒諸君에게도 軍門으로 나아갈길이열리엇슴은 諸君이 오랫동안 苦待하고잇든宿願이 達成된것으로 諸君의기쁨은 넉々히 推測하고도 남음이잇다 內地人學徒가 이때까지 [illegible]에서 修練하여오든 [illegible] 中止한다음 [illegible]의칼을 [illegible]아들고 [illegible]의 最前線으로달려가는 [illegible] 半島學徒諸君은 얼마나羨望의

熱情

을禁치못하엿슴[illegible]가 그러나 인제諸君에게도 決戰場으로 똑바로通하는征路가 열리엇다 얼마나諸君의가슴은 설레이고 血潮는 뛰는가

이미完全한 皇國臣民이된 우리로서 決戰下重大한責務를[illegible]고잇는諸君의 씩々한[illegible]途에올이는[illegible] 感激과感[illegible]가업시 [illegible] 분별수업는것이다 나는 지난十月三十日京城運動場에서열린 學徒[illegible]決起大會에 參席하여 힘찬 諸君의[illegible]을 눈압헤보고 얼마나 마음의安堵와信賴를[illegible] 느끼지안흘수업섯나 諸君은 그雄壯한決意로 率先[illegible]하야 [illegible]際에 [illegible]하라 지금[illegible]처 社會의[illegible]에올이는 諸君의努力如何에따라 그대들의後輩에도 至大한影響을 끼치게될것이니 諸君은 眞로半島學徒史가잇슨以來 가장偉大한 歷史的任務를 지고잇슴을 自覺하여야할것이다

우리皇國日本을 中心으로 大東亞는 이미世界無比한建設途上을[illegible]하고잇다 이大東亞의[illegible]日의光明과 大東亞의指導的立場에잇는 우리가지카지안흐면 大東亞가이理由를 [illegible]것인가 萬一 諸君이 一時의[illegible]을 向하여 이重大時局에 一身의安危만을 생각하고 國家의부르심을 廻避하는이가잇다면 그것은다만諸君一身의恥辱 無能한[illegible]하는것일뿐아니라 [illegible]의世代를 [illegible]諸君의後[illegible]의구렁속으로 [illegible]르리게될것이니 [illegible]에잇는 諸君의[illegible] 무슨面目으로[illegible]것인가 現在中學生[illegible]에잇는 諸君의동생과누의들은 無言中에諸君에게[illegible]動을 [illegible]하고잇다 이어린[illegible]들은 諸君의 뒤를따라 하로바삐大東亞의

建設

[illegible]에參加하기를苦待하고잇다諸君은이[illegible]한동생과누의들의[illegible]를 [illegible]가며 [illegible]行動을 取할것인가나는然고諸君가운데 이런[illegible]가하사람일지라도 잇슬것을 미더[illegible]치안는바이나 더욱[illegible]에서 [illegible] 君의[illegible]明한 [illegible]에[illegible]하려한다

지난十月三十日[illegible]府[illegible] 國民[illegible]에서[illegible]公布한以來 나날이新聞紙上을[illegible]하고잇는 諸君의[illegible] [illegible]보매 그것이[illegible] 人의[illegible]보다도 諸君自身의[illegible]을[illegible]안고 나오는[illegible] 남카시 느껴온 一種不安을一[illegible]할수잇섯다 나는[illegible]게잇는다 諸君의구든決意가 [illegible]과가치不動할것을 굿게밋는다 諸君의家庭에서도 或그아들 그孫子를 [illegible]에보내는 [illegible]父母가 잇슬지도알수업스나 諸君의[illegible]은반드시깨닷지못한 이러한父母의 마음을움직여 우슴[illegible]으로 [illegible]부게諸君의[illegible]을 [illegible]하게될것이다 원래아들이나 孫子는그父母나 祖父의아들이요孫子이기前에 國家의아들이오 孫子인것이다國家는國民의[illegible]보다一段上에서 이를統合하고[illegible]하고 命令하는 것이니 우리는 個人의 存在이기前에 國家에[illegible]한 存在이다 더구나 우리나라처럼 皇室을 中心으로바뜨는 一大家族國家에 잇서서는 國이업는家는 想像할수업는것이며 생각할수도업다 그러므로 [illegible]은 [illegible]을 [illegible]하고잇다 이러한國家觀念에 아직 [illegible]치못한 諸君의 父母가 [illegible]에 或아들에 [illegible] 蒸情에 치우처 諸君의決意를 [illegible]케하는일이 잇슬지도 알수업스나 우에말한 우리나라의[illegible]에 [illegible]하는 [illegible] 諸君의[illegible]어올리는 [illegible]은 [illegible]이父母의 [illegible]하고도 남음이잇슬것을 나는미더 疑心치안는다 [illegible]까지도 [illegible]하고 나서는[illegible]年學徒가 이구석저구석에서 [illegible]잇는 소문[illegible]마다 나는諸君에對한 나의信賴가[illegible]되고잇슴을 無限기뻐하고잇다 그리고 이생각은[illegible] 우리가 [illegible]하든바와가치[illegible]

滅擊

의[illegible]가 자못[illegible]잇다 나는[illegible]年[illegible]에서 諸君과 가튼靑年學徒들 [illegible]하여 왓거니와 이때까지오랫동안 [illegible]에 [illegible]하여온 나의[illegible]으로미루어 이생의 靑年學徒가 [illegible]어느나라의 靑年學徒보다 그[illegible]에 잇서서 [illegible]하는 [illegible]心에잇서서 조금도[illegible]지지안흠을 잘알고잇다 내가[illegible]에서 항상말하고[illegible] [illegible]이제야[illegible]할때는왓다 지금은 그[illegible]으로부터도 [illegible]나와잇스나 언제나 이를[illegible]업는것은 靑年學徒諸君의 그[illegible]한 [illegible]이며 [illegible]이다 [illegible]안흔 나의[illegible]해서 나는[illegible] 諸君이이 大東亞[illegible]을 [illegible]하야 씩々하게싸우는 [illegible]것이며 나에게 그구든[illegible] [illegible]한 諸君의[illegible]을 [illegible]하려한다

1943. 11. 6.

반도 학도 제군은 얼마나 선망의 열정을 금치 못하였던가.

그러나 이제 제군 앞에도 결전장으로 똑바로 통하는 정로(征路 싸움터로 향하는 길)가 열려졌다. 얼마나 제군의 가슴은 설레고 혈조(血潮 얼굴에 도는 불그레한 핏기)는 뛰는가.

이미 완전한 황국신민이 된 우리로서 전쟁 결의 하에 중대한 책무를 띠고 있는 제군의 씩씩한 장도에 오르는 자태를 감격과 감루(感淚)가 없이는 보낼 수 없는 것이다. 나는 지난 10월 30일 경성운동장에서 열린 학도임전결의대회에 참석하여 힘찬 제군의 임전결의를 눈앞에 보고 얼마나 마음의 안도와 신뢰의 정을 느꼈는지 알 수 없다. 제군은 그 웅장한 결의로 솔선 최전선을 향하여 적 미영 격멸에 분투하라. 지금 솔선해서 장행(壯行)의 길에 오르는 제군의 노력 여하에 따라 그대들의 후배에도 지대한 영향을 미칠 것이니 제군은 실로 반도 역사가 있은 이래 가장 위대한 역사적 임무를 지고 있음을 자각하여야 할 것이다.

우리 황국 일본을 중심으로 대동아는 이미 웅혼무비(雄渾無比 비길 데 없이 웅장하고 막힘이 없음)한 건설가를 연주하고 있다. 이 대동아의 내일의 광명을 우리가 지키지 않으면 대체 누가 이 무거운 책임을 맡을 것인가. 만일 제군이 일시의 위안을 탐하여 이 중대 시국에 일신의 안위만을 생각하고 국가의 부르심을 회피하는 일이 있다면, 그것은 다만 제군 일신의 치욕 무능을 폭로하는 것일 뿐 아니라 장차 다음의 세대를 건설할 제군의 후배를 절망의 구렁 속으로 떨어뜨리게 될 것이니, 지하에 있는 제군의 조상의 영혼을 무슨 면목으로 대할 것인가. 현재 중학 또는 초등학교에 있는 제군의 동생과 누이들은 무언 중에 제군의 일거일동을 응시하고 있다. 이 어린 정신은 제군의 뒤를 따라 하루바삐 대동아의 건설에 참가하기를 고대하고 있다. 제군은 이 순진한 동생과 누이들의 시선을 피해 가며 용렬(庸劣)한 행동을 취할 것인가. 나는 결코 제군 가운데 이런 도배가 한 사람일지라도 없을 것을 믿어 의심치 않는 바이나 더욱 노파심에서 영욕의 구별을 제군의 현명한 판단에 호소하려 한다.

지난 10월 20일 육군특별지원병 임시채용규칙이 공포된 이래 나날이 신문지상을 통해서 피끓는 제군의 지원열과 결의를 보매, 그것이 가정 내지 타인의 권고보다도 제군 자신의 솔선지원임을 알고 나는 오늘날까지 느껴온 한 점 불안을 일소할 수 있었다.

나는 굳게 믿는다. 제군의 굳은 결의가 반석과 같이 흔들리지 않을 것을 굳게 믿는다. 제군의 가정에서도 혹 그 아들 그 손자를 멀리 전선에 보내는 데 주저할 부모가 있을지도 알 수 없으나, 제군의 열정은 반드시 깨닫지 못한 이러한 부모의 마음을 움직여 웃음을 띠고 기쁘게 제군의 장도를 축복하게 될 것이다.

원래 아들이나 손자는 그 부모나 조부의 아들이요 손자이기 전에 국가의 아들이요, 손자인 것이다. 국가는 국민 하나하나보다 일단 높은 곳에서 이를 통합하고 운전하고 명령하는 것이니 우리는 개개의 존재이기 전에 국가에 속한 존재이다. 더구나 우리나라처럼 황실을 중심으로 받드는 일대가족적 국가에 있어서는 충성이 없는 효(孝)는 절대로 있을 수 없는 것이며 생각할 수도 없다. 그러므로 진충(盡忠)은 곧 지효(至孝)[1]를 포함하고 있다.

이러한 국가 관념에 아직 투철치 못한 제군의 부모 가운데 혹 아들에 대한 자정(慈情**자애로운 정**)에 치우쳐 제군의 결의를 산란케 하는 일이 있을지도 알 수 없으나 위에 말한 우리나라의 만방에 가장 뛰어난 국체(國體) 관념과 제군의 끓어오르는 열정은 능히 이 부모의 어리석음을 계몽하고도 남음이 있을 것을 나는 믿어 의심

1 진충은 충성을 다함, 지효는 지극한 효도.

치 않는다. 가족까지도 뿌리치고 나서는 청년학도가 이곳저곳 속출하고 있는 소문을 들을 때마다 나는 제군에 대한 나의 신뢰가 확증되고 있음을 무한 기뻐하고 있다. 그리고 이 땅의 부로(父老)도 우리가 예상하는 바와 같이 적 미영 격멸의 뜻이 자못 왕성함을 알 수 있다.

나는 다년간 학교에서 제군과 같은 청년학도를 교육하여 왔거니와 이때까지 오랫동안 교육사업에 종사하여 온 나의 경험으로 미루어 이 땅의 청년학도가 결코 세계 어느 나라의 청년학도보다 그 용기에 있어서 조금도 뒤떨어지지 않음을 잘 알고 있다. 내가 학교 교단에서 항상 말하고 제군도 언제나 이에 응하여 오던 그 신념을 이제야 발휘할 때는 왔다. 지금은 그 교단으로부터도 물러나와 있으나 언제나 잊을 수 없는 것은 청년학도 제군의 그 늠름한 자태이며 힘찬 전진의 발걸음이다.

얼마 남지 않은 나의 여생을 통해서 나는 끝까지 제군이 이 대동아성전을 위하여 씩씩하게 싸우는 자세를 응시할 것이며, 나에게 그 굳은 결의를 약속한 제군의 장행(壯行)을 축복하려 한다.

주요 경력

생몰년: 1878-1963
1897: 독립협회 가입.
1900: 배재학당 졸업.
1909: 군산 영명중학교 설립 및 교장.
1917: 세브란스의학전문학교 피부과 과장.
1921: 친일단체 유민회 평의원.
1934: 세브란스의학전문학교 교장.
1937: 경성군사후원연맹 부회장.
1940: 국민총력조선연맹 참사 겸 이사.
1941: 조선임전보국단 발기인.

상훈

1949: 사회사업 공로표창(대한민국).
1963: 건국공로훈장 대한민국장(대한민국).
1963: 문화훈장(대한민국).

우리 황국 일본을 중심으로 대동아는 이미 웅혼무비(雄渾無比)한 건설가를 연주하고 있다. 이 대동아의 내일의 광명을 우리가 지키지 않으면 대체 누가 이 무거운 책임을 맡을 것인가. 만일 제군이 일시의 위안을 탐하여 이 중대 시국에 일신의 안위만을 생각하고 국가의 부르심을 회피하는 일이 있다면, 그것은 다만 제군 일신의 치욕 무능을 폭로하는 것일 뿐 아니라 장차 다음의 세대를 건설할 제군의 후배를 절망의 구렁 속으로 떨어뜨리게 될 것이니, 지하에 있는 제군의 조상의 영혼을 무슨 면목으로 대할 것인가.

058

김용제

나는 울었다

출진 학도를 보내면서

금촌용제(金村龍濟)

지금까지의 제군의 선배들은
‘청년은 미래의 역사’라고
그의 젊은 꿈과 뜻을 믿어 왔었다.
그러나 이날부터
제군의 장엄한 싸움에 놀라
‘현대도 또한 청년의 것’이라고 눈을 휩뜬다.

이런 날 나는 제군의 뒤에 서서
죽음을 돌보지 않는 출진의 장행(壯行)을
다만 축하하고 또 기원함으로만 어찌 족하랴
아아 십여 년이나 뒤처져 가지 못하는 이 몸
대의에 충(忠) 되랴는 이 초망(草莽)의 미(微)[1]
한결같이 어버이를 생각하는 효심이 되어—

이날이야말로 간절히도 또는 불타듯
나의 어버이의 늙으심을 탄식한 적은 없다
아아 만일에 십오 년만 연세가 젊으셨으면
그만큼 나는 늦게 태어나 젊었을 것을
그래서 제군과 함께 이날을 차지했을 걸
신과 어버이의 수운(壽運 목숨의 운명) 앞에 나는
울었다

이날이야말로 간절히도 또는 불타듯
나의 나이가 오히려 젊음을 슬퍼하며
나의 아들 너무도 어린 것을 탄식한 적은 없다
아아 만일에 십오 년만 내 나이 더 먹었던들
이것 장남에게 나의 뜻까지 부탁해서
제군과 함께 이날을 차지시켜 줄 것을

나는울엇다
出陣學徒를보내면서
金村龍濟

1943. 11. 10.

1 초망의 미 : 초야에 묻혀 있는 보잘것없는 사람.

신과 어린 것 생운(生運 태어남의 운명) 앞에 나는 울었다

또는 내가 경애하는 선배인
그리고 제군의 은사인 어떤 교장이
병역 연한이 연장되어 생명이 젊어져서
"이날 나서는 제군의 지휘력 아래
나는 한 개의 병정 되어 전장에서 다시 만나자"
그리고 제군의 어깨를 안고 울었다 하는…
그 신문기사를 수없이 다시 읽으며
길고 긴 편지를 쓰고 나는 울었다

또는 문학을 뜻하던 나의 젊은 벗이여
그대가 학생과에 달려가 지원을 했을 때
"동기는 어찌해서…" 하고 물어도
그대는 다만 "출정하겠습니다."
이밖에 말없고, 다시 물어도
보다 큰 목소리로 "가겠습니다"고만 했다는
그의 순진한 열혈에 나는 울었다

아아, 혈전의 뜰에 나서는 젊은 문학의 벗이여
"그대의 젊은 충성 능히 강적을 치라

그리고 달밤 야영에 시혼(詩魂)을 새겨보라"
이 같은 어리석은 문학을 비웃는 듯
"나의 잉크는 청춘의 혈조(血潮)
나의 시인 탄환은 적의 가슴에 쓴다"
아아, 언어와 문자를 절(絶)한 그대의 시에
선배란 이름을 부끄러워하며 나는 울었다

그런 그대가 나에게 이별의 시를 내라 하느냐
벗이여, 내게도 또한 무슨 문자의 시가 필요할쏘냐
그대가 군문에 들어서는 날을 위하여
나는 벼루를 들고 거리에 서서
천인력(天人力천 사람의 힘)의 기원을 모아 쓴 시 하리다

그리고 우리들은 위대한 역사의 '미소기목욕재계'를 하듯
잠자코 가을밤에 울었다
벗이여, 신만이 아시는 이 뜨거운 눈물을
나는 언제까지나 말리지 않으려 한다.

주요 경력

생몰년: 1909-1994
1931: 일본프롤레타리아문화연맹에 가입.
1932: 치안유지법 위반으로 체포, 1936년 출소.
1936: 조선예술좌 사건으로 검거.
1938: 동아연맹 간사.
1939: 조선문인협회 발기인.

059

현상윤

학도여 성전에 나서라

'사(士)[1]는 나라의 원기(元氣)'

멸사, 구원의 생을 찾자

현상윤(玄相允)

내가 현재 교편을 잡고 있는 중앙학교는 아직 직접 군인으로서 적령자가 없고 대부분이 14세 이상 17, 18세 이하의 생도이나 이들은 모두 장차 적령기에 달할 것이므로 지금부터 철저한 군대식 훈련과 결전 정신을 양성하여 일일(一日) 무인으로 군문에 나설 때는 훌륭한 군인이 되어 곧 국가에 유용한 인재가 되도록 기하고 있다.

이같이 재학생에 대하여는 만전의 대책을 강구하고 있는 터이나 이미 중학을

1 '사(士)'는 일반적으로 선비를 뜻하나, 여기서는 '공부하는 자'라는 뜻으로 해석하는 것이 어울릴 것이다. 이는 글의 제목 '학도여, 성전에 나서라'와도 통한다.

學徒여聖戰에나서라 ⑤

『士는國之元氣』

滅私、久遠의生을찾자

玄相允

내가 現在敎職을 잡고잇는中央學校는 여직 直接軍人으로서 適齡者가업고 大部分이 十四歲以上 十七 八歲以下의生徒이나 이들은 모다將次適齡期에 達할것임으로 지금부터 徹底한軍隊式訓練과 決戰精神을 堅持하여 一日武人으로 軍門에 나설때는 훌륭한 軍人이되여 國家에有用한 人材가되도록 期하고잇다

이가치 在學生에對하야는 萬全의 對策을 講究하고잇는터이나 이미中學을 卒業한다음 各上級學校에入學한 卒業者에 對하여서도 今番 臨時特別志願兵採用規則이公布된以來 여러가지方法으로 이를勸告

指導

하고잇는데 지난四日에는 緊히 나의名義로 우리中央中學卒業者로서 現在大學 高等專門各學校에 在學中인者에게는 [illegible]의激文을發하여 그들의壯途를祝福하고 아울러決意를 促하엿든것이다 나로서 今番特別志願兵으로나서는 大學高專 靑年學徒에게하고싶은말은 以上數文中에 大略말하엿스나 이機會에우리中央中學卒業者以外의 各大專門學校靑年學徒에게도 몃마듸나의所信을 披瀝하고저한다

靑年學徒諸君은 이미各在學學校長으로부터 詳細한指導와 激勵의말을 들엇슬것이며 諸君의決意도 이미鞏固한바잇슬것이나萬一아즉家庭事情과 其他로志願의壯志를 決치못하고 猶豫中인者가잇다면 나는敎育者的立場에서諸君에게 靑年다운大勇斷을 促하지안흘수업다 옛날에도士는國之元氣라는名言이잇다 國難을當하야 率先挺身하는것이 士된者의一大義務이며 또한靑年다운氣魄일것이다 國家가平時부터 敎育을徹底하여 士의養成에 全力을傾倒하는所以도 一旦緩急이잇슬때 士가一命을 國家에바처救國濟民하는 殉國奉公의精神에불타고잇는때문이다 바야흐로大東亞戰爭은 敵의所謂總反攻으로나날로 [illegible]의度를 加하여드되여 決戰段階로 突入하게되엿다 時局의推移는 實로重大한바잇다 이때國家가平素부터 가장큰期待를 가지고잇는 靑年學徒諸君에게 國家의使命을 부르처大東亞聖戰을 敵의毒牙로부터 防衛하라는 偉大한使命을 나리치다 諸君은 蹶然히일어서 銃劍을잡고困難에 赴하는것이 이때이다 一國의士로서다른一般國民보다 修文에 一層더힘써온諸

練武

君이 明哲한 判斷과 確乎한信念을가지고 蹶然國民을 이끌어 이困難을 打開할것을 나는 미더疑心치안는다

諸君도 잘아는바와가치 內地學徒들은 전번學徒徵集延期停止로 오는十二月一日을期하야 全國數十萬學徒가 一齊히軍門으로들어가게되엿다 그럼으로 內地人學徒와 한册床에서 나란히學問을닥거오는 半島靑年學徒만이決戰下그대로 無爲徒食하고잇게되지나안흘가 우리敎育界에몸을붓친者는 여간마음을 조이는것이아니엿다 諸君도 필시우리以上으로 切齒扼腕 決戰場의 저大空을 바라보고憤慨을참지못하엿슬것이다 그러나 國家는 今次特別志願兵規則에依하야 諸君의갈길을 闊然히 열어주엇다 諸君도 內地人學徒와함께 隊伍를가치하여 勇躍決戰場을向하야 出陣하게되엿슴은 皇國臣民으로서또는 國家의 元氣인 士된者의한사람으로서 無上의光榮이 아닐수 업다 이 偉大한 歷史的瞬間에잇서서 諸君이 바치는그赤誠에 「士」는 [illegible] 皇國에報恩하는 國民의 絶大한 敬[illegible]임은 더러 一面半島靑年學徒의 奮勵하는 生의 表象일것이다 半島는 諸君의 赤誠果敢한斷行을通해서 皇國의 偉大한一分子로 그將來한未來를 明示하게될것이다 나는저습지안코 이곳에 斷言한다 半島로하야금今後大東亞戰爭에 이름을나타나게하느냐안하느냐하는열쇠는 오직諸君의손에잇슴을 諸君은 깨달어야한다 半島靑年이 皇國의一分子로 大東亞十億同胞를 이끌고 그指導者로서 聖業에 翼贊하는데 무슨躊躇가잇슬것이며 怯낼것이무엇이랴

나는 諸君의壯圖를 [illegible]도 疑心치안는者이나 萬一諸君中에 或여러가지事情으로 狐疑浚巡하야아직國家의士된 自身의名譽와責任을 깨닷지못하고

志願

躊躇하는者가잇다면 그러한學徒들에게 이機會에 한마듸하고저한다

大體로보아 現在諸君의壯圖를阻止하는條件을 살펴보면 다음의두가지로나눌수잇다 첫재는諸君自身의生에對한 愛着心일것이며둘재는 [illegible]家族의關係일것이다 나는이미 出陣의決意를굳게한 大部分의 靑年學徒는 些少한問題를 스스로解決하엿슬것을 確信한다 그러나아직 누구나다 明瞭히 깨달어야할이두가지問題에 對하야躊躇을 어지못하고 彷徨하는 學徒가잇다면 나는 敎育者된 立場에서 그學徒에 [illegible]치안흘수업다 첫재로 生에對한愛着에 對하야는 諸君도이미大東亞戰爭以來 皇軍勇士가 목숨을 鴻毛와가치 녀이는가지가지決死的行動을 들엇슬것이다 우리의 목숨은 個人의 목숨이기前에 國家의것이다 古語에도목숨을 버리는者는 永遠히 목숨을어들것이오 목숨을앗기는者는그목숨을일흘것이라고하엿다 우리의목숨은 一個人을爲하야 固執할때는 그個人의 肉體的一生이끗마침으로써 이와함께 그치고만다 그러나 적은 一個人의목숨일지라도 永遠한 歷史的大業을爲하야 이를바칠때는 大義와함께 永生하는것이다 楠正成의목숨은 오늘까지 大和民族의 血液속에 살아잇서 뛰고잇다 諸君은 敎室에서 배워온極히自明한이理論을現實에잇서서體驗하지안흐면 안된다

그다음家族關係이다 우리家族은 [illegible]에잇서서보다 [illegible]하고 個人의安危만을생각하여왓다 이點은지금우리가 皇國臣民으로서 一大飛躍을하려는이한[illegible]에 直面하여 적지아니한 障礙가되여잇는것만은 事

偉大

實이다 그러나諸君과가튼 血氣方壯한靑年이 이弊風을一掃하지안는다면 어느누가 이를打破할것인가 諸君은 지금皇國의一員으로서 蹶然出陣을 決意함으로써 半島의皇民化를 促進하는한편 從來과가튼 [illegible]하여온家族制度를改良하는 一石二鳥의役割을하고잇다 諸君의決意는 반드시 이러한家族의因習을 克服하고도남음이잇슬것을 나는미더疑心치안는다 그러함에도不拘하고 諸君이 萬一家族事情을 云爲하고 그決意를遲延한다면 이는 靑年다운決斷力을 缺한自身의無力을家族에轉嫁하는것이아닐수업다 諸君은그가튼卑屈한靑年이여서는가 半島는이가튼靑年에게皇國臣民으로서 一大飛躍을하려는偉大한役割을맛길수는업는것이다

그러나 이모든것이 나의杞憂에 不過할것을 나는確信한다 半島는 반드시 諸君靑年學徒의손으로 빗나는 皇國臣民의光榮을 完成할것이다

1943. 11. 11.

졸업한 다음 각 상급학교에 입학한 졸업자에 대하여서도 금번 임시특별지원병 채용규칙이 공포된 이래 여러 가지 방법으로 이를 권고·지도하고 있는데, 지난 4일에는 특히 나의 명의로 우리 중앙중학 졸업자로서 현재 대학, 고등전문 각 학교에 재학 중인 자에게는 궐기의 격문을 보내어 그들의 장도를 축복하고 아울러 결의를 촉구하였던 것이다.

나로서 금번 특별지원병으로 나서는 대학, 전문 청년학도에게 하고 싶은 말은 이상 격문 중에 대략 말하였으나, 이 기회에 우리 중앙중학 졸업자 이외의 각 대학, 전문학교 청년학도에게도 몇 마디 나의 소신을 피력하고자 한다.

청년학도 제군은 이미 각 재학 학교장으로부터 상세한 지도와 격려의 말을 들었을 것이며, 제군의 결의도 이미 공고한 바 있을 것이나, 만일 아직도 가정 사정과 기타로 지원의 장지(壯志)를 결정치 못하고 숙려 중인 자가 있다면 나는 교육자적 입장에서 제군에게 청년다운 용단을 촉구하지 않을 수 없다.

옛날에도 사(士)는 국지원기(國之元氣나라의 근본이 되는 정기)라는 명언이 있다. 국난을 당하여 솔선 정신(挺身)하는 것이 사(士)된 자의 일대 의무이며 또한 청년다운 기개일 것이다.

국가가 평시부터 교육을 존중하여 사(士)의 양성에 전력을 경도하는 까닭도 일일 완급이 있을 때, 사(士)가 한 생명을 국가에 바쳐 구국제민(救國濟民나라를 구하고 백성을 구제함)하는 진충보국의 정신에 불타고 있는 때문이다.

바야흐로 대동아전쟁은 적의 소위 총반격으로 나날이 처참가열의 도를 더하여 드디어 결전 단계로 돌입하게 되었다. 시국의 추이는 실로 중대한 바 있다. 이때 국가가 평소부터 가장 큰 기대를 가지고 있는 청년학도 제군에게 오랑캐의 침구

(侵寇)를 물리쳐 대동아성역을 적의 독아(毒牙독이 든 이빨처럼 악랄한 수단)로부터 방비하라는 위대한 사명을 내리셨다. 제군은 분연히 일어나서 총검을 잡고 곤란에 나아갈 때는 바로 이때이다. 한 나라의 사(士)로서 다른 일반 국민보다 글을 닦고 무력을 닦는 데에 일층 더 힘써 온 제군이 명석한 판단과 확고한 신념을 가지고 단연 국민을 이끌어 이 곤란을 타개할 것을 나는 믿어 의심치 않는다.

제군도 잘 아는 바와 같이 내지 학도들은 전번 학도징집 연기 정지로 오는 12월 1일을 기하여 전국 수십만 학도가 일제히 군문으로 들어가게 되었다. 그러므로 내지인 학도와 한 책상에서 나란히 학문을 닦아오던 반도 청년학도만이 전쟁 결의 하에 그대로 무위도식(無爲徒食)하고 있게 되지나 않을까 우리 교육계에 몸을 둔 자는 여간 마음을 졸인 것이 아니었다. 제군도 필시 우리 이상으로 절치부심(切齒腐心), 결전장의 저 넓은 하늘을 바라보고 울분을 참지 못하였을 것이다.

그러나 국가는 이번 특별지원병 규칙에 의하여 제군의 갈 길을 환하게 열어 주었다. 제군도 내지인 학도와 함께 대오를 같이하여 용감히 결전장을 향하여 출진하게 되었음은 황국신민으로서 또는 국가의 원기인 사(士)된 자의 한 사람으로서 무상의 광영이 아닐 수 없다. 이 위대한 역사적 순간에 있어서 제군이 바치는 그 적성에 넘치는 충혼은 황은에 보답하는 국민의 절대한 의무일뿐더러 일면 반도 청년학도의 약동하는 생의 표징일 것이다. 반도는 제군의 용맹과감한 투지를 통하여 황국의 위대한 분자로 그 양양한 미래를 명시하게 될 것이다.

나는 서슴지 않고 이곳에 단언한다. 반도로 하여금 금후 대동아 역사에 이름을 나타나게 하느냐 안 하느냐 하는 열쇠는 오직 제군의 손에 있음을 제군은 깨달아야 한다. 반도 청년이 황국의 한 분자로 대동아 10억 동포를 이끌고 그 지도자로서 성전에 좇아 참전하는 데 무슨 주저가 있을 것이며, 겁날 것이 무엇이랴.

나는 제군의 장도를 털끝만치라도 의심치 않는 자이나, 만일 제군 중에 혹 여러 가지 사정으로 의문을 품고 우물쭈물하며 아직 국가의 사(士)된 자신의 명예와 책임을 깨닫지 못하고 지원을 주저하는 자가 있다면 그러한 학도들에게 이 기회에 한마디 하고자 한다.

대체로 보아 현재 제군의 장도를 저지하는 조건을 살펴보면 다음의 두 가지로 나눌 수 있다.

첫째는 제군 자신의 생에 대한 애착심일 것이며, 둘째는 문약(文弱)과 눈앞의 안일을 탐하는 조선 가정일 것이다. 나는 이미 출진의 결의를 굳게 한 대부분의 청년 학도는 사소한 문제를 스스로 해결하였을 것을 확신한다. 그러나 아직 누구나 다 명료히 깨달아야 할 이 두 가지 명제에 대하여 해답을 얻지 못하고 방황하는 학도가 있다면 나는 교육자된 입장에서 그 어리석음을 이끄는 친절을 사양치 않으려 한다.

첫째로 생에 대한 애착에 대하여는 제군도 이미 대동아전쟁 이래 황군용사가 목숨을 깃털과 같이 여기는 갖가지 결사적 행동을 들었을 것이다. 우리의 목숨은 개인의 목숨이기 전에 국가의 것이다. 옛말에도 목숨을 버리는 자는 영원히 목숨을 얻을 것이요, 목숨을 아끼는 자는 그 목숨을 잃을 것이라고 하였다. 우리의 목숨을 한 개인을 위하여 고집할 때는 그 개인의 육체적 일생이 끝마침으로써 이와 함께 그치고 만다. 그러나 작은 한 개인의 목숨일지라도 영원한 역사적 대의를 위하여 이를 바칠 때는 대의와 함께 영생하는 것이다. 남정성(楠正成)[2]의 목숨은 오늘날까지 대화민족의 혈맥 속에 끊임없이 뛰고 있다. 제군은 교실에서 늘 배워 온

2 구스노키 마사시게(楠木正成, 1294-1336). 가마쿠라 시대 말기부터 남북조 시대에 이르기까지 활약한 장수로, 황실의 편에서 싸우다 패하자 자결하였다.

극히 자명한 이 이론을 현실에 있어서 각성하지 않으면 안 된다.

그 다음 가정 사정이다. 우리 가정은 과거에 있어서 너무나 은둔고식(隱遁姑息숨어서 편히 삶)을 일삼고 개인의 안위만을 생각하여 왔다. 이 점은 지금 우리가 황국신민으로서 일대 비약을 하려는 이 위대한 순간에 직면하여 적지 않은 장애가 되어 있는 것만은 사실이다. 그러나 제군과 같은 혈기방장한 청년이 이 폐풍(弊風)을 일소하지 않는다면 어느 누가 이를 타파할 것인가.

제군은 지금 황군의 일원으로서 단연 출진을 결의함으로써 반도의 황민화를 촉진하는 한편 종전과 같은 무(武)를 등한히 하여 온 가정을 개량하는 일석이조의 역할을 띠고 있다. 제군의 열정은 반드시 이러한 가정의 쌓인 폐단을 극복하고도 남음이 있을 것을 나는 믿어 의심치 않는다. 그러함에도 불구하고 제군이 만일 가정 사정을 운위하고 그 결의를 지연한다면 이는 청년다운 결단성이 모자란 자신의 무력함을 가정에 전가하는 것이 아닐 수 없다. 제군은 그 같은 비굴한 청년이었던가. 반도는 이 같은 청년에게 황국신민으로서 일대 비약을 하려는 중대한 책임을 맡길 수는 없는 것이다.

그러나 이 모든 것이 나의 노파심에 불과할 것을 나는 확신한다. 반도는 반드시 제군 청년학도의 손으로 빛나는 황국신민의 광영을 완수할 것이다.

주요 경력

생몰년: 1893-?
1918: 와세다대학 졸업.
1917: 잡지 『학지광』 발행인 겸 편집인.
1918: 중앙고등보통학교 교사.
1921: 중앙고등보통학교 교장.
1934: 조선물산장려회 이사.
1939: 국민정신총동원 조선연맹 참사.
1941: 임전보국단 발기인.

광복후
1946: 고려대학교 초대 총장.
1950: 납북.

090

이헌구

학병이여 잘 싸워라

적 학병 격최(擊催재빨리 무찌름)하라

보성중학교장 목산헌구(牧山軒求)

소화 16년(1931) 12월 8일 대동아전쟁이 발발하자 우리 황군 장병은 전 전선에서 육해공 각 방면으로 연전연승하여 혁혁한 전과를 거두고 있는 것은 제군이 다 잘 아는 바로 동아 10억 민중은 누구나 다 같이 통쾌한 환호성을 올리고 있다. 그러나 적 미영(米英)이 아직도 맹목적 반격을 계속하여 가열한 결전이 계속되는 만큼 전쟁은 지금부터라고 말하지 않아서는 안 된다.

연패의 비명에 울면서도 풍부한 자원과 발달된 기계의 힘만을 믿고 치근치근 덤벼드는 것으로 보아 완전히 그들을 격퇴해 항복을 받기에는 상당한 시간이 걸

學兵이여잘싸워라

敵學兵擊摧하라

普成中學校長 牧山軒求

昭和十六年十二月八日大東亞戰爭이 勃發하자 우리 皇軍將兵은 全戰線에서 陸海空各方面으로 連戰連勝하야 赫々한 戰果를 거두고잇는것은 諸君이 다알아는바로 東亞十億民衆은 누구나다같치 痛快한 歡呼聲을 올리고잇다 그러나 敵米英이 아즉도 ~ 盲目的反攻을繼續하야 苛烈한 決戰이·繼續되는만큼 戰爭은 只今부터라고말하지안흐면 안된다 連敗의 悲境에 울면서도 豊富한 資源과 厖大한 機械의힘만을믿고 치근~덤벼드는것으로보아 完全히 그들을 屈伏하기에는 相當한 時間이걸릴것을 豫期해야한다 米英의 모든罪惡을 特히우리東亞에 對한 罪狀을 回顧할때에 一日이라도 速히 倫敦과 華盛頓에 日章旗를 꼿도록 하여야하겠다 그와갓흔 痛快한勝利를 엇기에는 우리로서 即大東亞의 指導者인우리 一億國民이 男女老少될것업시 모다가 各自의 能力에따라서 最善을 다하여야할것은 勿論이다 即 年富力强한 靑年은 銃과 劍을 들고 前線으로나아가 勇敢히싸워야할것이요 老弱과 婦女子는 銃後에서 國土防衛와 軍需品增産에 邁進하여야할것이다 이러한 重大時局에 잇서서 學園의 學徒만이 엇지 晏然히 안저잇서야할것이랴 이러한 意味에서 先般學徒戰時體制確立要綱이 發布되야 法文系統學生들은 即時 펜을손에 銃을 박구어쥐고 軍門으로向하게되얏스나 朝鮮學生은 徵兵制度가 아즉도 期日이 남어잇는고로 特別措置로서 臨時特別志願兵으로 內地人學徒와 어깨를 겨누어 米英擊滅의 軍門으로 向할길이 열니게되얏스니 오래동안 文弱에서 시들은 朝鮮靑年으로써 얼마나 光榮이며 壯快한일이냐 十月二十日 그門이 열니자마자 勇敢한우리學徒들은 앞을닷호아 志願하는것을보고 나는 다만感激하엿을뿐이엿다 出陣하는學徒諸君들아諸君에게 千載一遇의 盡忠報國의時機는온것이다 諸君은 우리 東亞百年의 禍根인米英을擊滅하지아니하고는 일즉번죽어도 도라오지안켓다는 忠勇한精神으로 잘싸워주기바란다 帝國의臣民된者 누가 國家를사랑치안는者 잇스며 누가 國家를爲하야 忠誠을 다하지안는者 잇스리요만은 그中에도 靑年學徒야말로더욱國家의보배요 國家의柱石이라아니할수업다 하늘이라도찌를듯한 旺盛한意氣와猛虎라도맨손으로사로잡을만한 强健한體力은靑年만이가지고 잇는特權이다 그런고로靑年가 銳決하고體力이弱한사람은 아모리 年齡는靑年時代라도 眞正한意味의靑年이라고는할수업스며 이러한靑年이 柱石이되는國家는 國運이 衰々衰退하게되는것은 古今의歷史가 이것을說明하는것이아닌가 오래歷史를 들출것업시 現時의佛蘭西와 伊太利의「바도리오」政權을 보아도 알수 잇슬것이다 이것이얼마나 醜態이며 悲劇이냐 明治維新의 偉大한 業績이 大部分 當時靑年志士의손으로 이루워진것이요 日淸日露兩戰役의 赫々한戰果가 亦是 諸君과갓흔靑年勇士의 뀌는피로 이루워진것인것은 내가 새삼스러히말하지아니하야도 諸君이 더잘알고잇슬것이다 그러나只今우리가當面한 大東亞戰爭은日淸日露戰役에 比할배아니요 只今까지世界에서가장强을자랑하든英米를 敵으로하야 東亞十億民衆의 運命을決定하는 聖戰이다 即 다서말하면 우리一億民衆이 敵에게먹키느냐 横暴한敵이 다시는 낫븐버릇을못하도록 목을눌너매느냐하는 前古에 그例를보지못한 大戰爭이라는것을 잘認識하야주기바란다 그間皇軍將兵의 偉大한 戰果에 醉하야 너무輕視하고 너무安心하야서는 아니된다 어거고도 투구끈을 졸너매라는 以前말이잇지아니한가 남을輕侮하는것은 失敗하기 쉬운原因이되는것이다 最當局者研究發表를보면 敵의飛行士中에는 諸君과갓흔靑年學徒가 만히 석기여잇다하다 이런敵의學徒飛行士와 서로銃劍을겨누어 모조리屈伏식히는것이 意氣에불타는靑年男兒의 얼마나 壯快한일이랴 付託하노니 出陣學徒諸君 平素에研磨한 體力과意氣로서 東亞十億民衆을爲하야 最善을다하야 勇敢히싸워주기바란다

1943. 11. 24.

릴 것을 각오해야 한다. 미영의 모든 죄악을 특별히 회고할 때에 하루라도 속히 런던과 워싱턴에 일장기를 꽂도록 하여야 하겠다.

그와 같은 통쾌한 승리를 얻기에는 우리로서, 즉 대동아의 지도자인 우리 1억 국민이 남녀노소 할 것 없이 모두가 각자의 능력에 따라서 최선을 다하여야 할 것은 물론이다. 즉 연부역강(年富力強나이가 젊고 기력이 왕성함)한 청장년은 총과 검을 들고 전선으로 나아가 용감히 싸워야 할 것이요, 노약자와 부녀자는 총후에서 국토 방어와 군수품 증산에 매진하여야 할 것이다. 이러한 중대 시국에 있어서 학원의 학도만이 어찌 처연히 앉아서 있어야 할 것이랴. 이러한 의미에서 앞서 학도전시체제 확립요강이 발포(發布)되어 법문 계통 학생들은 즉시 펜 든 손에 총을 바꾸어 쥐고 군문으로 향하게 되었으나, 조선학생은 징병제 실시가 아직도 기일이 남아 있는 고로 특별조치로서 임시특별지원병으로 내지인 학도와 어깨를 겨누어 미영 격멸의 군문으로 향할 길이 열리게 되었으니, 오랫동안 문약에 시들던 조선청년으로서 얼마나 광영이며 장쾌한 일이냐. 10월 20일, 그 문이 열리자마자 용감한 반도 학도들은 앞을 다투어 지원하는 것을 보고 나는 다만 감격하였을 뿐이다.

출진한 학도 제군들아. 제군에게 천재일우의 진충보국의 시기는 온 것이다. 제군은 우리 동아 백년의 원수인 미영을 격멸하지 아니하고는 일곱 번 죽어도 돌아오지 않겠다는 충용한 정신으로 잘 싸워 주기 바란다. 제국의 신민된 자 누가 국가를 사랑치 않는 자 있으며 누가 국가를 위하여 충성을 다하지 않는 자 있으리요마는 그중에도 청년학도야말로 더욱 국가의 보배요, 국가의 주석(柱石기둥과 주춧돌)이라 아니할 수 없다.

하늘이라도 찌를 듯한 왕성한 의기와 맹호라도 맨손으로 사로잡을 만한 강건한

1 이탈리아의 독재자 무솔리니와 동시대에 활동한 군인이자 정치가. 1940년에 제2차 세계대전 참전에 대해 무솔리니와 의견을 달리해 참모총장에서 물러나 결별했다. 1943년 7월 25일, 무솔리니가 물러난 후 수상에 올랐고, 9월 3일에는 연합군과 휴전을 맺었으며 9월 8일, 연합군에게 무조건 항복을 발표했다. 그 후 10월 13일에는 독일에 대해 전쟁을 선포했다.

체력은 청년만이 가지고 있는 특권이다. 그런 고로 의기가 소침하고 체력이 약한 사람은 아무리 연령은 청년시대라도 진정한 의미의 청년이라고는 할 수 없으며, 이러한 청년이 주석이 되는 국가는 국운이 차차 쇠퇴하게 되는 것은 고금의 역사가 이것을 증명하는 것이 아닌가. 오랜 역사를 들출 것 없이 현시의 불란서와 이태리의 바도리오[1] 정권을 보아도 알 수 있을 것이다. 이것이 얼마나 추태이며 비극이냐. 명치유신의 위대한 업적이 대부분 당시 청년지사의 손으로 이루어진 것이요, 일청·일로, 양 전쟁의 혁혁한 전과가 역시 제군과 같은 청년용사의 뛰는 피로 이루어진 것인 것은 내가 새삼스러이 말하지 아니하여도 제군이 더 잘 알고 있을 것이다.

그러나 지금 우리가 당면한 대동아전쟁은 일청·일로 전쟁에 비할 바 아니요, 지금까지 세계에서 가장 강함을 자랑하던 자들을 적으로 하여 동아 10억 민중의 운명을 결정하는 성전이다. 즉 다시 말하면 우리 1억 민중이 적에게 먹히느냐, 횡포한 적이 다시는 나쁜 버릇을 못하도록 목을 졸라매느냐 하는, 이전에 그 예를 보지 못한 대전쟁이라는 것을 잘 인식하여 주기 바란다.

그간 황군장병의 위대한 전과에 취하여 너무 경멸하고 너무 안심하여서는 아니된다. 이기고도 투구끈을 졸라매라는 옛말이 있지 아니한가. 남을 업신여겨 모욕하는 것은 실패하기 쉬운 원인이 되는 것이다. 군 당국자 발표를 보면 적의 비행사 중에는 제군과 같은 청년학도가 많이 섞여 있다 한다. 이런 적의 학도전사와 서로 총검을 겨누어 모조리 굴복시키는 것이 의기에 불타는 청년남아의 얼마나 장쾌한 일이랴. 부탁하노니 출진 학도 제군이 평소에 연마한 체력과 의기로써 동아 10억 민중을 위하여 최선을 다하여 용감히 싸워 주기 바란다.

주요 경력

생몰년: 1896-?
1927: 동경고등사범학교 졸업.
1927: 휘문고등보통학교 교사.
1939: 조선유도연합회 참사.
1941: 보성중학교 교장.
1941: 조선임전보국단 발기인.
광복 후
1945: 경기중학교 교장.

190 백낙준

대동아전쟁 2주년

영원히 광망(光芒빛의 줄기) 뻗도록

백낙준

광고무비(曠古無比이전에는 비교할 바가 없음)의 성전인 대동아전이 일어난 지 어언간 만 2주년을 맞이하게 되었다.

그동안 날과 달을 거듭할수록 더욱 감개 깊이 생각되는 것은 이 싸움이 가진 도의적인 성격과 위대한 이상이다. 인류 역사상 고금을 통하여 수많은 싸움과 투쟁이 있었고 동서를 통하여 민족의 흥망성쇠는 주마등처럼 번거로웠으나, 이렇게 숭고하고 위대하고 엄숙한 한낱의 전쟁을 가진 적은 없었다. 이제 바야흐로 대동아의 해방은 일단락을 짓고 뒤이어 부흥의 찬연한 건설이 힘차게 이루어지고 있

永遠히 光芒뻣도록

大東亞戰爭 二周年

白樂濬

戰局

橫財

印度

戰端

紳士

1943. 12. 6.

는 것을 눈앞에 볼 때 우리는 다시 한 번 이 싸움이 가진 숭엄한 이념에 옷깃을 바로잡지 않을 수 없다.

그러나 성전 제3년을 맞이하는 오늘도 전쟁의 양상은 적의 사명을 좌우하는 거점을 모두 제압하였다고는 하나 아직 가열한 양상으로 혈전이 거듭되고 있고, 또한 미영은 소위 '인도(人道)'[1]로써 우리의 '도의(道義)'에 대항하려고 하며 '세계평화'의 이름 아래 우리의 '대동아 건설'에 대하여 필사의 반격을 꾀하며 세계 지배의 구질서를 버리려고 하지 않는다. 현재도 그들은 입을 열면 '인도'를 말하며 우리를 침략자라고 부른다. 그들은 아직도 '세계평화'를 고창하며 동아공영권 건설을 무력적 정복이라고 한다. 마침내 대동아전쟁은 개전 제3년을 맞이하여 도의와 소위 인도, 동아공영과 소위 세계평화의 싸움으로 진전된 느낌이 있다.

그러나 미영이 역사의 무대에 오른 후 오늘까지 그들의 발자취가 지나는 곳마다 기아, 착취, 살육이 끊이지 않았던 과거의 역사를 냉정히 생각하여 볼 때 그들이 외치는 '인도'와 '세계평화'의 정체가 과연 무엇인가를 알 수 있다.

160여 년 전까지는 대서양 연안에 있던 한 영국 식민지에 불과하였던 미국이 금일 세계 제일을 자랑하는 횡재와 졸부를 쌓아 올리고 또한 16세기 이전에는 구라파의 무명의 섬나라에 지나지 않던 영국이 300년 동안에 아프리카를 필두로 아메리카, 호주, 아시아의 여러 대륙에 걸쳐 4천 만 평방킬로미터를 넘는 영토를 차례로 훔쳐 금일과 같이 비대한 제국을 이루기까지의 역사는 책모와 죄악과 악학비도(惡虐非道악하며 잔인하고 도에 어긋남)의 연속이 아니고 무엇이었던가.

영국의 해외 발전은 해적행위로 개시되었다. 인도를 부르짖는 미국의 건국은 원주민의 학살과 흑인의 고혈로써 이루어졌다. 영국인은 대서양을 무대로 하여

1 '사람의 도'라는 뜻으로, 일제의 '도의(道義)'에 대응하는 개념.

스페인의 상선을 습격하여 재보를 약탈하고 혹은 무고한 아프리카인의 노예무역으로써 해외 발전의 길을 열었으며, 미국인은 원주민인 '아메리카인디언'을 멸종한 후 노예로 사들인 흑인과 동양서 수입한 아픈 노동력으로서 금일의 부귀와 영화를 이룬 것이다.

그러나 그들의 이들 흑인과 동양인에 대한 취급은 동물에 대한 그것이었다. 자기의 이익과 행복을 위하여 모든 것을 바쳐온 종족에게도 '일이 끝나면' 총부리를 돌리는 그들이다. 제1차 세계대전에서는 40만의 흑인군대가 미국 측에 가담하여 서부전선에서 혁혁한 무공을 세웠다.

그러나 일단 평화가 돌아와 파리에서 개선식이 거행될 때에는 간절한 탄원이 있었음에도 불구하고 그 참가를 총검으로 거절하였다. 이것이 미국의 인도다. 같은 때 영국은 '자치제'라는 좋은 미끼로서 인도를 전쟁 가운데 끌어들였다. 인도는 영국을 위하여 1억 3천만 파운드의 전비를 부담하고 3억 파운드의 물자를 공급하고 그 위에 134만의 병사를 전선으로 보냈다. 당시에는 간디도 인도의 자치를 획득할 수 있으리라고 장정의 징모(徵募국가가 특별한 일에 사람을 불러서 소집함)와 의용군 조직에 갖은 힘을 다 썼다. 그러나 일단 전쟁이 끝난 후 인도에 돌아온 것은 무엇이었던가. 전시 치안유지법의 연기, 인도인 민중의 학살, 국민파의 탄압이었다. 이것이 영국이 말하는 인도인 것이다.

그들의 역사는 이와 같은 기만과 착취, 강탈의 역사이었다. 마침내 그들의 잔학성은 지나에 대한 아편전쟁으로서 여실히 나타났다. 19세기 벽두 노예무역으로 아프리카를 멸망케 하고 인도의 비참을 가져온 영국은 인도에서 다량으로 나는 아편을 지나에 팔아 폭리를 취하려 하였다. 4억의 지나인은 육체적으로 정신적으

2 1842년 8월 29일, 영국과 청나라가 체결한 강화조약으로 총 13개조로 이루어져 있다. 중국 최초의 개국조약(開國條約)인 이 조약으로 중국은 반(半)식민지화하기 시작하며, 홍콩을 영국에 빼앗기고 만다. 다음은 남경조약의 주요 내용이다. 1) 홍콩을 영국에 할양. 2) 광저우, 샤먼, 푸저우, 닝보, 상하이 등 5항구를 개항. 3) 개항장에 영사를 설치. 4) 청나라는 배상금으로 1,200만 달러와 몰수당한 아편의 보상금으로 600만 달러를 영국에 지불. 5) 행상, 즉 공행과 같은 독점상인의

로 무력화하게 하고 정치적으로 반식민지(半植民地)화하게 한 것은 영국이 팔아먹은 아편의 마력이었다. 영 제국의 깃발 아래 당당히 지나로 밀수입된 아편은 인도 콜카타 시장가의 2배로 팔리어 탐욕스러운 영국의 배를 불리었으나, 아편 흡입의 악습은 지나 전국에 만연하여 지나인의 심신을 좀먹고 이로 인한 은의 유출은 지나에 물가고를 일으켜 민생을 도탄에 빠지게 하였다.

그러나 어디까지나 악착한 영국은 아편 금절을 단행한 청 조정에 대하여 영국 상인의 불법 감시의 목적 아래 전단(戰端전쟁의 실마리)을 열고 그 결과는 1842년 8월 영 함정 콘워리스호에서 굴욕적 불평등조약인 남경조약[2]을 맺게 하였다. 이것이 어떤 죄악의 전쟁이었던가는 영국인 자신인 윌리엄 글래드스턴[3]도 "나는 아직까지 이렇게 불법한 원인의 전쟁, 싸우는 그 자체가 영국의 명예를 더럽히는 전쟁이 세계 역사상에 있었다는 말을 들은 적이 없다."고 말하게 하였다.

영국이 아편전쟁으로 지나와 남경조약을 맺어 지나를 좀먹기 시작하자 동류인 미국 또한 침략의 촉수를 벌려 1844년 지나를 위협하여 영국의 남경조약과 같은 조약을 체결하였다. 소위 망하조약[4]이 그것이다. 그러나 지나를 본격적으로 침략하기 위해서는 태평양 횡단의 중간 기항지가 필요하였다. 이 기항지로서 미국이 노린 것이 일본이었다. 이리하여 1853년 6월, 미국의 페르리는 군함 4척으로 포하시(浦賀市)[5]에 내항하고 다음해에는 7척의 군함을 이끌고 신내천(神奈川)[6] 근해에 나타나 드디어 함관(函館)[7]을 개항케 하고 식수, 식료, 석탄을 공급케 하였다. 금일 일본에 개화를 가져온 은인처럼 내세우는 페리도 가면을 벗기면 침략자에 지나지 않는다.

기항지를 얻고 필리핀섬을 점령한 미국은 본격적으로 지나 대륙을 침범하기 시

폐지. 6) 수출입 상품에 대한 관세를 제한.

3 영국의 정치가 윌리엄 글래드스턴(William Ewart Gladstone, 1809-1898). 영국이 제국주의화되던 시기에 평화주의를 제창하고 내정에서도 자유주의를 견지하며 하층 계급을 위한 개혁을 단행한 의회주의자. 정계에서 은퇴할 무렵 백작 작위의 수여를 거부하여 '위대한 평민'이라는 칭호를 얻었다.

4 1844년 7월, 마카오 교외의 망하 마을에서 미국과 청나라가 맺은 수호 통상 조약.

5 가나가와 요코스카의 지명. 미국의 제독 페리가 1853년에 내항해서 통상을 요구한 지역.

6 가나가와(神奈川, Kanagawa) : 일본 혼슈에 있는 지역.

7 하코다테 시(函館市) : 일본 홋카이도에 있는 도시.

작하였다. 그러나 이때에는 벌써 지나의 요지는 전부 열국의 손아귀에 들어가 있었다. 이에 미 국무장관 존 헤이는 저 유명한 문호개방을 선언하였다. 이 선언은 열국에 대하여 지나의 통상은 배타주의를 취하지 않고 각국의 기회 균등을 요구한 것이었다. 일견할 때 극히 신사적인 원칙인 듯하나 실상은 늦게 출발한 미국이 지나 침략의 동등권을 주장한 교묘한 기만책이었던 것이다.

그러나 이와 같은 탐욕, 착취, 침략의 종지부를 찍을 때는 왔다. 이들 미영으로 하여금 저 제2의 카르타고와 로마제국의 말로를 밟게 할 때는 정히 이때이다. 이들의 동아에 대한 야망을 영원히 분쇄하고 새롭고 평온한 동아를 건설하려는 대동아는 지금 힘차게 진전하고 있다. 새 동아의 새벽은 환히 밝아온다. 신지나의 탄생, 필리핀섬, 버마의 독립, 말레이시아, 네덜란드령 인도인도네시아의 임시정부 수립 등 일련의 사실은 미영의 최후를 힘차게 증거하고 있다. 이것이야말로 영원히 그 빛줄기를 발할 대동아전쟁이 가진 역사적인 사명이다.

(사진은 백낙준 씨.)

주요 경력

창씨명: 시라하라 라쿠준(白原樂濬).
생몰년: 1896-1985
1927: 예일대학교 철학박사학위 취득.
1927: 연희전문학교 교수.
1941: 조선예수교 장로교도 비행기 기부회 부회장.
광복 후
1950: 문교부장관.
1953: 연희대학교 총장.
1954: 세브란스 의대 이사장.
1957: 연세대학교 초대 총장.
1968: 독립유공자 상훈심사회 위원.
1983: 학술원 회원.

상훈

국민훈장 무궁화장(대한민국).

062 이광수

승리의 날

향산광랑(香山光郎)

전원 전사는 장하고도 원통한 일
일본 남아만이 할 수 있는 일
항복과 후퇴를 모르는 그에게
있을 것은 오직 승리 아니면 그것

있는 탄환을 다 쏘고
있는 생명을 다 쓰고

勝利의 日

香山光郎

全員戰死는 壯하고도 원통한일
日本男兒만이 할수잇는 일
降伏과 後退를 모르는 그에게
잇슬것이 오직 勝利아니면 그 뿐
잇는 彈丸을 다쓰고
잇는 生命을 다 쓰고
마른자리를 지키다가 지키다가
싸오고 싸오다가 지는것이 그것
將校나 兵卒이나 非戰鬪員이나
勞務員이나 看護婦나 原住民이나
職務와 階級은 놉고낫고 달라도
님금께 바치는 마음은하나 뜻은하나

七生滅敵의 恨을품고
忠魂이 바야흐로 몸을 떠나랄제
피와 함께 뿜는 마즈막 그의 소리
『우리 님금萬歲, 우리 님금 萬々歲』
『원수는 반다시 갑흐리이다
당신네 흘린 피, 열갑절로 바드리이다』
一億이 이날에 지은 盟誓가
그대로 英靈이 白骨안에 오게하며
一勝一敗는 싸홈에 常事
最後의 勝利는 天命잇는이의것—
成敗와 興亡, 周武가 商을 이기나니
나의 正함이 어찌 敵의邪를 아니이기나

天地 어이 놀음이 잇스며
神明이 어이 어그림이 잇스랴
勝利의 날이 멀지아니하리니
國民아 오직 誠할지어다 忠할지어다
여섯섬의 忠烈한, 英靈이여
갓가와오는 그날을 기다릴지어다
그 섬에 日章旗 다시 날리고
靈前에 勝戰報告祭文을 외올날을
그날으로 하여곰 잠간 瞑目케하라
一步一步 그의 絶命터와 墓穴을 찾게할지어다
忠魂의 피 방울방울 天聽에 오르나니,
勝敗의 決定은 最後의 一刻에 잇나니라

1944. 7. 20.

마튼자리를 지키다가 지키다가
싸우고 싸우다가 지는 것이 그것

장교나 병졸이나 비전투원이나
노무원이나 간호부나 원주민이나
직무와 계급은 높고 낮고 달라도
임금께 바치는 마음은 하나 뜻은 하나

칠생멸적(七生滅敵)[1]의 한을 품고
충혼(忠魂)이 바야흐로 몸을 떠나려 할 제
피와 함께 뿜는 마지막 그의 소리
"우리 임금 만세, 우리 임금 만만세"
"원수는 반드시 갚으리이다
당신네 흘린 피, 열 갑절로 받드니이다"
1억이 이날에 지은 맹세가
그대로 될 날이 백날 안에 오게 하리

1승1패는 싸움에 상사(常事)
최후의 승리는 천명 있는 이의 것
성탕이 하(夏)를, 주무(周武)가 상(商)을 이기나니[2]
나의 정(正)함이 어찌 적의 사(邪)를 아니 이기랴

1 칠생(七生)은 불교 용어로, 일곱 번 다시 태어나는 일인데, 7번은 이 세상에 다시 태어날 수 있는 가장 많은 횟수이다. 칠생멸적은 '일곱 번 태어나 적을 격멸한다'는 뜻.

2 고대 중국 역사에서 패악한 하나라 걸왕을 물리치고 상나라를 건국한 것이 성탕이며, 상나라 말 주지육림의 방탕한 생활을 한 주왕을 물리치고 주나라를 건국한 것이 주 무왕이었다.

천지 어이 늙음이 있으며
신명이 어이 어그림이 있으랴
승리의 날이 멀지 아니하리니
국민아 오직 성(誠)할지어다, 충(忠)할지어다

여섯 섬[3]의 충렬한 영령이여
가까워오는 그날을 기다릴지어다
그 섬에 일장기 다시 날리고
묘 앞에 승전 보고제문을 외울 날을

적으로 하여금 잠깐 교오(驕傲잘난 체하고 뽐냄)케 하라
일보일보 그의 절명일과 묘혈을 찾게 할지어다
충혼의 피 방울방울 천부(天簿하늘나라의 장부)에 오르나니,
승패의 결(決)함은[4] 최후의 일각에 있느니라.

3 일본이 점령했다가 빼앗긴 동남아시아의 섬들을 가리킨다.

4 승부를 결정지음.

063 장덕수

복구(復仇원수를 갚음)는 증산

승리 없이 동아 해방 없다

장덕수(張德秀) 씨 담화

1억 국민이 통분에 못 이겨 하는 사이판의 최후가 대본영으로부터 발표되던 날 이곳 ○○공장에서는 기계소리도 한층 드높게 원수 격멸의 분노에 떨고 있다. 이 ○○공장에는 학도 동원에 의하여 출동된 경성척식경제전문학교 학도 ○○명도 섞여 사이판의 복수를 증산으로 보복하고자 감투하고 있는데, 이 학도 공원들 틈에 끼어 기름과 땀 밴 몸으로 진두지휘를 하고 있는 동교 교수 장덕수 씨는 "참으로 통분한 일이나 최후의 승리는 우리에게 있으니 통분을 증산으로 보복하여 적

을 가지고만잇스면 승리는반드시 적을 격파하야 버릴 황군의장
시 우리에게잇다 전을 절대로 미더야한다 우리
敵은차츰 광대한지역에 병력을 의승산은 지금도또이후도 절대
분산하고 또그의보급로가 더욱 로움직이는것이 아니다 우리국
더멀어진다 이와반대로 우리는 민은국토가 전장화한오늘 멸적
싸울때마다 적에게막대한 손해 의결의를 더욱굿게가지고 절대
를주면서 전력을집중하게되고또 불패의반석가튼 국내태세를 가
보급로는 가깝게되므로 작전을 추고잇서야 할것이다이것이「사
용이하게된다 전국은이후에도가 이판」에서 전사한 수만동포
열하여 질터이지만 전선의부분적 의원수를 갑는길이고 또전선의
인싸움에 정신을팔리지말고 국 황군으로하여금 후고의걱정을업
민은진기(振起)가 오면단호 구 리에 이끌어가게하는길이다

비보를 듣고 분개해서는아니된다 전국의중대함을 인식하고 최후의 승리로써 보복한것을 맹서하여야한다

전국에대하여는 오로지 황군의용전분투에 절대신뢰하고 우리는우리의직분을다하여나가자 그것을오로지 증산의길이잇슬뿐이다 우리가벌서부터 한번생각해볼것은 이전쟁의결말이다 우리가 이전쟁에 전인류의적 미영을격멸하고 승리를한때와 가령 승리를 적에게 빼앗긴경우의 동아를 생각해보자 그것은 우리의 전쟁목적과 적의 전쟁목적을 비교하면 명료히 알수잇다 그들이 무엇때문에 이번동아에다 대군을 파견하야 다대한희생을하여가면서 싸움을하고잇는가 두말할것업시 전아세아를저이들 손아귀로부터빼앗지안코려는 야망외에는아무것도업다 이에우리가 동아를살펴보자동아가그들에게는 침략 착취의절호한식민지일지는모르나 우리가 볼때 동아는 동아인의동아이다 우리는 우리의손으로 우리의본고장 우리의고향을 귀축가튼미영의마수에서 지켜야한다 미영은이전쟁이 그들에게 유리하게 전개된다면 일본을영구히말살하려하고잇다

제국이 동아의맹주를 하지못한다면 제국이 멸망될뿐아니라 동아十억의 해방과건설도 영구히 기회를잃게되고말것이다 즉 이전쟁을 이기지못하면 동아는 영구히 미영의식민지로되고만다 이전쟁이야말로 참으로 동아부흥의 성전이며 동아민족각성의 투쟁이다

자고로 정의에어긋난 전쟁이 이긴사실은없다 우리는 이정의의성전을 이길신념이잇다 정의의향하는곳에 적은업다 우리에게는 승리에 길이 잇슬뿐이다

復仇는增産

勝利업시東亞解放업다

張德秀氏談

張德秀敎授

1억국민이 통분에 못이겨하는「사이판」의 최후가 대본영으로부터 발표되던날 이곳○○공장에서는 기계소리도 한층드놉게구적격멸의분노에 떨고잇다 이○○공장에는 학도동원에의하야출동된 경성척식경제전문학교(新聞)학도 ○○명도끼어「사이판」의 복수를 증산으로보복하고저 감투하고잇는데 이학도공원들에끼여 기름과땀범벅으로 진두지휘를하고잇는동교교수 장덕수(張德秀)씨는「참으로 통분한일이나 최후의승리는 우리에게잇스니 통분을 증산으로보복하야 적의야망을분쇄치고 대동아十억의해방과 건설을위하야 최후까지돌격하자」고 격분하여조로 다음과가치말하엿다

―○―

참으로 통분한일이다 그러나 지금은 우리가 감상적으로 이

大和魂顯現

鬪魂〃神風〃을招來

松本城大敎授談

松本直

는 문영(文永) 건지(建治) 년간에 원구(元寇)가 들어왓슬때도 그러하엿다 문영十一년에대마도(對馬島)를거처 몽고의군

1944. 7. 20.

의 야망을 물리치고 대동아 10억의 해방과 건설을 위하여 최후까지 돌격하자."고 격분한 어조로 다음과 같이 말하였다.

참으로 통분할 일이다. 그러나 지금은 우리가 감상적으로 이 비보를 통분만 해서는 안 된다. 전국의 중대함을 인식하고 최후의 승리로써 보복할 것을 맹세하여야 한다.

전국에 대하여는 오로지 황군의 용전분투에 절대 신뢰하고 우리는 우리의 직분을 지켜 나가자. 그것은 오로지 증산의 길이 있을 뿐이다. 우리가 냉정히 한번 생각해 볼 것은 이 전쟁의 결말이다. 우리가 이 전쟁에 전 인류의 적, 미영을 격멸하고 승리를 한 때와, 가령 승리를 적에게 빼앗긴 경우의 동아를 생각해 보자. 그것은 우리의 전쟁 목적과 적의 전쟁 목적을 비교하면 역력히 알 수 있다. 그들이 무엇 때문에 이 먼 동아에다 대군을 파견하여 다대한 희생을 하여 가면서 싸움을 하고 있는가. 두말할 것 없이 전 아세아를 저희들 손아귀로부터 빼앗기지 않으려는 야망 외에는 아무것도 없다.

이에 우리가 동아를 살펴보자. 동아가 그들에게는 침략 착취의 절호한 식민지일지는 모르나 우리가 볼 때 동아는 동아인의 동아다. 우리는 우리의 손으로 우리의 본고장, 우리의 고향을 귀축 같은 미영의 마수에서 지켜야 한다. 미영은 이 전쟁이 그들에게 유리하게 끝날 때는 일본을 영구히 말살하려 하고 있다.

제국이 동아의 방위를 하지 못한다면 제국이 멸망될 뿐 아니라 동아 10억의 해방과 건설도 영구히 기회를 잃게 되고 말 것이다. 즉, 이 전쟁을 이기지 못하면 동아는 영구히 미영의 식민지로 되고 만다. 이 전쟁이야말로 참으로 동아 부흥의 성전이며 동아 민족 각성의 투쟁이다.

자고로 정의에 어긋난 전쟁이 이긴 사실은 없다. 우리는 이 정의의 성전을 이길 신념이 있다. 정의가 향하는 곳에 적은 없다. 우리에게는 승리의 길이 있을 뿐이다.

주요 경력

생몰년: 1894-1947
1918: 신한청년당 결성.
1920: 『동아일보』 창간 및 초대 주필.
1936: 보성전문학교 강사 및 교수.
1939: 국민정신총동원 조선연맹 참사.
1941: 조선임전보국단 발기인 및 이사.
광복 후
1945: 한국민주당 창당 주도.
1947: 암살당함.

064

고원훈

전열 제4년의 각오

정의는 이긴다

불패의 신념으로 총립(總立)

고원훈(高元勳) 씨 담화

대동아성전 제3주년 기념일을 맞이하여 지난 16년(1941) 오늘, 하사하옵신 선전의 조칙을 봉대한 순간의 감격이 한층 더 새로워짐을 느끼며 1억 국민은 더욱 더 필승 신념을 굳게 가지지 않으면 안 될 것이라고 생각한다. 말할 것도 없이 이번 전쟁은 중재자도 없으려니와 타협도 없다. 어디까지든지 싸워 나가 양편이 모두 가진 곤경을 다 치르면서 끈기차게 나아가는 한편이 이기는 것으로, 우리들은 어디까지든지 이겨 나가기 위하여 있는 힘과 정성을 바치지 않으면 안 될 것이다. 따

戰列

第四年의覺悟

超死回生

秋人

正義는이긴다

不敗의信念으로總立

高元勳氏談

대동아성전제三주년기념일을마지하야 지난十六년오늘하사하옵신 선전의어조칙(御詔勅)을 봉대한 순간의감격이 한층더 새로워짐을 늣기며 一억국민은 더욱더필승신념을 굿게가지지 안흐면안될것이라고 생각한다 말할것도업시 이번전쟁은 중재자도업스려니와 타협도업다 어듸까지든지싸워나가 양편이 모다가진힘을 다치르면서끈기차게나아가는 한편이이기는것으로 우리들은 어듸까지든지이겨나가기위하야 잇는힘과 정성을바치지안흐면 안될것이다 따라서이전쟁이 압흐로몃해를계속한다할지라도 오늘의 긴장을 조곰도풀지말고 더욱 힘써야할것이다

◇

나는 우리들국민이 한결가치 꼭 직혀야할 몃가지를 제창하고십다 첫재불평불만을일체말치말자는것이다 모든곤고와결핍에 견듸어그저 묵묵히자기가 마튼직역에서 전심전력을 다하란는것이다 그러면 너는 아무불평도업느냐고 반문할사람도 잇슬것이다 물론 나게도 불평불만은 만히잇다

그러나 전쟁을이겨내기까지말하지 안흘뿐이다 오늘날과가치 모든물자를 중점주의로집중식히는때에 잇서서는 국민생활상필요한 물자는 자연줄어지게된다 말하자면 식량의복 그외최저생활을보장할만한 물자는 어느정도 까지확보되어 이점에는 조곰도 근심업시생산전력증강에 전력하도록 적당한량은 배급되어야한다그러나 이런것은 모다 위정당국자를 신뢰하고 우리국민들은 그저 마튼직장에서 책임을다하야 전승의대도를 매진하여야할뿐이다 우리들이 정성(精誠)을부어서 맨든것이 제一선에서 소중히 쓰게된다는것은 그얼마나 우리들의행복이며 영광이될것이냐! 또한편 위정당국에서도 가장 성스럽고고귀한 이책임을 다하도록 친절과 애정으로써국민들의 최저생활을확보해주어야할것이다

◇

혹 어떤사람은 전쟁의결과에 대하야 의심을가지는편도잇다 그러나 이것은 큰잘못으로진실로 우려할일이다 하날은반듯이정의(正義)에 승리를준다는것을 나는밋고잇다 우리나라는 반듯이 이긴다 웨! 이성전은 정의에의하야일기한것이기때문이다 또어떤사람은조선사람이 이전쟁에대한 협력과의무와 부담등이 아직도부족한점이잇는듯 오해하는편도잇다 이것도 또한잘못된 생각이다 전쟁에필요한물자장용이 조선에의존함이 위대함은더말할것도 업스려니와그보담도한층중대한것은 반도인이 이성전에대하야 황민으로서바친 충성그것이다 지난十三년이래 육군특별지원병을 비롯하야 금년부터의 징병실시등 금후황군의 四분의一은 우리반도 출신의 장정들이 차지하게된다 이들 장정이 훌륭하게 훈련밧고 내지출신의四분지三의 장정과비하야 압두손색이업시 책임체가되어 몸을먼저 초사회생(超死回生)하는새에야말로 이전쟁이 승리를 엇게될것으로 생각한다 그러므로 내선일체는 이전쟁과 병진(並進)하야 전쟁에 이김과동시에 내선일체도 완성된다고 밋는다 특히 최근 마쓰이(松井)오장 가네하라(金原)군조두용사와자튼 훌륭한 선배를내고엿는 우리반도 장정은 이두용사의 마음을 거울삼어 야스구니특공대(靖國特攻隊) 가오루공정대(薫空挺隊)의 진충정신을좌우명으로하야 호국의신이 뒤를따라나올것을 나는밋고잇스며 또바라는바이다【사진고원훈씨와그의휘호】

1944. 12. 9.

라서 이 전쟁이 앞으로 몇 해를 계속한다 할지라도 오늘의 긴장을 조금도 풀지 말고 더욱 힘써야 할 것이다.

나는 우리들 국민이 한결같이 꼭 지켜야 할 몇 가지를 제창하고 싶다.

첫째, 불평불만을 일체 하지 말자는 것이다. 모든 곤고와 결핍에 견디어 그저 묵묵히 자기가 맡은 직역에서 전심전력을 다하라는 것이다. 그러면 너는 아무 불평도 없느냐고 반문할 사람도 있을 것이다. 물론 나에게도 불평불만은 많이 있다. 그러나 전쟁을 이겨 내기까지 말하지 않을 뿐이다. 오늘날과 같이 모든 물자를 많은 적 주위로 집중시키는 때에 있어서는 국민생활상 필요한 물자는 자연 줄어들게 된다. 말하자면 식량, 의복, 그 외 최저생활을 보장할 만한 물자는 어느 정도까지 확보되어 이 점에는 조금도 근심 없이 생산 전력 증강에 전념하도록 적당한 양은 배급되어야 한다. 그러나 이런 것은 모두 위정 당국자를 신뢰하고 우리 국민들은 그저 맡은 직장에서 책임진 일을 통하여 전승의 대도로 돌진하여야 할 뿐이다.

우리들이 정혼(精魂)을 부어서 만든 것이 제1선에서 소중히 쓰게 된다는 것은 그 얼마나 우리들의 행복이며 영광이 될 것이냐!

또 한편 위정 당국에서도 가장 성스럽고 고귀한 이 책임을 다하도록 친절과 애정으로써 국민들의 최저생활을 확보해 주어야 할 것이다.

혹 어떤 사람은 전쟁의 결과에 대하여 의심을 가지는 편도 있다. 그러나 이것은 큰 잘못으로 진실로 우려할 일이다. 하늘은 반드시 정의에 승리를 준다는 것을 나는 믿고 있다.

1 마쓰이 오장은 가미카제 자살특공대가 되어 죽은 조선청년이다. 일제는 마쓰이 히데오의 죽음을 미화함으로써 조선청년의 희생을 유도했으며, 시인 서정주는 마쓰이 히데오의 죽음을 기리는 시 「마쓰이 오장 송가」를 발표하였다.

2 가네하라 군조 역시 가미카제 자살특공대로 죽음을 맞았으며, 김억이 그를 기리는 시를 발표하였다.

우리나라는 반드시 이긴다.

왜? 이 성전은 정의에 의하여 궐기한 것이기 때문이다. 또 어떤 사람은 조선사람이 이 전쟁에 대한 협력과 의무와 부담 등이 아직도 부족한 점이 있는 듯 오해하는 편도 있다. 이것도 또한 잘못된 생각이다. 전쟁에 필요한 물적 자원이 조선에 의존함이 위대함은 더 말할 것도 없으려니와 그보다도 한층 중대한 것은 반도인이 이 성전에 대하여 황민으로서 바친 충성 그것이다.

지난 13년(1938) 이래 육군특별지원병을 비롯하여 금년부터의 징병 실시 등 금후 황군의 4분의 1은 우리 반도 출신의 장정들이 차지하게 된다. 이들 장정이 훌륭하게 훈련받고 내지 출신의 4분의 3의 장정과 비하여 아무 손색이 없이 꼭 일체가 되어 몸을 던져 기사회생하는 때에야말로 이 전쟁이 승리를 얻게 될 것으로 생각한다. 그러므로 내선일체는 이 전쟁과 병진하여 전쟁에 이김과 동시에 내선일체도 완성된다고 믿는다. 특히 최근 마쓰이(松井) 오장[1], 가네하라(金原) 군조[2], 두 용사와 같은 훌륭한 선배를 내고 있는 우리 반도 장정은 이 두 용사의 마음을 거울삼아 야스쿠니 특공대(靖國特攻隊), 가오루 공정대(薫空挺隊)의 진충정신을 좌우명으로 하여 호국의 신이 뒤를 따라 나올 것을 나는 믿고 있으며 또 바라는 바이다.(사진은 고원훈 씨와 그의 휘호.)

주요 경력

생몰년: 1881-?

1910: 메이지대학 졸업.

1920: 보성전문학교 교장.

1933: 전라북도 지사.

1938: 조선축구협회 회장.

1939: 중추원 참의.

1941: 조선임전보국단 준비위원 및 부단장.

광복후

1950: 납북.

상훈

1915: 대례 기념장(일본).

1934: 서보장(일본).

065

서정주

송정(松井)[1] 오장(伍長) 송가(頌歌)

서정주(徐廷柱)

아아 레이테만[2]은 어데런가.
언덕도
산도
뵈이지 않는,
구름만이 둥둥둥 떠서 다니는
몇 천 길의 바다런가.

1 조선인으로 가미카제 자살특공대로 희생된 마쓰이 히데오(松井秀雄)를 가리킨다. 마쓰이 히데오는 그 무렵 조선인으로서 가미카제 자살특공대가 되어 1944년 11월 29일, 필리핀 레이테만에서 미 군함으로 돌진하여 최초로 산화하였다며 일본군에 의해 대대적으로 선전에 동원되었는데, 광복 후에 발행된 1946년 1월 10일자 『서울신문』에 따르면 살아서 돌아온 것으로 확인된다(2011년 6월 16일자 『오마이뉴스』 '정운현의 역사 에세이' 참조).

2 레이테섬은 필리핀 중부에 위치하였으며, 1944년 10월 20일부터 일본군과 미국군 사이에 치열한 전투가 종전 무렵까지 벌어진 것으로 유명하다.

3 마쓰이 히데오의 본명은 인재웅(印在雄).

아아 레이테만은
여기서 몇 만 리런가…

귀 기울이면 들려오는
아득한 파도소리…
우리의 젊은 아우와 아들들이
그 속에서 잠자는 아득한 파도소리…

얼굴에 붉은 홍조를 띄우고
"갔다가 오겠습니다."
웃으며 가더니,
새와 같은 비행기가 날아서 가더니,
아우야 너는 다시 돌아오진 않는다.

마쓰이 히데오!
그대는 우리의 오장(伍長). 우리의 자랑.
그대는 조선 경기도 개
성사람.
인씨(印氏)[3]의 둘째 아들.
스물한 살 먹은 사내.

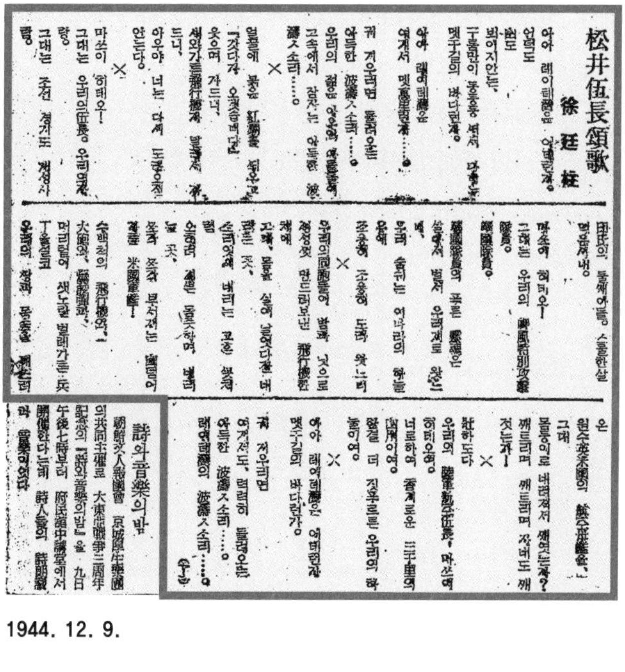
松井伍長頌歌
徐廷柱

詩와音樂의밤
朝鮮文人報國會 京城厚生樂團의共同主催로 大東亞戰爭三周年記念의『詩와音樂의밤』을 九日午後七時부터 府民館中講堂에서開催한다는데 詩人들의 詩朗讀과 音樂이 있다

1944. 12. 9.

마쓰이 히데오!
그대는 우리의 신풍특별공격대원(神風特別攻擊隊員).
정국대원(靖國隊員야스쿠니 대원)

정국대원의 푸른 영혼은
살아서 벌써 우리에게로 왔느니,
우리 숨 쉬는 이 나라의 하늘 위에
조용히 조용히 돌아왔느니

우리의 동포들이 밤과 낮으로
정성껏 만들어 보낸 비행기 한 채에
그대, 몸을 실어 날았다가 내리는 곳,
소리 있이 내리는 고운 꽃처럼
오히려 기쁜 몸짓하며 내리는 곳,
쪼각쪼각 부서지는 산더미 같은 미국 군함!

수백 척의 비행기와,
대포와 폭발탄과,
머리털이 샛노란 벌레 같은 병정을 싣고
우리의 땅과 목숨을 뺏으러 온
원수 영미의 항공모함을,

그대
몸뚱이로 내려쳐서 깨었는가?
깨뜨리며 깨뜨리며 자네도 깨졌는가!

장하도다
우리의 육군항공 오장, 마쓰이 히데오여.
너로 하여 향기로운 삼천리의 산천이여.
한결 더 짙푸르른 우리의 하늘이여.

아아 레이테만은 어데런가
몇 천 길의 바다런가.

귀 기울이면
여기서도, 역력히 들려오는
아득한 파도소리…
레이테만의 파도소리…

주요 경력
생몰년: 1915-2000
1936: 『동아일보』 신춘문예 시 당선.
광복 후
1948: 문교부 초대 예술과장.
1954: 대한민국 예술원 종신회원.
1977: 한국문인협회 이사장.

상훈
1962: 5·16문예상 본상(대한민국).
1966: 대한민국 예술원상(대한민국).
2000: 금관문화훈장 추서(대한민국).

099 김동인

문화인의 총궐기

김동인(金東仁)

"만들자, 보내자, 이기자."

하는 표어가 붙지 않은 데가 없다. 그러나 이 표어는

"만들자, 보내자, 그러면 이긴다."

마땅히 이렇게 되어야 할 것이다. 이기자는 희망으로 '만들고' '보내'는 것보다 '이긴다'는 신념으로 만들고 보내어야 할 것이다.

우리 동양의 격언에

"사람의 일을 다하고 하늘의 명령을 기다린다."

는 말이 있지만 이것 역시 철저치 못한 것으로서

文化人의總蹶起 (上)

金東仁

『만들자 보내자·이기자』 하는 標語가 붓지 안은데가 업다 그럿다 이 標語는 『만들자 보내자 그러면 이긴다』 마땅히 그러케 되여야 할것이다 이겨자는 希望으로 『만들고』 『보내』는것보다 『이긴다』는 信念으로 만들고·보내어야 할것이다.

우리 東洋의 格言에 『人事를 다하고 天命을 기다린다』는 말이 잇지만 이것亦徹底치 못한것으로서 『하늘은 스스로 努力하는者를 돕는다』는말에 버저어 遜色이 잇다 人事를 다하고는 天命이나 기다릴것이 아니라 人事를다하면運命이라도 開拓할수잇다는 구든 信念으로 일을해야 할것이다

×

지금 우리는 人類가 아직껏 겪어보지못한 큰 戰爭을 하는중이다 광의 절구공이까지라도 선반의 人形까지라도 모도 칼을 들고 혹은 마치를 잡고 어싸움에 나서지 안흘수 업는 處地다 그런 處地에서 칼을 두를줄을 모르고 마치를 들氣力이 업는 우리 『文化人』들은 나는 감당치 못할 일이라고 傍觀만 하고 잇서야 할것인가

自古로 人類의 歷史를 뒤저기어보면 暴力과 腕力이 人類社會를 支配하던 原始時代에서 智力의 힘을 進展하여 貴族階級을 産出케 한것도 『文化人』이엇다

貴族階級이 勝利하자 勝利者의 橫暴가 차차 加重될새에 産業革命을 일으켜서 貴族을 沒落시킨것도 『文化人』이엇다

1944. 12. 10.

文化人의總蹶起 (下)

金東仁

産業革命에 勝利하여 平民社會가 成立되자 平民社會에 自然 富裕層과 勞務者가 생기게 되고 둘사이의 軋轢이 일어날때에 이를 指導한 者도 『文化人』이엇다

人類의 歷史가 생긴以來 人類의 歷史를 支配한 者는 실로 貴族도 아니요 富裕層도아니요 勞務者도 아니요 다만文化人이엇다

文化人은 제각기 스스로의 智識과 知識을 밋느니만치 모도가 獨善的이요 남의 拘束을 밧기 실혀하는지라 따라서 團結力이 不足하다 그러나 文化人이라는層이 人類의 오늘까지의 歷史를 支配해온 點은 過去의 經過가 充分히 證明하는 바다

戰爭에잇서서 文化人은 直接 총을 잡을줄 모르고 마치를두를줄 모르지만 총을 만들어軍人에게 提供하고 마치를 만들어 工人에게 提供하고 軍民의 士氣를 振興케하고──나아가서는 國民에게 必勝의 信念을 부어주는것은 모도 역시文化人의 힘을 빌지안흘수 업다

直接 총을 잡지 못하고 直接 마치를 두르지 못한다고 스스로 겸손치말고 우리는 우리文化人이 人類社會에 가지는 無形의 힘이 얼마나 큰지를自覺하고 오늘날의 우리의 전쟁을 이기기爲하야 우리의 힘의 잇는 것을 아낌업시 내어 노하야 할것이다 直接에 指導에 思想振興에 激勵心 興起에 大東亞戰爭도 벌서 第四年을 마지하는 오늘 國民思想을 [illegible] 흔들리지 안케 하기 위해서는 文化人의 蹶起가 무엇보다도 必要한것이다 (終)

1944. 12. 11.

"하늘은 스스로 노력하는 자를 돕는다."
는 말에 비기어 손색이 있다. 사람의 일을 다하고는 하늘의 명령을 기다릴 것이 아니라 사람의 일을 다하면 운명이라도 뒤집을 수가 있다는 굳은 신념으로 일을 해야 할 것이다.

지금 우리는 인류가 아직 겪어 보지 못한 큰 전쟁을 하는 중이다. 광의 절구공이까지라도, 선반의 인형까지라도 모두 칼을 들고 혹은 망치를 잡고 이 싸움에 나서지 않을 수 없는 처지다. 그런 처지에서 칼을 들 줄도 모르고 망치를 들 기력이 없는 우리 '문화인'들은 나는 감당치 못할 일이라고 방관만 하고 있어야 할 것인가.

자고로 인류의 역사를 뒤적여 보면 폭력과 완력이 인류사회를 지배하던 원시시대에서 지력의 힘을 진전하여 귀족 계급을 산출케 한 것도 '문화인'이었다.

귀족 계급이 승리하자 승리자의 횡포가 차차 가중될 때에 산업혁명을 일으켜서 귀족을 몰락시킨 것도 '문화인'이었다.

산업혁명에 승리하여 평민사회가 성립되자 평민사회에 자연 부유층과 노무자가 생기게 되고, 둘 사이의 알력이 일어날 때에 이를 지도한 자도 '문화인'이었다.

인류의 역사가 생긴 이래 인류의 역사를 지배한 자는 실로 귀족도 아니요, 부유층도 아니요, 노무자도 아니요, 다만 문화인이었다.

문화인은 제각기 스스로의 지식과 지혜를 믿느니만큼 모두가 독선적이요, 남의 구속을 받기 싫어하는지라, 따라서 단결력이 부족하다. 그러나 문화인이라는 층이 인류의 오늘까지의 역사를 지배해 온 점은 과거의 경과가 충분히 증명하는 바다.

전쟁에 있어서 문화인은 직접 총을 잡을 줄 모르고 망치를 두드릴 줄 모르지만 총을 만들어 군인에게 제공하고, 망치를 만들어 공인에게 제공하고, 군민의 사기를 진흥케 하고—나아가서는 국민에게 필승의 신념을 부어주는 것은 모두 역시 문화인의 힘을 빌지 않을 수 없다.

직접 총을 잡지 못하고 직접 망치를 두드리지 못한다고 스스로 겸손치 말고 우리는 우리 문화인이 인류사회에 가지는 무형의 힘이 얼마나 큰지를 자각하고, 오늘날의 우리의 전쟁을 이기기 위하여 우리의 힘이 있는 것을 아낌없이 내어놓아야 할 것이다. 선전에, 지도에, 사상 진흥에, 적개심 일으키기에.

대동아전쟁도 벌써 제4년을 맞이하는 오늘, 국민사상을 꽉 붙들고 흔들리지 않게 하기 위해서는 문화인의 분기(奮起)가 무엇보다도 필요한 것이다.

주요 경력

생몰년: 1900-1951

1919: 우리나라 최초의 문예 동인지 『창조』 간행.

1933: 조선일보사 근무.

1935-1937: 월간 『야담』 발행.

1942: 일왕 불경죄로 징역 8월 선고, 복역.

067

박흥식

대조(大詔왕의 큰 명령)를 받자옵고 _각계 인사의 감격과 감상

광영을 빛내오리

발분(發奮) 정려(精勵힘을 다해 부지런히 힘씀) 성은(聖恩)에 봉부(奉副받들어 도움)

박흥식(朴興植) 씨 담화

국정 참여의 반갑고 고마운 이 획기적 사실은 반도 2천 6백만 동포의 오직 감격과 감사 속에 황국에 바치는 충성심으로 충만하여 있다. 더구나 황공하옵게도 4월 1일에는 천황폐하께옵서 국정 참여에 관한 조서를 환발(渙發임금의 명령을 천하에 널리 알리는 일)하옵시어 반도 동포로 하여금 황국 국정에 도우시라는 길을 열어 주옵신 것이다. 이는 오직 일시동인의 넓고도 가없는 폐하의 염려를 내리어 주시옵신 바로 이

주요 경력

생몰년: 1903-1994
1925: 용강농업학교 설립.
1926: 선일지물 설립, 대표이사 취임.
1930: 경성상공협회 회장.
1931: 화신상회(주) 설립.
1937: 지하 1층, 지상 6층, 4대의 엘리베이터, 2대의 에스컬레이터를 갖춘 화신백화점 신축.
1941: 조선임전보국단 상무이사.
1943: 조선공업협회 상무이사.
1944: 조선비행기공업(주) 설립위원장.

상훈

1940: 조선총독 공로상(일본).

광영, 이 감격은 끝이 없으며 고마웁신 성려에 봉답하기를 맹서하는 반도 민초는 신민의 책무를 다할 것을 이때 더욱 깊이 가슴에 간직하여야 할 것이다.

먼저 우리는 스스로 돌아보아 항상 황민으로서의 자질을 연마하고 이 중책을 다하기에 발분 진력하여야 할 것이다. 대동아전쟁을 싸우는 우리 국민으로 더구나 이 전쟁을 완수하기에 정신(挺身)하는 신민으로서의 본분을 다하기에 조금도 유감없는 수련을 쌓고, 나아가서는 이 수련을 실행으로 발휘할 자각을 더욱 굳게 하여야 할 것이다. 그리하여 이 국정 참여의 큰 뜻을 빛내고 황은에 만분의 일이라도 봉답하도록 다 같이 자각하고 충성을 다하여야 할 것이다. (사진은 박흥식 씨.)

大詔를밧자옵고

光榮을빗내오리

發奮精勵聖恩에奉副

各界人士의 感激과感想

朴興植氏 談

국정참여의 반갑고 고마운 이획기적사실은 반도二천六백만동포의 오직감격과 감사속에 황국에 바치는충성심으로 충만하여잇다 더구나 황공하옵께도 四월一일에는 천황폐하께옵서 국정참여에관한 조서를 환발하옵시어 반도동포로하여금 황국국정에 익찬하랍시는길을열어주옵신것이다 어느으직일시동연의 홍대무변하옵신어성려를 나리어주시옵신바로 어광영이감격은끗이업스며 고마웁신 성려에봉답하기를맹서하는 반도민초는신민의책무를다할것을 이째더욱기피가슴에간직하여야 할것이다먼저우리는 스스로도라보아 항상황민으로서의 자질을연마하고 이중책을 다하기에 발분진력하여야 할것이다 대동아전쟁을싸우는우리국민으로 더구나이전쟁을 완수하기에정신하는 신민으로서의 본분을다하기에조금도유감업는 수련을싸코나아가서는 이수련을 실행으로 발휘할자각을 더욱굿게 하여야할것이다 그리하야 이국정참여의 큰뜻을빗내고 황은에만분의 일이라도 봉답하도록 다가치자각하고 충성을다하여야 할것이다 (사진은박흥식씨)

1945. 4. 5.

참고도서

『교회용어사전(*Glossary of Christianity*)』, 가스펠서브, 생명의말씀사, 2013.

『역사용어사전』, 서울대학교 역사연구소, 서울대학교출판문화원, 2015.